W0190515

DELIUS KLASING

INHALT

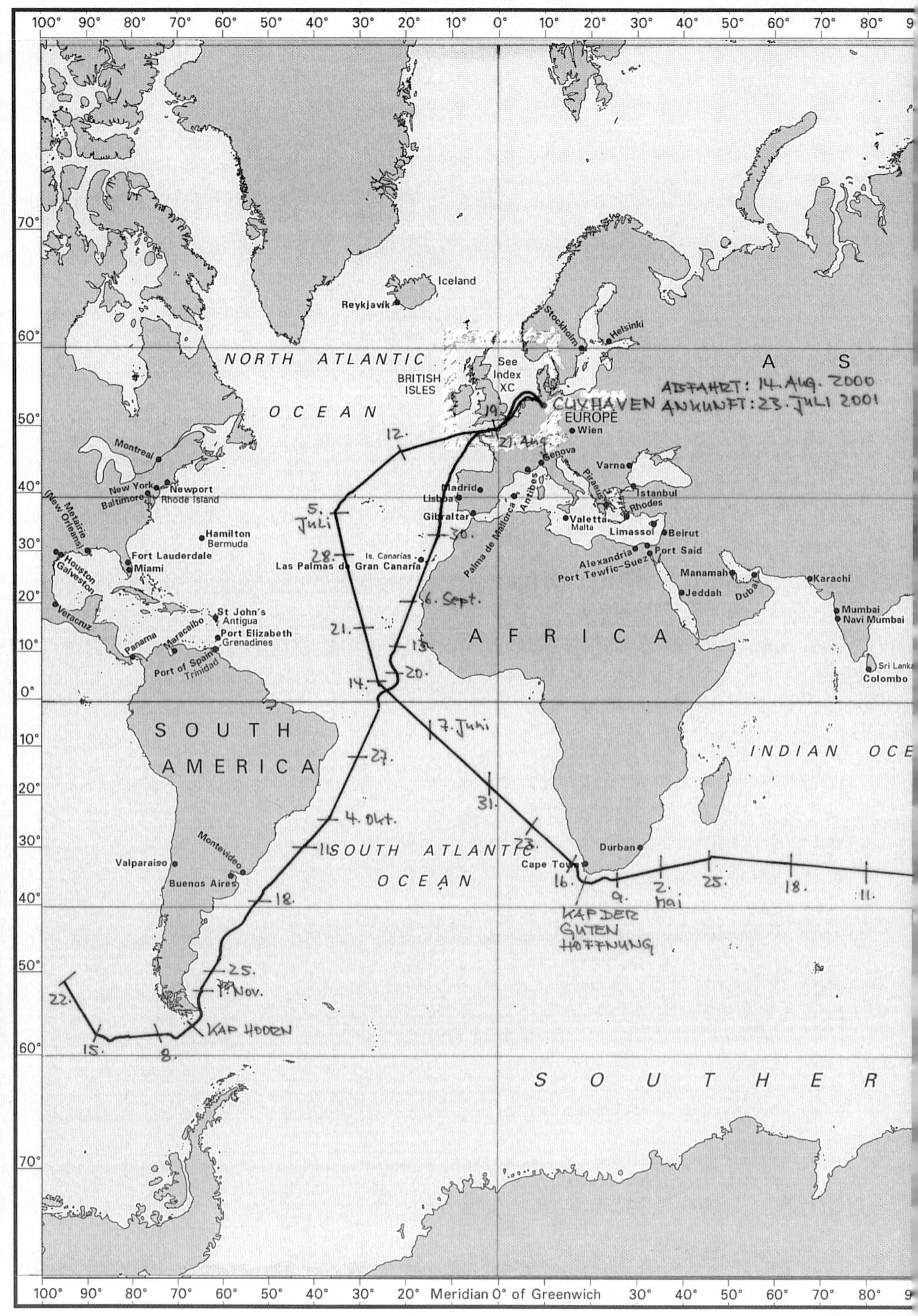

ABFAHRT: 14. Aug. 2000
ANKUNFT: 23. JULI 2001
CUXHAVEN
NORTH ATLANTIC
OCEAN
SOUTH ATLANTIC
OCEAN
INDIAN OCE
S O U T H E R
A F R I C A
SOUTH AMERICA
EUROPE
A S
BRITISH ISLES
See Index XC
Iceland
Reykjavík
Stockholm
Helsinki
Wien
Genova
Varna
Istanbul
Madrid
Lisboa
Gibraltar
Antibes
Palma de Mallorca
Piraeus
Rhodes
Valetta
Malta
Limassol
Beirut
Alexandria
Port Said
Port Tewfic-Suez
Manamah
Dubai
Jeddah
Karachi
Mumbai
Navi Mumbai
Sri Lanka
Colombo
Durban
Cape Town
Montreal
New York
Newport
Rhode Island
Baltimore
Metairie (New Orleans)
Hamilton
Bermuda
Fort Lauderdale
Miami
Houston
Galveston
Veracruz
St John's
Antigua
Port Elizabeth
Grenadines
Panama
Maracaibo
Port of Spain
Trinidad
Is. Canarías
Las Palmas de Gran Canaría
Montevideo
Buenos Aires
Valparaiso
KAP HOORN
KAP DER GUTEN HOFFNUNG
12.
5. Juli
28.
30.
6. Sept.
21.
13.
20.
14.
7. Juni
27.
31.
4. Okt.
23.
11.
16.
9.
2. Mai
25.
18.
11.
18.
25.
1. Nov.
22.
15.
8.
19.
21. Aug.
Meridian 0° of Greenwich

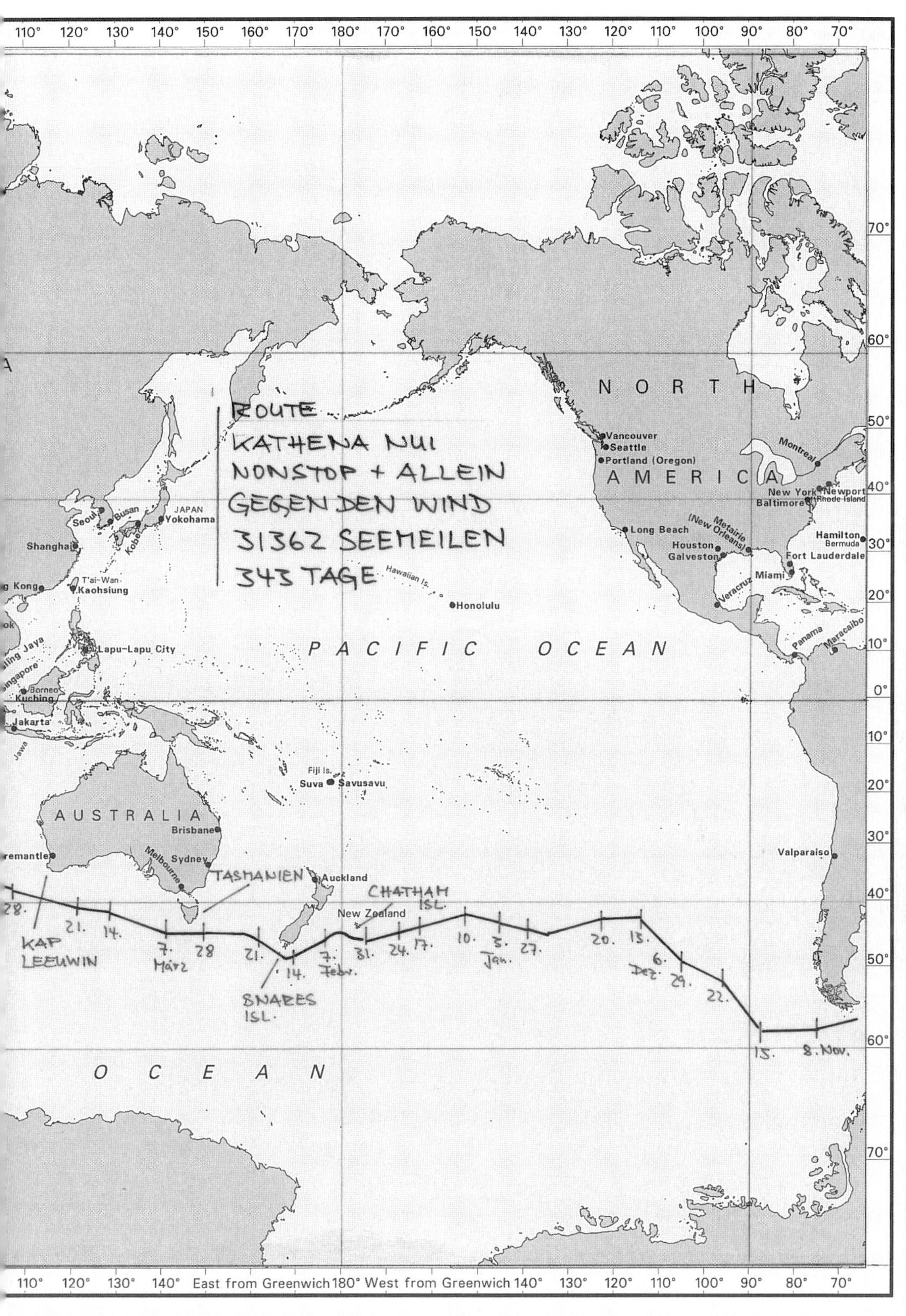
ROUTE
KATHENA NUI
NONSTOP + ALLEIN
GEGEN DEN WIND
31362 SEEMEILEN
343 TAGE
NORTH AMERICA
PACIFIC OCEAN
OCEAN
AUSTRALIA
JAPAN
New Zealand
Vancouver
Seattle
Portland (Oregon)
Long Beach
Houston
Galveston
Metairie (New Orleans)
Veracruz
Miami
Fort Lauderdale
Hamilton
Bermuda
Montreal
New York
Newport
Rhode Island
Baltimore
Panama
Maracaibo
Valparaiso
Honolulu
Hawaiian Is.
Fiji Is.
Suva
Savusavu
Auckland
Brisbane
Sydney
Melbourne
Fremantle
Jakarta
Jawa
Kuching
Borneo
Singapore
Lapu-Lapu City
Kaohsiung
T'ai-Wan
Hong Kong
Shanghai
Seoul
Busan
Kobe
Yokohama
TASMANIEN
CHATHAM ISL.
SNARES ISL.
KAP LEEUWIN
28.
21.
14.
7. März
28
21.
14.
7. Febr.
31.
24.
17.
10.
3. Jan.
27.
20.
13.
6. Dez.
29.
22.
15.
8. Nov.
East from Greenwich
180°
West from Greenwich
110° 120° 130° 140° 150° 160° 170° 180° 170° 160° 150° 140° 130° 120° 110° 100° 90° 80° 70°
70° 60° 50° 40° 30° 20° 10° 0° 10° 20° 30° 40° 50° 60° 70°

1 | DREIVIERDREI, EINE VORBEMERKUNG

An dem Tag, als der Kiel die Wasserfläche der Schlei zerschneidet und Sekunden später im trüben Hafenwasser von Brodersby versinkt, beginnt das zweite Leben der KATHENA NUI. Es ist der 19. Mai 2000. Über 12 Jahre stand das Schiff aufgebockt auf der Kuhkoppel hinter unserem Haus. Bei Windstille und Sonne suchten sich die Jungtiere Schatten unterm Boot. Zogen Sturmfronten über Schleswig-Holstein, bot es den jungen Kühen Schutz, indem sie sich eng aneinander um die Kielflosse drängten, still verharrten und sich gegenseitig ableckten. Ein Bild, das mich mit diesem Schiff begleiten wird.

Vom 8. September 1984 bis 6. Juni 1985 umsegelte ich mit diesem Boot allein und nonstop die Erde. Ostwärts. Das heißt mit dem Wind. Von Kiel nach Kiel. Alle berüchtigten Wetterecken wie Kap Hoorn und Kap der Guten Hoffnung blieben links liegen. 271 Tage war ich damals ununterbrochen auf See. Es war schön und grauenvoll zugleich. Ich fühlte mich unterwegs unwahrscheinlich stark und gut. Doch eines ist gewiss: Nicht im Traum wäre es mir während oder unmittelbar nach dieser Nonstop-Weltumseglung eingefallen, mich 15 Jahre später in Gegenrichtung erneut aufzumachen. Das Allerheiligste wagen würde: gegen den Wind um die Welt. Nie und nimmer hätte ich das von mir erwartet.

Ja, und doch sollte es jetzt passieren. Mit demselben Schiff, der KATHENA NUI, größtenteils gegen die vorherrschenden Windrichtungen. Das heißt Kap Hoorn, Neuseeland, Australien, Kap der Guten Hoffnung bleiben diesmal rechts liegen. Das bedeutet wegen der Kreuzkurse zweifacher Weg, dreifache Zeit, vierfache Arbeit, fünffache Nässe. Die Strecke durchs Südpolarmeer ist für mich seglerisch das Maß aller Dinge. Selbst extreme Regattasegler schrecken davor zurück. Es haben daher erst vier Männer diese Route allein geschafft. Der erste war der Engländer Chay Blyth, 1971. Also, vier in 30 Jahren.

Um sich auf diesen Kurs zu begeben, muss man das Wasser schon sehr mögen. Mehr noch: es wollen, es begehren, leidensfähig und freudensfähig sein. Lange war ich im Zweifel, ob ich das packe, überhaupt physisch mit 60 Jahren zu solcher Leistung noch fähig bin. Außerdem erschrecken mich die mindestens 310 Tage, die ich anhand der See- und Windkarten mit dem Zirkel absteckte.

Der Stein des Anstoßes, dieses „Unmögliche", diesen Kurs wirklich anzugehen, war ein Sextant. Das schmucke Winkelmessinstrument war im Jahr zuvor ein Geschenk der Herstellerfirma Cassens & Plath, „für neue Fahrten". Ich war ganz hin. Noch nie habe ich ohne Gegenleistung so etwas Wertvolles geschenkt bekommen. Und dann: Der Sextant sah schön aus in seinem gezinkten und hell lackierten Buchenholzkasten, eingebettet in Samt und einer Halterung aus Holzklötzchen. Das Präzisionsgerät glänzte mich an. Schwarz lackiert der Strebenkörper aus Messingmetall, Optik, Spiegel, Schattengläser, Trommel, alles vom Feinsten. Schon beim Anblick fühlte ich mich unterwegs. Es erinnerte mich an meinen ersten Sextanten, den ich 1966 in Gibraltar kaufte und überstolz zum Boot trug. Vorsichtig, mit beiden Händen umfasste ich seinerzeit den Holzkasten. So ein Navigationsgerät macht Träume war. Damals startete ich damit zu meiner ersten Weltumseglung. Diesmal spürte ich, dass die Zeit reif war für den Kurs gegen den Wind.

Spontan warf ich die übers Schiff gezogene Plane ab. Und los ging es: waschen, schleifen, spachteln, malen, isolieren, erneuern, ergänzen undsoweiter. Es dauerte dann ein Jahr, bis ich mein Schiff klar hatte. Grundsätzlich: Es war nicht so, dass ich, wie häufig vermutet, KATHENA NUI nach all den Jahren an Land ins Wasser schob und lossegelte.

Heute durchströmt mich ein tiefes Glücksgefühl: Ich habe davon geträumt, alle fünf großen Kaps an Steuerbord zu passieren – jetzt habe ich es getan: nonstop und allein. Von Cuxhaven nach Cuxhaven ohne Hafen. Vom 14. August 2000 bis 23. Juli 2001 war ich auf dem Meer. 343 Tage. Drei. Vier. Drei. Ganz einfach.

Ganz einfach? Elfeinhalb Monate in einem nur zehneinhalb Meter langen Boot. Fast ein ganzes Jahr nichts als Wasser. Mal flau und glatt wie die Sommerschlei, mal zu gigantischen Wellen aufgetürmt, getrieben von Stürmen der antarktischen Breiten, die mit ungeheurer Wucht gegen den Rumpf prallten. Kaltes, eiskaltes, schaumiges Wasser.

Das kann man sich nicht vorstellen, dagegen zu halten. Manchmal, wenn die Wellen vor dem Bug zusammenstürzten, hatte ich den Eindruck, der Bug wäre in den Seen stecken geblieben. Dass mein Schiff diesem gewaltigen Druck standgehalten hat, basiert auf dem Hauptmerkmal aller meiner Reisen: Einfachheit.

Die Fahrt war lang und hart. Oder war sie hart und lang? Egal. Kein Mensch, der sich niemals gegen den Wind gestellt hat, und sei es nur mit dem Rennrad, kann das ermessen. Ich lebte praktisch in drei Häuten, der normalen, der Salzhaut und der Ölhaut. Man muss besessen sein, vom Segeln, vom Alleinsein und vom Meer, um sich solch ein Bordleben zu wünschen und letztlich durchzustehen. Aber besser ist, etwas leicht Abwegiges zu tun, das zudem Substanz hat, als vorsichtig und traurig durchs Leben zu segeln. Schon immer war es das Besondere, das leicht Unangemessene, das mich fasziniert.

Mit „Allein gegen den Wind" möchte ich versuchen, mein ganzes Selbst auszudrücken: Erkenntnisse, Erfahrungen, Gefühle, Erinnerungen, Stimmungen. Diesen war ich stark unterworfen, wie zu lesen sein wird. Also, keine abstrakten Ansichten und nichts von Besserwisserei ist zu erwarten. Ich kann und werde in diesem Buch vor allem nur meine Geschichte erzählen. Sie in der ersten Person Singular wiedergeben und manchmal in der ersten Person Plural, wenn KATHENA NUI

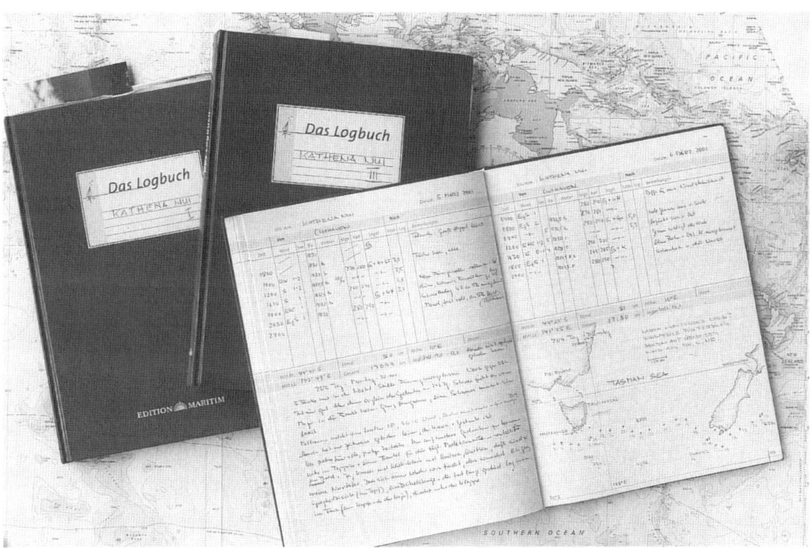

mit einbezogen wurde – sozusagen menschliche Züge bekam. Klar doch, und nicht zu vermeiden, es wird eine Ich-Bezogenheit den Bericht durchziehen, ist dies doch das Tagebuch meiner 343 Tage allein auf See – größtenteils wortwörtlich. Ich halte mich ganz nah an die Fakten. Es ist so passiert, fertig. Die Notizen geben in extremen Situationen eine Mittelbarkeit preis, die stellenweise sehr persönlich, fast peinlich, gar exhibitionistisch erscheinen mag. Das ist Absicht. Ich bin kein Mensch von gleichbleibender Fröhlichkeit – öffne mich also, wenn mir danach zumute ist. Überhaupt: Warum habe ich sonst 512 Seiten Logtagebuch geführt – unter teils undenkbaren Bedingungen: Dauerschräglage, stampfendem Bugklatschen, Kälte, Schmerzen. Zerschundene Hände haben meine Schrift zeitweilig fast unlesbar gemacht, Nässe und Schweiß die Seiten aufgeweicht.

Wenn Ihnen mein Text zu nass wird, legen Sie das Buch zur Seite – und gehen kalt duschen, dann haben Sie in etwa eine Vorstellung davon, wie ich mich an Deck gefühlt habe.

Der vorliegende Bericht ist auch ein Versuch, alles, was ich vom Segeln auf dem Meer weiß, zu vermitteln und auch Leser zufriedenzustellen, die lesen wollen, wie solche Viererkombination – Allein, Schiff, Meer, Zeit – wirklich funktioniert. Sie funktioniert nur, weil ich kein Perfektionist bin.

2 | DIE BUNKERBESTÄNDE

Das Restaurant liegt an der Schlei. Der eingedeckte Tisch steht an einem Fenster, das den Blick auf das schilfgesäumte, stille Gewässer freigibt. Eine Fähre verbindet das Lokal mit unserem Zuhause. Der Tisch ist vorbestellt. Es ist Saison. Eine gute Woche nach meiner Rückkehr gönne ich mir endlich das heiß ersehnte Steak von der Größe „Windstärke 10." Ein Pfeffersteak mit ... eine Spezialität des Chefkochs. Meine Familie sitzt mir gegenüber. Auch ihnen schmeckt es. Der Rotwein wird in Vierteln serviert. Am Nebentisch wird über Essen an Bord gesprochen. Unwillkürlich höre ich zu. Sie haben mit ihrer Yacht Dänemark „gemacht". Gänzlich ohne Einkauf. Schwärmen vom Kuchenbacken im bordeigenen Herd. Von gefrorenen Brötchen, von marinierten Hähnchenkeulen. Ich versuche, mir die Yacht vorzustellen, mit Kühlschrank und Tiefkühler, aber ich sehe nur mein Schiff, meine Stauräume, meinen Proviant, geschrumpft, lange vor dem Ende der Weltumseglung auf einen Karton voll. Am liebsten möchte ich ins Gespräch eingreifen, mich erklären. Ich habe ... Ich weiß ... Über meinen Versorgungsengpass berichten. Aber mir bleiben die Worte auf den Lippen hängen.

Mit dem Proviant möchte ich anfangen. Wie hat er das bloß gemacht? Für ein Jahr Essensvorräte stauen und die richtige Auswahl treffen, und gesund ist er auch noch zurückgekommen. Die allgemeine Neugierde zum Thema Ernährung ist groß. Zugestanden: Auch mich beherrschten auf der Weltumseglung Essensgedanken monatelang. Selbst wenn nun im Folgenden, beispielsweise im Südpolarmeer, nicht vom rationierten Essen geschrieben wird, ist es doch oft das Thema Nr. 1 in meinem Kopf gewesen.

Ich weiß einiges über die richtige Verproviantierung für Langfahrten. Stolz blicke ich zurück auf jahrzehntelange erfolgreiche Logistik. Nie kam ich ernährungstechnisch in Bedrängnis. Bereits während meiner ersten Fahrt über den Atlantik rüstete ich mich instinktiv richtig aus. Hundert und mehr Seetage mit und ohne Crew verwandelte ich selbst zum Ende hin in Fressenstage, weil ich umfangreich und abwechslungsreich die Stauräume gefüllt hatte: Pasta, Reis, Zwiebeln, Schinkenspeck, Haferflocken, Gemüsekonserven, Schokolade, Kakao, Milchpulver, getrocknetes Obst, die Basis aller Seetörns.

Wer mit Müsliriegeln, Schokowaffeln, Prinzenrollen und eingeschweißten Knackwürsten auf See geht, hat im Sturm physisch und psychisch schon verloren. Das süße und fade Zeug ernährt einen, gewiss, auch die von Ernährungswissenschaftlern empfohlene Trockennahrung aus der Tüte und Powerbars tun es, aber sie geben dem Fahrtensegler nicht das, was er eigentlich im Unwetter braucht: Wohlbefinden inklusive Kraft. Ein selbst zubereitetes Essen steigert die Freude am Segeln mehr als sämtliche vielleicht optimale Mischungen aus Kohlehydraten, Ballaststoffen und Vitaminen (Lebensstoffen). All das ist mir bekannt. In dem Zusammenhang eine psychologische Randbemerkung: Ich habe festgestellt, dass, wenn ich koche, das Wetter so schlecht nicht sein kann.

So beginne ich auch leicht und locker Proviant für diese Fahrt aufzulisten. Proviant für 315 Tage steht in Druckbuchstaben obenauf. Das war schon mein erster Fehler. Ich habe die Segelzeit um die Erde zu kurz bemessen. Keine Reserve eingeplant. Zum einen lag es daran, dass ich früher in der Regel viel zu viel Proviant gebunkert habe. Speziell während meiner vorhergehenden Nonstopfahrt. Als ich nach 271 Tagen in Kiel festmachte, hatte ich noch für vier Monate Lebensmittel an Bord. Das wollte ich diesmal unbedingt vermeiden. Zum anderen war wichtig, mein Boot auf keinen Fall zu überladen, denn darunter leiden Seetüchtigkeit und Segeleigenschaften. Und mein Ordnungssinn insgesamt. Nichts ist schlimmer, als wenn alle Löcher an Bord übervoll gestopft sind. Ich weiß: Dehydrierte Tütennahrung wäre ein Ausweg. Sie hat viele Vorteile: Gewicht, Volumen, hohe Nährwerte, einfache Zubereitung. Alle Produkte sind frei von Konservierungsstoffen. Nur eines haben sie selten: Geschmack.

Wenn ich ablege, wird mein Schiff ungeheure Mengen Vorräte mitschleppen. Von Teebeuteln (400 Stück) bis zu Haferflocken (12 kg), von Dörrobst bis Bier (96 Flaschen) und Brandy (4 Flaschen) ... und Schokolade – 30 Tafeln mit je mindestens 60 Prozent Kakaoanteil. Das wichtigste Überlebensmittel jedoch werden 80 Kilogramm Zwiebeln sein. Erfüllen sie doch drei Zwecke zugleich: Sie sind haltbar, vitaminreich und für die Verdauung unumgänglich. Um die Nahrung zuzubereiten, werden 45 Liter Petroleum gebunkert sowie 20 Liter Brennspiritus. Letzteres zum Vorheizen des zweiflammigen Kochers.

Eine Woche vor der Abfahrt schiebe ich 12 Einkaufswagen in unserem Supermarkt, Real in Schleswig, zusammen. Freudig und aufgeregt bezahle ich dafür 2700 Mark, hänge mir den zwei Meter langen Kassenzettel um den Hals und bringe die Ware an Bord. Sorgfältiges Verstauen dauert seine Zeit. Eine große Hilfe dabei sind Tupperbehälter. Sie eignen sich hervorragend für Proviant. Mehl, Gries, Spaghetti, Reis, Flocken und andere feuchtigkeitsempfindliche Produkte werden in diesen Behältern mit dichten Deckeln gelagert. Richtig beschriftet, erleichtern sie das Bordleben erheblich. Tief unten ins Schiff kommen noch ein Dutzend vakuumverpackte Speck- und Schinkenstücke von unserem Metzger in Süderbrarup. Und der besondere Proviant von meiner Frau Astrid – Eingewecktes, Gläser mit Marmeladen, Früchten, Gulasch und Gehacktem. Fleisch deshalb, weil auch heutzutage konserviertes Dosenfleisch auf Dauer ungenießbar ist. Ich meine, es schmeckt grässlich. Als Letztes ein Sack frisch gebuddelter Kartoffeln aus unserem Garten. In Kiel besorge ich mir Erdnussbutter und Marmite, ein Hefeextrakt, das unheimlich gesund sein soll. Olivenöl, Tomatensoße und Käse werden direkt von „La Vialla“, einer Farm in der Toskana, angeliefert. Deren Produkte kann ich nur empfehlen: Sie sind biologisch angebaut und noch nach 300 Tagen auf See geschmackvoll.

Trotzdem war von allem nicht genug da. Abends meist lag ich in der Koje und ärgerte mich, ging während langer Nachtwachen in Gedanken durch die Regalreihen „unseres“ Supermarktes oder schaute an hungrigen Tagen verträumt meine Geldnoten an. Was hätte ich für ein paar Hundertmarkscheine alles einpacken können. 30 Stangen Keks, 30 Tafeln Schokolade, 2 kg Dörrobst, 2 kg Spaghetti, 2 kg Brot, 2 kg Mehl, 2 kg Zucker, ein paar Gläser Erdnussbutter und Marmelade.

Kurzgefasst: Sorge, mich für zehneinhalb Monate ausreichend und abwechslungsreich und vor allem gesund ernähren zu können, hatte ich während der Ausrüstungstage überhaupt nicht.

PROVIANT FÜR 315 TAGE 31. JULI 2000

12 kg. Teigwaren
15 kg Reis
10 kg Mehl
15 kg Haferflocken
2 kg Zucker
3 kg Müsli
4 kg Kaffee
1/2 kg Kaffee/Instant
360 Beutel Tee
3 1/2 Ltr. Kochöl
1 Ltr. Olivenöl
4 kg Dörrobst
4 kg Rosinen
30 Tüten Puddingpulver
4 1/2 kg Grieß
30 Stangen Keks à 200 g.
6 Gl. Honig a. 450 g
4 Pak. Zwieback
30 Pak. Knäckebrot
4 kg Kakaopulver
6 Gl. Erdnußbutter à 350 g
5 Pak. Kartoffelpüree
5 Pak. Reibekuchen
5 Dos. Parmesan
12 Gl. Marmelade
15 Dos. Würstchen à 300 g
24 Gl. Leberwurst
22 Dos. Brot à 500 g.
12 Dos. Chili Bohnen
18 Dos. Baked Beans
12 Dos. Erbsen à. 400 g.
12 Dos Kidney B. a. 400 g.
6 Dos. Weiße Bohnen à 400 g.
6 Dos. Sauerkraut à 250 g

12 Dos. Mais à 250 g
6 Dos. Möhren
6 Gl. Gurken a. 790 g
12 Dos. Grüne Bohnen à. 400 g
8 Gl. Oliven
36 Dos. Obst à. 440 g
18 Dos. Obst à. 840 g
12 Gl. Obst à 500 g
24 Gl. La Vialla-Tomatensauce
10 Dos. Corned Beef à 340 g
40 Dos. Kondensmilch
12 Gl. Onkel Bens Fertigsoßen
4 Dos. Königsberger Klopse
8 Dos. Ratatoille a. 400 g.
6 Pak. Sauerbraten (Müller Menü)
18 Pak. Fertigsoßen von Müller Menü
35 Becher-Suppen
12 Dos. Suppen
12 Dos. Fertigessen
4 Dos. Linsensuppe
4 Dos. Ravioli
12 Pak. Schwarzbrot
4 Gl. Peperoni
2 Fl. Ketchup
3 Fl. Tabasco
3 Gl. Brühe
3 Gl. Pfeffer
2 Dos. Salz
5 Gl. div. Gewürze
1,8 kg Eipulver (Globetrotter)
2,5 kg Milchpulver
4 kg Speck
4 kg Schinken - beides vacuum verpackt.
2 kg Bratkartoffeln (Globetrotter)

34 Gl. à 500 g. Gehacktes + Gulasch von J. eingemacht
2 Gl. Marmite
30 Tafeln Schokolade
20 Tüt. Backpulver

---

ca. 80 kg Zwiebeln
5 kg Knoblauch
10 kg Frischobst
5 kg Möhren
20 kg Kartoffeln
60 Eier
10 kg Bananen
3 kg Käse
8 kg Margarine
2 kg Hartwurst

---

48 Ltr. H-Milch
52 Ltr. Saft
48 Dos. Wasser
48 Dos Cola
24 Dos Limonade
96 Dos + Fl. Bier
12 Fl. Schweppes
4 Fl. Brandy
1 Fl. Rum
8 Fl. Rotwein
250 Ltr. Trinkwasser

---

20 Stck. Küchenrollen
12 Pak. Toilettenpapier
2 Pak. Servietten
10 Geschirrtücher
10 Schwammtücher
2 kg Waschpulver
3 Fl. Spüli
Zahnpasta, Hautcreme
40 Pak. Streichhölzer
144 div. Trockenbatterien
3 Fl. normales Haarschampoo

---

45 Ltr. Petroleum
22 Ltr. Spiritus
30 Ltr. Benzin

Weil ich aber zu wenig Proviant mitnahm, und dies bereits am 65. Tag merkte, begann ich schon am Kap Hoorn zu rationieren: 100 Gramm Pasta anstatt 200 Gramm, zweimal Essen am Tag statt dreimal, ein Scheibe Brot anstelle ... und schlimmer: nur die Hälfte an Dörrobst und Gemüse. Ausgerechnet im Südpolarmeer hungerte ich mir einen Vorrat an. Ganz übel, ja schier unmenschlich ist es, zu hungern, obschon die Backskisten unter einem mit leckerem Proviant gefüllt sind. Man wälzt sich hungrig in den Schlaf, während unter einem die Behälter mit Früchten und Spaghetti schreien: Öffne mich. Wahrhaftig eine Zeit der Entbehrungen, bis Australien passiert war. Eine freiwillige allerdings, denn ich hätte die Fahrt ja abbrechen oder einfach einen Hafenstop einlegen können. Aber dann wäre es kein Nonstop mehr, und das war letztlich mein großes Ziel. Heute weiß ich, was Hunger ist, was er bedeutet und auslöst. Er beherrscht dein ganzes Ich. Morgens, mittags, abends. Nie zuvor habe ich in meinem Leben über längere Zeit gehungert.

Die Wasserfrage. Da ist sie wieder, alptraumgleich. Mit Trinkwassermangel habe ich nämlich schlechte Erfahrungen. Im Atlantik 1972 mit einer schwangeren Astrid. Wochenlang gewannen wir einige Tassen voll mit Hilfe des Verdunstungsprinzips. Ziemlich mühsam, indem wir Meerwasser kochten und den Dampf in ein Eisenrohr führten. Es reichte nicht. Einige Speisen wurden mit Gin gekocht.

Ich legte in Cuxhaven mit 300 Litern Wasser ab, gebunkert in zwei Tanks (180 und 90 Liter) und zwei Plastikkanistern. Der Verbrauch auf See liegt bei zwei bis drei Liter pro Person und Tag. Logisch: Da reicht die gebunkerte Menge natürlich nicht für meine lange Fahrt. Ich bin auf Regenwasser angewiesen. Das ist allgemein üblich. In den äquatorialen Kalmen und an Tagen, bevor die Tiefs anrücken, sollte mir das Auffangen gelingen. Selbstverständlich reicht alles Wasser nur zum Trinken und Kochen. Körperwäsche erfolgt ohnehin mit Seewasser. Noch diesen Hinweis: Wer viel Flüssigkeit zu sich nimmt, ist gesundheitlich weniger anfällig. Ich habe Tage in Erinnerung, an denen ich fünf Liter pures Wasser trank oder drei Liter Tee. Es ist auch nicht so, dass man unbedingt auf Wasser zum Trinken angewiesen ist. Es gibt fantastisch schmeckende Säfte und Softdrinks. Also, wer heutzutage auf seinem Segelboot hockt und dürstet, ist selber schuld.

Dachte ich. Doch es war total anders. Es regnete weniger als erhofft, außerdem verdarb mir ein undichter Tankverschluss den kostbaren Inhalt. Fortan war ich hinter jedem Tropfen Regen her wie ein Fisch hinterm Köder. Jeden Wassertropfen fing ich mit einer festgelaschten Pütz unterm Großsegel, mehr noch mit einem gespannten Persenningtuch überm Cockpit. Oft war aber auch zu viel stürmische Gischt dabei, sodass das aufgefangene Wasser brackig war, also unbrauchbar. Über die Runden kam ich nur, weil ich lange Zeit dem Essenkochen, ja auch dem Kaffeewasser Anteile von Seewasser beimischte. Da ohnehin alles salzig an Bord war, empfand ich den salzigen Geschmack nach einigen Wochen nicht mehr als unangenehm. Dennoch: Das Wasserdilemma war zeitweise furchtbar. Als ich einmal zwei Tage das Trinken einstellte, spürte ich, dass Durst wesentlich schlimmer ist als Hunger.

3 | WEG, NUR WEG

Also, da bin ich wieder. Zuhause. Norderfeld 8. Meine ummauerte Position: 54 Grad 33 Minuten Nord – 9 Grad 43 Minuten Ost. Schaue ich aus dem Fenster, sehe ich das Stück Kuhkoppel mit Knick, das mich als aufgeklebtes Foto am Schott um die Erde begleitete. Die Landschaft ist nassgrün, in der Ferne einzelne abgeerntete Felder schwarzgelb, Blau finde ich in den Gardinen, Schräglage nur in der Dachneigung über mir. Endgültig in die Wirklichkeit zurück bringt mich das Surren der Rasenmäher ringsum. Noch jetzt, mit einem Abstand von acht Wochen an Land, pocht mein Herz, wenn ich an unterwegs denke. Blättere ich in meinen Logtagebüchern, kommen die Bilder, quellen wie dehydrierte Nahrung aus der Tüte.

2. Tag – Dienstag, 15. August | Der zweite Tag ist schon mein erstes Kap. Meine Seele hängt auf Halbmast. Der gestrige Abschied in Cuxhaven reißt im Gesicht. Grund sind die Szenen: Das letzte Kraulen in Astrids Haar, Kyms kräftige Umarmung, der feste Händedruck einiger Freunde, die letzten Fragen der Reporter. „Warum machen Sie das?" Ja, warum tu ich mir diesen fürchterlichen Kurs an. Gehe dieses Wagnis ein: gegen den vorherrschenden Wind um die südliche Halbkugel.

Begonnen hat diese Weltumseglung mit null Wind und tiefen Wolken. Schwül ist es, drückend. WAKAN TANKA (Großer Geist) schleppt die motorlose KATHENA NUI hinaus auf die Elbe. Ein zäher Anfang einer langen Reise. Wie lang? Wer weiß? Mein Zustand ist wie das Wetter: gräulich. Zerknirscht steuere ich durch die erste Nacht. Quatsch, am liebsten würde ich mich in einer Bucht verstecken, so desinteressiert bin ich plötzlich an meinem Vorhaben. Doch die Elbmündung bietet dafür keine geeigneten Ankerplätze. Dafür umso mehr Leuchtfeuer, Schiffe, Tonnen, Strömungen, Sandbänke. Wind kommt später frisch aus der Richtung, wo ich hin will. Muss höllisch aufpassen, die Elbe ist ein dicht befahrenes Seerevier. Um den Überblick zu behalten, hocke ich an der Pinne. Obendrein ist mir schlecht. Kotzelend. Nehme zwei Aspirin, die nicht helfen. Was soll's, die Entscheidung ist getroffen. Zehneinhalb Monate Alleinsein liegen vor mir. Mindestens. Fast ein ganzes Jahr ohne menschliche Stimmen, Berührungen, Anteilnahme. Dazu die drei großen Kaps der Erde, Kap Hoorn an der Südspitze Amerikas, Kap Leeuwin am südwestlichen Ende Australiens, Kap der Guten Hoffnung an der Südspitze Afrikas. Und zwischen ihnen die gefürchteten südpolaren Ozeane. Alles gegenan. Das bedeutet wie gesagt: dreifache Zeit, vierfache Arbeit. Entsetzlich, für diesen Kurs Segel zu setzen. Gedankensplitter, die mich kraft- und mutlos machen. Müdigkeit macht alles noch matter.

Doch erst einmal liegt die Deutsche Bucht voraus. Harmlos ziehen die Segel KATHENA NUI durch eine leicht bewegte See. Das Wasser ist trübe. Die Sicht mittelprächtig. Ich sitze an der Pinne und döse in Minutenperioden. Früh gegen 6 Uhr verhole ich mich in die Kajüte.

Was bin ich für einer? Schlafe unter Deck mitten im Verkehrstrennungsgebiet der Deutschen Bucht. Lasse mich von der Küstenwache erwischen. KATHENA NUI befindet sich auf Diagonalkurs, doch das Trennungsgebiet darf nur vierkant durchfahren werden, der Schiffsverkehr hat dabei Vorfahrt. Über UKW werde ich angesprochen: Was sind Ihre Absichten? Durch die knisternde Handfunke suggeriert die Stimme schlechte Nachrichten, signalisiert Unabwendbares. Eine gute Frage, denke ich kurz. Aber dann voller Sorge: zu Ende. Die schleppen dich ab. Schon knapp einen Tag nach Cuxhaven endet dein großes Vorhaben in der Deutschen Bucht. Nein, bloß das nicht. Ich räuspere mich, um nicht verschlafen zu wirken und antworte freundlich: „Mein Ziel ist der Englische Kanal. Wegen des Südwest bin ich auf Kreuzkurs." Die Antwort lässt auf sich warten. Nervös stehe ich mit der Funke in der Hand am Niedergang und beobachte skeptisch das Schiff mit den groß aufgemalten Buchstaben. Küstenwache. Es liegt ziemlich dicht in Lee. Doch als die Antwort kommt, ist sie kurz. Ich werde gebeten, das Gebiet mit einem Kurs von 344 Grad zu verlassen. Instinktiv reiße ich das Ruder rum, gehe auf Kurs wie empfohlen, fiere eilends die Schoten, um dem Trennungsgebiet nach Norden zu entwischen. Bedanke mich freundlich mit wenigen Worten, wünsche einen guten Tag. Und: Ende und aus. Verdammt, erst jetzt wird mir vollends klar, dass ich zu lange geschlafen habe. Das Erlebnis mit der

Küstenwache war nicht nötig. Ich habe schon von empfindlichen Strafen gehört.

Ein Beispiel, zu was Übermüdung, Abschiedsschmerz, Unsicherheit und Traurigkeit führen können.

Die internationalen Schifffahrtsbestimmungen fordern zwar, dass jedes Schiff auf See zu jeder Zeit einen Ausguck haben muss, der die Situation und ein eventuelles Kollisionsrisiko hundertprozentig abschätzen kann (Rule 6), aber für einen Einhandsegler ist das nicht umsetzbar. Demzufolge ist es nicht schwer nachzuvollziehen, dass bei einem Alleinsegler Schlaf illegal ist. Nur: Die Handelsschiffe halten sich nachweislich auch nicht an dieses Gesetz. Mangels Personal verletzen sie es selbst in stark befahrenen Gebieten. Da der Alleinsegler normalerweise ein kleines Schiff segelt, wird er, wenn es zu einer Kollision kommt, immer der Unterlegene sein.

Das Zusammentreffen mit der Küstenwache führt zu völliger Mattigkeit. Bin danach total nieder. So habe ich mir die Abfahrt nicht vorgestellt. Diesmal nicht. Steht doch noch am Abend zuvor im Logbuch: Weg, nur weg. Und: Abfahren gleich Ankommen. Und: Ich segle allein (mit Ausrufezeichen).

Der Wind frischt auf, bleibt aber weiter aus Südwest, also ziemlich direkt von vorn. Kreuzen muss ich folgedessen auch noch. Um Ruhe und Kraft zu finden, lege ich den Kurs weit nördlich aller Schifffahrtsrouten der Deutschen Bucht. Reduziere die Segelflächen mehr als notwendig und fahre nur wenige Wenden. Das ist fast so wie vor Anker liegen. Alle Viertelstunde rappele ich mich aus dem Schlaf vom Kajütboden hoch und halte Rundumblick. Ein Wecker hilft mir, diesen Rhythmus einzuhalten. 27 Stunden verharre ich in dieser Lage. Begleitet von allem, nur nicht Segelbegeisterung.

Mein Leben ist in zehn Reisen eingeteilt. Manche waren mühsam und anspruchsvoll, andere weniger. Unterhaltsam waren sie alle. Von dieser neuerlichen habe ich nur eine rudimentäre Vorstellung. Gegen den Wind durch die südlichen Ozeane. Wie soll das gehen mit einem Schiff von zehneinhalb Meter Länge und fünfeinhalb Tonnen Gewicht. Beispielsweise bei Windstärke 8, also normalem Sturm und acht Meter hohen Seen? Werde ich da noch gegenhalten können? Gar vorankommen? Oder muss ich womöglich vor jedem Polarsturm, der länger dauert, vor dem Wind ablaufen? Solche Fragen beschäftigen mich. Versetzen mich in Panik, beidseitig der Wirbelsäule kribbelt und sticht es.

Hinzu kommt das Zeitgefühl. Was werde ich erlebt haben, wenn ich wieder in der Deutschen Bucht stehe? Werde ich überhaupt wieder die Seezeichen der Elbansteuerung in der Seekarte abstreichen? Und was werden Arfst, Johannes und Julian von der WAKAN TANKA erlebt haben? Das Ziel der letzten deutschen Yacht, die mich hinaus begleitet, ist Hooksiel. Meines, Cuxhaven, liegt, als wir uns trennen, näher, ist aber doch weiter. Merkwürdig. Habe das Gefühl, ich verlasse die Erde. Nonstop.

Die Nonstopfahrt beginnt schwierig – wie alle meine Vorhaben, die sich lohnen.

3. Tag – Mittwoch, 16. August | Alles ist endlich. Auch das Allerschwierigste. Es geht weiter. Reiße vehement an Schoten und Fallen. Stelle KATHENA optimal an den Südwestwind. 5 Knoten, 6 Knoten zeigt das Log an. Ich atme durch. Glücklich, eine Pause gemacht zu haben. Ich beginne zu leben.

Ursache meiner gestrigen Schwäche ist die Tatsache, dass ich mir während der letzten Tage in Cuxhaven zu viele Gedanken um die Ausrüstung machte. Reichen 40 Liter Petroleum für Lampen und Kocher? Nein. Also Astrid, hole bitte noch fünf Liter. Und Streichhölzer? Besser noch eine andere Sorte. Warum habe ich keine Kerzen? Soll ich mir noch ein Barometer in Reserve zulegen? Zögerlich entscheide ich mich für ein Instrument von Wempe. Die Liste endet nie: Sportschuhe, eine Dichtung, Kamerabatterien, Kombizange undsoweiter. Ärgerlich: Für das Stanzen zweier Refflöcher in meine Orkanfock nimmt der Segelmacher 147 Mark – und will mich noch veräppeln. Alex, mein Cuxhavener Segelfreund, montiert eine zusätzliche neue Steckdose. Zwischendurch immer wieder Bereitsein für Fotos, Telefonate und Gespräche. Leute, die aus Bielefeld, Bremerhaven oder Köln extra anreisen, kann ich nicht mit einem Wort abweisen. Das kann ich einfach nicht. Und das kostet Zeit. Sprüche von Freunden und Bekannten: „Wilfried, wenn es einer schafft, dann du", hören sich gut an, motivieren aber nicht. Nicht in Cuxhaven. Lieber wären mir eine hilfreiche Hand oder ein Auto, um meine Besorgungen zügig zu erledigen. Zwei Tage vor der Abfahrt füllen Berge von Obst und Gemüse vom Markt die Plicht. Und alles muss im Schiff verstaut werden. 60 Kilo Zwiebeln sammeln wir ein. Oder sind es 80? Ich verliere den Überblick. Und Astrid? „Der geht, hat es leichter. Bleiben ist schwer." Kym reist an, im Gepäck eine DV-Kamera. Die Einführung in die winzige Filmkamera verwirrt mich vollends.

Wind bleibt Südwest 4 bis 5. Mein Ziel steht fest: Das Wetter ist für einen Nonstopper zu nehmen, wie es kommt.

Der sichere Kurs zum Englischen Kanal führt hinaus auf die Nordsee. Dort ist viel Raum. Das heißt, die holländische Küste mit Zwangswegen, vielen Bohrinseln und ganzen Förderfeldern bleibt

Genuasegeln in der Nordsee: Dass ich den Absprung zu dieser „verkehrten" Weltumseglung tatsächlich geschafft habe, ist für mich immer noch ein Wunder.

links, also an Backbord liegen. Weit. Damit auch ein Großteil der Fischerboote. Sind sie es doch, die einem motorlosen Segler wie mir durch unorthodoxe Kurse Ärger bereiten können.

4. Tag – Donnerstag, 17. August | Essen und trinken interessiert noch nicht. Eine Brotscheibe und eine Banane sind alles. Was mache ich bloß mit den 300 anderen? Goldgelb leuchten sie mich an. Von meinem Verein in Cuxhaven bekam ich zum Abschied einen riesigen Karton voller fast reifer Bananen.

Schlagartige Windböen mit vielen Segelwechseln und vor allem weiterhin Gegenwind halten mich an Deck. Ich habe meine Segelgarderobe einfach ausgerüstet: keine Rollsegel, alle Vorsegel mit Stagreitern. Das macht die Arbeit zwar umständlich, doch ich erhoffe mir in stürmischen Gewässern Vorteile, dass beim Reffen und Bergen weniger technische Probleme auftreten.

Vermisse zweite Ölhose, Langschäfter (Gummistiefel) und Südwester. Macht mir Kopfzerbrechen für den ganzen Tag. Ginge es überhaupt ohne diese drei wichtigen Utensilien? Kaum. Meine Befürchtung, Astrid könnte sie versehentlich wieder eingepackt haben, steigert sich. Nämlich mitsamt den Dingen, die in den letzten Tagen wieder von Bord expediert wurden. Das wäre schlichtweg eine kleine Katastrophe.

6. Tag – Samstag, 19. August | Auch dieser Tag beginnt und endet mit Gegenwind. Obendrein erwischt mich 20 Meilen vor Dover, dieser Meerenge zwischen England und Frankreich, ein Sturm um 8 Beaufort. Aus Südwest. Reffe erstmalig das Großsegel ganz durch. Das dauert. Die Reihenfolge der Handgriffe ist noch nicht koordiniert. Das Gleiche gilt für die Sturmfock. Segelsack aus der Hundekoje zerren. Unterliek anschäkeln. Stagreiter am Stag einschlagen. Fall einpieken. Segel setzen. Ach, die Schoten vergessen. Wieder das schlagende Tuch bergen. Schoten anknoten und Umlenkblöcke versetzen. Von neuem das Sturmsegel setzen. Schoten dicht holen. Verdammt, der Holepunkt ist falsch ... Und das alles im Angesicht des Fährhafens Ramsgate und den umliegenden fantastisch ausgeleuchteten Kreidefelsen. Die Sicht ist nämlich besser als gut.

Bei der Querung von South Falls Head wird Segeln für Minuten zum Deckwaschen. Auf der Untiefe von acht Meter ist mächtig was los. Tidenstrom und Wind stehen gegeneinander und verursachen eine kabbelige, steile Welle. Weil ich auf keinen Fall mit dem Zwangsweg der Dickschifffahrt kollidieren will, ist diese Querung des Flachs ein Muss.

Mit Kreuzkurs und gegen den Gezeitenstrom durch die Straße von Dover. Zunächst alle zwei Stunden eine Wende, dann halb- und viertelstündlich. Das ist nass und hart. Steigert meine Müdigkeit. Immerhin: Innerhalb von sieben Stunden noch 4 Meilen vorangekommen. Vielleicht 22 Wenden gefahren. Jeder Schlag führt haarscharf an den Trennungsweg. Kein Schiff vom Kurs abgebracht. Könnte ich mir auch nicht erlauben. Die Engländer überwachen die Enge mit Radar.

Gegen 23 Uhr Dover in einer guten Meile Abstand passiert. Mit dem letzten Licht und einem einmalig satten roten Himmel über den Klippen. Ich zücke die Fotokamera, aber wie sich später herausstellt, ist kein Film drin. Cuxhaven und meine Unruhe! Fünf Fährschiffe kreuzen fast gleichzeitig meinen Kurs, entweder dicht vor dem Bug oder achtern. Mann, ist das eine Freude, als ich mit der langsam einsetzenden Dunkelheit Dover achteraus habe. Glücklicherweise hatte ich nach dem Desaster mit der deutschen Küstenwache seemännisch alles richtig gemacht: 27 Stunden Segelpause weit nördlich von 54 Grad Breite; in der Nordsee einen Bogen um alle Hindernisse geschlagen; keinem Schiff zu nahe gekommen; Kurs und Geschwindigkeit der Doverfähren gut abgeschätzt. Und schließlich nach Dover in die Nacht hinein. Als der Wind schwachwindig und später gar flautig wird, liege ich prächtig zwischen der englischen Küste und dem Verkehrstrennungsgebiet Englischer Kanal.

Das Wichtigste zum Gelingen dieser 350-Meilen-Horrorpassage für Einhandsegler: Ich habe mir Zeit genommen.

Die Neugierde auf meine 343 Tage ist groß. Riesengroß. Nach Cuxhaven mit einigen Journalisten und Fernsehteams folgen noch viele Interviews mit Radio- und Fernsehstationen. Ich fliege nach Berlin. Ich fliege nach Stuttgart. Mainz wünscht mich. Und nochmals Stuttgart. Der Süden Deutschlands ist sehr auf meiner Seite. Im Norden besitzt zwar jeder zwei weiße Mützen, aber Heilbronn hat mehr maritimes Feeling. Für den NDR Kiel, unseren Haussender, buddele ich Kartoffeln. In Hamburg setze ich mich auf das rote Sofa: zwei Minuten Gespräche gegen 343 Tage. Welch ein Wechsel. Zeit wurde unterwegs in Tagen gemessen, hier in Sekunden. „Bettina, eine Minute, eine Minute!" Die Standardfragen kenne ich schon: Einsamkeit, Essen, Stürme, Haibesuch ... Wie regeln Sie Ihren Schlaf? Sie müssen doch irgendwann mal schlafen. Am Ende fühle ich mich ziemlich durchwalkt. Die Spitze des Frage-Antwort-Spiels gipfelt darin, dass ein Lehrer es sich auf unserem Sofa bequem macht, seine Zigaretten hervorholt und fragt: „Haben Sie nachts immer geankert?"

7. Tag – Sonntag, 20. August | Sitze auf dem Boden der Kajüte. Vor mir eine blaue Muck mit schwarzem Kaffee. Auf einem Teakholzbrettchen eine Schwarzbrotschnitte mit Käse. Hebe ich den Blick, sehe ich blaukariertes Bettzeug, blauen Schlafsack, blaugrundige Gardinen. Sonnenflecken wandern über die noch jungfräuliche Weltkarte am Schott. Das Log am Kartentisch zeigt um 4 Knoten. Wir haben Nordwind, und ich segle tatsächlich mit aufgefierten Schoten auf direktem Kurs. In der Nacht, gleich nach Mitternacht, konnte ich den Windsprung kaum fassen. Erstmalig ist kein Dichtholen der Segel erforderlich. Nicht zu glauben. Dachte zunächst: Mache ich was falsch? Zögerte in der Tat. Das war eine Freude nach sechs Tagen am Wind und mageren 350 Meilen. Währenddessen: eine Kanne Kaffee. Sonst nichts Heißes, nichts Gekochtes. Der Kurs: nichts als Verkehr und Seezeichen. Glücklicherweise gönnte ich mir den zweiten Tag als Erholung.

Ja, nachdem alles so schön lief, war ich ganz und gar (banales Wort und trifft es auch nicht) von der Rolle. Wollte mich zum Schlaf niederlegen, hörte Stimmen, sprach laut mit Astrid und rief sie vom Cockpit aus. Da sie sich nicht meldete, stürzte ich in die Kajüte und suchte sie, bis ich beim Blick in ihre, die Hundekoje, merkte, dass ... Das war traurig, furchtbar traurig. In dem Moment spürte ich, dass ich am Ende meiner Kraft war. Seltsam, sollte ich nach fünf Nächten ohne richtigen Schlaf in die Bredouille kommen, müsste man fairerweise sagen, nicht ich sei Schuld, sondern mein Zustand. Überspannt wie ich war, verbrachte ich den Rest der Nacht im Cockpit. Vorsichtshalber angeleint. Psychisch und physisch völlig am Ende, begleitet von Selbstmitleid. Schlief dann sogar im Sitzen ein. Was ich gestern vor Dover, und überhaupt den ganzen Tag, geleistet habe, war sensationell: 42 Wenden. Mindestens. Gegen einen steifen bis stürmischen Südwest und zum Teil gegen die starke Tidenströmung.

Die gesprenkelten Sonnenflecken fallen jetzt auf den Knick, das Foto auf der Backbordschottwand. Zur Erinnerung: KATHENA ist auf Westkurs, die Sonne geht im Osten auf, schlägt den Bogen gen Süden.

Wie die Kajüte aussieht, geht niemanden was an. Doch, mich. Ich räume auf. Die Frage nach der vermissten Wetterkleidung hat sich erledigt. Finde sie tief unten im Schrank verstaut. Bin froh, lebe nämlich jetzt schon gedoppelt, das heißt zweifach Hosen, Fleecewäsche, Socken ... Die Kleidung steht seit Cuxhaven, Resultat, wenn man nicht in der Koje schlummert.

Über ein Dutzend Hände Bananen plumpsen über Bord. Ein schöner Anblick, die gelben Früchte im Blau des Wassers davonschweben zu sehen. Schade, schade, aber sie sind überreif, und sowieso kriege ich kaum Essen runter. Mein Gesicht gewaschen. Dann erstmals mit Astrid telefoniert. Verbindung schwach. KATHENA liegt in einer Flaute, kann die erforderlichen Satelliten nicht halten. War kein gutes Gespräch. A. weint am Ende, mir ist auch zum Heulen, nicht direkt, aber ...

Ich möchte in diesem Logtagebuch *alles* aufschreiben. Hatte mir eigentlich vorgenommen, neben den Notizen (1/3 Log- 2/3 Tagebuch) noch ein separates und sehr persönliches zu führen. Wird wohl nix. Spüre, einmal zur Hand genommen, ist es besser, alle Fakten,

Erlebnisse, Erfahrungen, Gefühle, Träume, in *einem* Buch festzuhalten. Die ersten fünf Tage waren hierfür wenig ergiebig. Wie auch.

Doch: Gegen Abend wieder auf Kurs „back to the southwest". Der Wind kommt schon wieder von dort, wo ich hinwill. Dafür glüht der Abendhimmel über der englischen Küste. Ich brenne auch: Das Feuer ist trotz Gegenwind und die „übermenschliche Segelleistung Nordsee" nicht erloschen. Meine Frau hätte mir ihr Kopfkissen mitgeben sollen. Auf eine einfache Formel gebracht: Wäre ich sexuell erloschen, wäre ich nicht auf diesem Nonstopkurs.

Nochmals zum Schlaf: Habe mich mit der Morgendämmerung im Cockpit langgemacht. Mit Sonnenbrille. Die Erfahrung lehrt mich, dann schlafe ich nur leicht und wache, wie erforderlich, regelmäßig auf. Schiffe halten sich an die Trennungsrouten.

8. Tag – Montag, 21. August | Eine ganze Woche bis zur Isle of Wight. Das ist lange. Egal, mir geht es gut. Ein sonnendurchfluteter Morgen. Blendende Sicht. Die Wasseroberfläche steht gleißend gegen einen leicht bewölkten Himmel. Der Segelwind legt sich angenehm auf mein Gesicht. Ausdruck meiner Freude: Ich stehe am Niedergang und schreie saulaut ein „ja, ich komme" in den Wind und leiser, „ich bin unterwegs". Reiße mit aller Kraft an den Niedergangsbügeln, so als wolle ich das Schiff verrücken. Damit fällt etwas von der Spannung ab, die ich seit Wochen in mir trage. Ach, wie bequem haben es die britischen und französischen Segler, die auf Ozeanfahrt gehen. Einen Tag und eine Nacht und schon sind sie auf dem offenen Atlantik. Ich beneide sie um diese Möglichkeit.

Schlafmangel ist weiter ein Thema. Gehört viel Courage dazu, nachts in Zehn-Minuten-Schüben Ruhe zu finden. Das heißt, jedes Mal Augen reiben, Rundumblick, Augen reiben und zur Sicherheit noch einmal Rundumblick. Dasselbe tagsüber, dann in halbstündigen Perioden. Dösen, das ist klar, reicht nicht. Aber reicht der zehnminütige Ausguck? Schiffe, die auf Gegenkurs 18 Knoten fahren plus meine 6 Knoten Eigenfahrt sind bei guter Sicht in acht bis zehn Minuten da. Einhandsegeln ist eine harte Disziplin – im doppelten Sinne: Kraft und Kopf. Genau definiert bedeutet Einhandsegler: eine Hand fürs Schiff, eine Hand für die eigene Sicherheit.

Kraft? Winschen kurbeln und anderes mache ich inzwischen mit links. Kein Vergleich zum Probetörn im Juni in Dänemark. Wenn ich zurückkomme, habe ich noch mal Muskeln zum Spielenlassen.

Wetter? Wolken, leichte Kumulus, nicht übel. Seewetter von BBC verkündet noch bessere Aussichten: Südwest bis morgen früh, dann Südost 3–4, später 6–7. Na dann. Einsam in die Nacht. Gänzlich. Kein Schiff. Keine Küste. Kein Segler. Segler? Wo sind sie, die englischen Yachten. Stehe doch ziemlich dicht unter der Küste und sehe nur einen Segler täglich. Dabei ist gerade die Südküste Englands voller Häfen und Marinas.

9. Tag – Dienstag, 22. August | Wir segeln direkt. Und schnell. Das verwirrt. Es ist der unwiderstehliche Zug, der uns auf direktem Kurs davonträgt. Weit draußen im Südwesten Englands, wo ein Leuchtturm bei Start Point den Ausgang des Ärmelkanals signalisiert – und den Beginn des Atlantiks. Ich habe diesen Leuchtturm schon oft passiert. 600 Meilen von Cuxhaven, gab er mir damals wie heute die Weite, die ein Alleinsegler gerne hat. An dieser Stelle öffnet sich der Englische Kanal bis auf 90 Meilen Breite. Hier kann ich schon sagen – die Biskaya, ja, der Atlantische Ozean liegen vor mir. Ab hier sind Vergleiche der Kurse und Zeiten mit anderen Weltumseglern möglich. Dieses raue Kap ist für mich ein magischer Ort. Am Anfang und am Ende jeder Reise. Gerne würde ich Start Point mal ganz dicht passieren.

Hantiere inzwischen mit einer Gurtweste. Nicht immer, aber ab moderater Windstärke. In den Metallbeschlag der Weste klippe ich mit einem Karabinerhaken eine zwölf Millimeter dicke Sicherheitsleine, die bis zum Vorstag reicht. Diese Leine ist ein Muss. Die totale Antizipation an die Bewegungen des Schiffes fehlt mir ohnehin noch. Hoffe, sie kommt im Laufe der Fahrt. Oder kommt sie nie wieder? Alles ist letztmaliger.

Erstmalig ist mein Radioempfang. Über den Kurzwellensender „Deutsche Welle“ höre ich vom Untergang des russischen Atom-U-Bootes KURSK in der Barentssee. Man vermutet, dass die gesamte Crew tot ist. Kein gutes Omen für meine ersten Nachrichten. Es streicht eine undefinierbare Spur über meinen Rücken. Ich bin sicher, Astrid geht es ebenso.

Abends Sturm ohne Sturmwarnung. Er ist einfach da. BBC in ihrer „Vorhersage“: „Galewarning for Sole, Finisterre ...“ Seltsam, eine Warnung, die schon umgesetzt ist. Reffe Groß durch und setze Sturmfock. Folge: Das Schiff liegt besser in der See, hält die Fahrt, 6,5 Knoten, und das Wichtigste: Es ist kursstabiler. Die Aries, meine Selbststeueranlage, hat allemal weniger zu tun. Noch sollte ich sie etwas schonen. Liegen ja einige furchtbare Seegebiete vor ihr. Ohne diese mechanische Windselbststeueranlage ist meine Fahrt nicht umsetzbar. Monatelang auf dem offenen Meer das Boot von Hand zu steuern, Tag und Nacht, unmöglich. Aber die Aries, mit Aluminiumrohren am Heck montiert, wirkt stark, unempfindlich. Eine Aries hat mich noch nie im Stich gelassen. Alles, was sie braucht, ist Schmierfett und gelegentlich neue Steuerseile. Aries mit all ihren Ritzeln, Rollen und Gelenken und vor allem Rundungen – sehr weiblich.

Heiße Nachtwache. Im Rigg baumelt ein weißes Rundumlicht, ein 12-Volt-Fresnell-Licht mit 3 bis 4 Seemeilen Reichweite. Mache es mir mit Ölzeug und Schlafsack im Cockpit „gemütlich“. Ergebnis:

Das wichtigste Zubehör an Bord: meine Selbststeueranlage vom Typ Aries. Die mechanische Anlage steuert das Schiff mithilfe der Windfahne Tag und Nacht.

Ein Fischer karriolt bedenklich nahe um KATHENA herum. Nichts Neues für Einhandseglerberichte, ich weiß. Schlimmer – sieben Großschiffe dicht passiert, davon zwei auf Kollisionskurs. Weiche nach Steuerbord aus. Wind 8 Beaufort, per Handanemometer – 18 m/s – gemessen. Richtige Roller laufen raumschots auf. Faszinierend, solch ein Wetter hatte ich schon lange nicht. Wind und Strömung prallen aufeinander. Man hört's: Es ruckelt und schlägt, knallt und quietscht an Deck. Dafür alle Küsten weit entfernt. Noch ein paar Stunden, und ich werde das Wiegen des Ozeans spüren. Es als angenehm empfinden.

10. Tag – Mittwoch, 23. August | Es ist soweit. Nordsee und Englischer Kanal endgültig geschafft. Biskaya, Atlantik und alle Ozeane liegen vor mir. Das Wasser wird langsam stahlblau, die Wellen länger, der Wind stetiger – und wichtiger: Er steht günstig. Nord bis Nordost. Abends werde ich meine ozeanische Wiedergeburt feiern. Doch vorab eine Flasche göttliches „Asgaard" mit Blick ins Gegenlicht. Bei einem Kurs um 230 Grad ist das der Bug. Fakt: Alles klar. Alles schwebt. *Ich bin allein auf dem Meer.* Was doch eine Flasche Bier bewirkt. Kochen ist danach irgendwie nicht wichtig. Es reicht nur zu einer Schüssel Porridge mit Wasser und einer Prise Salz, leicht angekocht und mit kalter Milch übergossen. Auf dem Boden hockend, löffle ich sie bedächtig aus.

Bis zum letzten Augenblick – an Land – hatte ich an die Reise nicht geglaubt. Überspannt und starr genieße ich plötzlich das Loslassen – und zwei Tränen laufen mir über die Seele. Ich öffne noch eine Flasche Bier. Als sie leer ist, werfe ich sie lässig hinter mich – über Bord. Jetzt geht es erst richtig los.

5 | BLAU, BLAUER

Drei Wochen nach meiner Ankunft gehe ich in eine Buchhandlung. Sie liegt in einer Passage der Schleswiger Einkaufsstraße und heißt Buchhandlung am Dom. Neugierig und mit einem schönen Gefühl stürze ich mich auf die prall gefüllten Regale. Regale ohne Schlingerleisten, das fällt mir besonders auf. Ich muss grinsen. Mit den Fingerkuppen streiche ich über all die neuen Titel. Schwanitz, Grisham, Harry Potter. Stapelweise neben der Kasse liegt „Wanderungen an der Schlei". Ich will mir ein Bild machen, wie die neuen Bücher gestaltet sind. Matt gestrichene Schutzumschläge sind offensichtlich modern. Rechts vom Eingang entdecke ich eine Weltkarte mit meinem Kurs. Wolfgang Schröder, der Inhaber, hat die Positionen dem Internet entnommen und penibel mit farbigen Stecknadeln und Datum markiert. Ein Buchhändler, der auch gerne auf Segelkurs gegangen wäre?

---

11. Tag – Donnerstag, 24. August | Feine klassische Kumulus stehen über den ganzen Himmel verteilt. Schönwetter mit Veränderung. Leichte Brise aus Ostnordost. Unterm Kiel 2000 Meter Wassertiefe. Da gibt's nichts zu mäkeln. Das ist die weite Freiheit. Keine Mitsegler. Keine Mitwisser. Keine Mitgucker. Toilette außenbords.

In der Pfanne rösten zwei Scheiben Toastbrot, Kaffee dampft in einer blauen Tasse. Ach, geht es mir gut – bis, ja bis eine Mutter samt Unterlegscheibe in Mastnähe an Deck plumpst. Mein Herzschlag verändert sich. Gehören sie ins Rigg? Unweigerlich starre ich nach oben in den Mast, dann in Höhe der Saling ... nichts. Der „leere" Bolzen steckt in Augenhöhe, am Großbaum. Er ist Teil des Lümmelbeschlages. Was bin ich froh. Das ist mein zweites Frühstück.

Ich bleibe an Deck, querschiffs im Cockpit, halb liegend, halb sitzend, genieße den Blick ins Gegenlicht. Bei Kurs 230 ist das der Bug. Fakt: Alles ist blau. Nicht nur das, alles schwebt. Was doch Wetter bewirkt. Reparaturen, Ordnung, Essen sind irgendwie nicht wichtig.

Im Kopf noch nicht frei von Nordsee- und Kanal-Gedanken. Gegen das Meeresblau und die Weite des offenen Ozeans ist doch die Deutsche Bucht ein trüber Tümpel, von der Farbe her, sofern man überhaupt von Farbe sprechen kann. Und nichts als Zeichen und Begrenzungen. Und nicht zu vergessen die Küstenwache. „Was sind Ihre Absichten?" Gut gefragt. Und freundlich: „Steuern Sie bitte 344 Grad." Wenig später, nach dem Besuch der Küstenwache, verlor ich die Nerven. In einem Anfall von Zorn stieß ich den Spinnakerbaum über Bord. Gleich im ersten Versuch hatte ich ihn wieder aufgefischt: Vorsegel geborgen, Halse, in den Wind, raufholen in Lee mit Hilfe des Bootshakens.

Das Blau geht direkt aufs Gemüt: Ich fühle mich wie jemand, der aus einem Schwimmbecken ins Meer umsteigt.

12. Tag – Freitag, 25. August | Anstatt das Schiff klar zu machen für vor mir liegende, raue Zeiten, hocke ich an Deck. Der Blick wandert querab durch die Reling in die Sonne und aufs glitzernde Meer. Dieses tiefe, reine Blau mit kleinen weißen anlaufenden Kämmen – traumhaftes Segeln. Kurs gen Süden mitten durch die Kanarischen Inseln. Ein Tag wie er nicht klarer sein kann. Mit 6 Knoten zerteilt der Bug das Blau, lässt es weiß schäumen. Warum wird eigentlich aus Blau Weiß? Es ist schön, an Deck zu sitzen und das gleichmäßige Wiegen des Schiffes mit den Wellen zu erleben. Ein Tag zum Küssen: mild, weich, gewinnend. Die See kann eine großartige Geliebte sein und Segeln mehr als Tuch hochreißen, trimmen, bergen, einzurren. Ich bin ein Mensch in unberührter Natur und genieße jede Sekunde. Fabelhaft, nach den vielen Jahren Ostsee und Nordsee mit dem ganzen „Sperrmüll", Schiffen und Marinas.

Diese Eintragung noch vor dem Frühstück, nackt vor dem Kartentisch stehend: kein Gramm Fett. Gürtel letztes Loch. Bin nämlich auf 66 Kilo runter. Für die südliche Kampfzone muss ich unbedingt zulegen. Essen spielt noch immer keine Rolle. Keinen Appetit, doch ich sollte mich zwingen.

Abends höre ich auf Kurzwelle die Schlagerparade der „Deutschen Welle": „Mein Schimmel wartet im Himmel auf dich." Was wartet auf mich?

14. Tag – Sonntag, 27. August | Ich bin tatsächlich unterwegs. Allein. Der Gedanke nimmt mich noch immer ganz in Anspruch. Ich kann nicht umhin zuzugeben, dass ich wieder stundenlang auf dem Brückendeck eingeknickt sitze (halb liegend, halb sitzend) und mich den unvergleichlichen Empfindungen hingebe. Farbe: Begierig sauge ich das tiefe Blau ein. Segel: Schmetterlingsstellung – Genua an Steuerbord, Groß an Backbord. Meer und Himmel: zerteilte und weißädrige See, leichte, hohe Wolken. Speed liegt um 6 Knoten.

Da mein Log nicht mehr funktioniert, kann ich die Geschwindigkeit nur schätzen. Leider ist mir ausgangs des Kanals die Spirale des mechanischen Sumlogs gebrochen. Jetzt könnte ich ja die Geschwindigkeit mit meinem GPS ermitteln, aber das schalte ich nur mittags ein. Zehn Minuten zur Standortbestimmung reichen mir. Ich will nicht Sklave sein.

15. Tag – Montag, 28. August | Ich bin unterwegs! Mit Ausrufezeichen und zum letzten Mal und in krakeliger Schrift. Wir rollen stark. Vor einem frischen Nord ist KATHENA mit Höchstfahrt auf Südkurs. Wichtig: Ich habe gut geschlafen. Zehn Stunden. Verteilt mit Unterbrechungen. Notwendig. Denkt man nach 14 Tagen schon an die Zeit? Ja. Ich teile mir die Strecke ein. Start Point, Linie, Kap Hoorn, Datumslinie, Snares, Halbzeit, Maatsuyker, Kap Leeuwin, Kap der Guten Hoffnung, Linie, Start Point werden die Höhepunkte sein.

Dass ich den Absprung geschafft habe, ist die größte Überraschung. Noch im Juni, als ich meinen Probetörn durch die Dänische Südsee unternahm, glaubte ich nicht daran. Zu viel Respekt vor der „verkehrten" Route. Zu viel schien auch noch am Schiff zu tun. Freilich beides nichts Ungewöhnliches vor einer Langfahrt. Zwei Wochen nahm ich mir Zeit. Nur. Und dann solch ein Segelrevier. Nicht gerade geeignet für eine Nonstopfahrt. Denkt man. Aber es wehte ein guter Wind, zudem ist KATHENA ja motorlos. Schon eine Meile vor dem Hafen wurde es meist aufregend an Bord: Zu allen Richtungen hatte ich Festmacher gelegt. Eine Wurfleine auf dem Aufbau platziert. Beidseitig Fender gelascht. Fallen zum Loswerfen gecheckt. Anker zum Fallen vorbereitet. Noch schnell ein Auge auf die Seekarte, und schon stand ich vor der Hafeneinfahrt. Alle Hafenmanöver wurden unter

Großsegel gefahren. Ich habe keinen Steg gerammt, niemand in Bredouille gebracht, trotzdem festgestellt, dass kaum ein Yachtsegler Verständnis für motorloses Segeln hat. Vielleicht mit Recht. In Dänemark herrscht wirklich Betrieb zwischen den Inseln. Hier eine Fähre, dort ein Kanonenboot, dann die vielen Yachten, Motorflitzer, Paddler und überall Fischerboote.

Ergebnis dieser so genannten Testfahrt: Das gute Gefühl für KATHENA NUI stellte sich sofort ein. Auf den Punkt gebracht: Sie ist sofort *da*. Hippelt nicht rum wie ein Leichtbau. Gibt mir ein Gefühl von Stärke. Sicher, einige Reparaturen und Änderungen standen anschließend auf meiner Liste: neue Wasserpumpen, Pinne kürzen, Aries überholen lassen. Unter Neukauf: Winschkurbeln, Bolzen, Blöcke, Schotschlitten, Drahtklemmen, Benzingenerator, zweite Batterie, Log und Echolot. Wichtigste Erkenntnis: unbedingt mehrere neue Sturmsegel. Rasch bestellte ich beim Segelmacher drei neue mit 2,8, 7,5 und 15 Quadratmetern Fläche. Und zum Schluss eine grünweiß gestreifte Genua von 40 Quadratmetern. Damit gab ich mir selber grünes Licht.

Testtörn und Bestellung taten gut. Doch es fiel mir furchtbar schwer, die Fahrt anzukündigen. Das Schwierigste an meiner Vorbereitung für diesen Mammuttörn war, einfach zu sagen: Ich will nonstop und gegen den Wind um die Welt segeln. Es klang vermessen. Mir gegenüber, gegenüber Freunden. Allemal gegenüber der Öffentlichkeit. Es herrschte Staunen, Ungläubigkeit, und sicher hegte man Zweifel an meiner Vernunft. „Warum bloß? Du hast doch schon alles gemacht."

Sehr schlimm: Ich hatte Astrid nicht auf meiner Seite.

Meine Frau hatte mir wegen der neuerlichen Pläne schon gehörig den Kopf gewaschen: „Weil es verantwortungslos ist." Lange hatte ich mit ihrem Widerstand zu kämpfen. „Nein, nein und nochmals nein", war ihre Einstellung über Monate. Verärgert über mein aggressives Vorhaben, verweigerte sie die Unterstützung. Und ohne sie hatte ich nicht genügend Biss. Erst nach dem Dänemarktörn stieg sie ein. Griff zum Gewebeband, um die Wantenspanner zu sichern, brummte dabei: „Das Ganze ist dreimal verrückt, für jeden Ozean einmal!" Und machte sich zum Glück an die nächste Aufgabe.

17. Tag – Mittwoch, 30. August | Was mir auffällt: Ich lebe ordentlich. Gewürze bekommen ein Bord aus Teakholz getischlert. Ebenso Spülflasche und Spiritusspritze, mit der ich täglich den Kocher in Gang bringe. Um Fernglas, Thermometer, Taschenlampe, Sonnenbrille und dergleichen kentersicher zu lagern, nähe ich Tuchtaschen. Das Großsegel wird gepatscht: Wo Nähte auf den Wanten scheuern, klebe ich Tuchfolie. Liest sich leicht, ist aber ein erheblicher Aufwand. Meine Balance ist überhaupt nicht intakt, ich lebe mit einer fragilen Balance. Was Wunder bei der Vorbereitung. An der festgefügten Harmonie mit Schiff und Meer, Kopf und Körper hapert es. Noch. Ich arbeite daran. Ich schreibe Unsinn. Sie kommt – oder kommt nicht. Bin sicher, sie kommt. Ich wollte die Umseglung nicht nur machen, ich begehrte sie.

Mittagsposition ergibt: Gibraltar querab an Backbord. 300 Seemeilen. Hole gleich mein Fernglas an Deck. Doch ein blondes, langhaariges Mädchen, das dort im Bordabfluss stochert, kann ich nicht entdecken.

In Gibraltar haben Astrid und ich uns 1966 kennengelernt. Sie reiste an Bord des Trimarans ihrer Mutter ULTIMA RATIO, ich stand mit meiner ersten KATHENA am Anfang einer Weltumseglung. Als ich die beiden Frauen mit ihrem Boot einlaufen sah, und ich wegen dichtem Nebel nicht auslaufen konnte, suchte und fand ich ihre Aufmerksamkeit. Ganz simpel, ich kreuzte vor ihrem Liegeplatz auf und wurde prompt gebraucht. Das Pumpklo des schicken Trimarans war verstopft. Als Dank für die Reparatur wurde ich von der „girls crew" abends in ein Pub eingeladen. Bei dem Versuch, Astrid in dunkler Nacht noch mein Schiff zu zeigen, plumpsten wir beide ins Hafenwasser. Folge: abgekühlte Liebe, und meine einzige Uhr war einige Tage später kaputt. Beides schlimm. Über den Atlantik und bis Panama musste ich mangels Zeitmessung nur mit der Breite navigieren. Haarsträubend und anstrengend. Nach meiner erfolgreichen Allein-Weltumseglung 1968 fragte die „Bild"-Zeitung: „Haben Sie keine Freundin?" Ich: „Doch. Ja. In Düsseldorf." Prompt ließ „Bild" Astrid (24) nach Hamburg einfliegen.

Lange ist es her. An so was lässt sich herrlich bei flotten 7 Knoten und einem Glas Lumumba herummalen. Wie weit wäre ich im Leben mit einer Friseuse, einer Backwarenverkäuferin oder einer Bademeisterin, meinen Freundinnen zuvor, gekommen? Astrid hatte nicht nur ein 42-qm-Apartment. Sie beeindruckte mich durch Selbstbewusstsein, Temperament, Organisationstalent. Sprach und schrieb ein gutes Deutsch. Das erschien mir, der veröffentlichen wollte, nicht unangenehm. Als Sportlehrerin machte sie eine gute Figur und hatte sehr lange Haare, schon immer meine Leidenschaft.

Gedanken in Feierabendstimmung. Körper ist tätig: Segel setzen, Segel bergen, Segel schiften. Versuche optimal zu segeln. Resultat: Etmale um 150 Seemeilen. Leider zu viele Schiffe. Nachtwache mit Schlafsack im Cockpit wird zur Normalität.

19. Tag – Freitag, 1. September | Glücklicherweise tappen wir nur sacht dahin, sonst hätte das Bündel Tau die Aries zerrissen. Hunderte von Metern hängen als Knäuel am Paddel der Selbststeueranlage. Teile des 22 Millimeter dicken Taus auch im Hauptruder. Muss schon die halbe Nacht drin gewesen sein, denn ich wunderte mich, warum der Kurs so instabil war. Schneide es zum Teil von Deck aus frei. Für den Rest springe ich mit Taucherbrille ins Wasser. Mit dem Messer in der Rechten tauche ich vorsichtig und schneide auch die im Hauptruder verklemmten Tauenden ab. Mühsam und nicht ohne Risiko. Im Seegang klatscht das überhängende Heck hart aufs Wasser. Da heißt es, möglichst nicht den Kopf beim Luftholen dazwischenkriegen. Mangels Leiter hangele ich mich über die Kante zurück an Bord. Oho, geht besser als beim Probetörn im Juni. Kein Wunder: Schwielen an den Händen, mehr Muskeln, viel mehr Geschick.

20. Tag – Samstag, 2. September | Ist das aufregend mit Telefon und Fax. Zum ersten Mal auf meinen Fahrten hantiere ich mit Kommunikationsgeräten – eine Handfunke rechne ich nicht dazu. Und die Geräte funktionieren nicht wie gewünscht. Faxgerät benötigt immer mehrere Versuche, Telefon klappt leidlich. Vorrangig muss man wegen der Zeitverzögerung warten können und nicht drauflosplappern. Es handelt sich um ein Satellitentelefon und -fax (Inmarsat-M). Dieses kostbare Koffergerät wird zum Teil an Deck (Antenne) und in der Kajüte aufgebaut und ist bereit zum Senden und Empfangen. Doch leicht ist es nicht. Bei Seegang oder wie schon gehabt auch bei Flaute ist es äußerst schwierig, die Satelliten „einzufangen". Sie sind notwendig, um einen guten Betriebspegel zu erreichen. Es muss also primär der Kurs stabil sein, bevor ich telefonieren kann.

Anschließend kommt der Benzingenerator dran. Schwer wie ein Bleibarren muss ich ihn aus der Kajüte wuchten. Heute wäre er mir fast beim Benzineinfüllen auf dem Seitendeck über Bord geplumpst. Erst habe ich in einem Roller die Balance verloren, Trichter weg, ein Schwall Benzin hinterher, und da ich instinktiv mit der rechten Hand den kippenden Honda griff, schlug ich mit Nase und Wangenknochen auf den Relingsdraht. Blau und schmerzhaft. Der Honda geht glatt unterm Relingsdraht durch. Das wäre es gewesen. Ohne Generator bald keine Kommunikation.

Ich lebe hier so meine Welt. Habe mich meiner Umgebung angepasst. Unterm Spritzschutz. Grüne Segel, gelbes Tauwerk – schöner erfrischender Anblick beim Frühstück an Deck. Koche ab sofort täglich. Lese wenig. Zwei Bücher erst. Ernst-Jürgen Koch und Gerd Engel, die Autoren. Der eine morbide, von dem anderen habe ich den Tipp, sich mit dem Saft einer Obstkonserve einen Longdrink zu mixen. Abends sitze und liege ich lange im Cockpit. Wecker auf meinem Bauch. Schiffe gucken ist dann meine Aufgabe. Sichte aber keine. Meine ozeanische Feier hat noch nicht stattgefunden. Vielleicht heute. Voraussetzungen sind ideal. Barometerdruck fest. Nördliche Winde um 2. Wiederholt habe ich in letzter Zeit gelesen, dass sich viele Fahrtensegler als Nichttrinker unterwegs ausweisen. Nun, ein, zwei Glas Wein haben noch niemanden über Bord befördert.

Sicherheit: Habe inzwischen je Seite ein Tau mit Karabinerhaken geschoren. Das reicht bis zum Vorstag. Gehe ich aufs Deck, picke ich den Haken in meine Sicherheitsgurtweste. Dient mir immer nachts, bei bewegter See auch tagsüber. Außerdem je Seite eine Bullentalje befestigt, die ich vom Cockpit aus bedienen kann. Sie ist gleichzeitig Niederholer des Großbaumes. Vor lauter Tauwerk sieht man das Deck bald nicht mehr.

Es ist schön, an Deck zu sitzen und zu beobachten, wie der Klüver uns durchs Meer zieht. Tage zum Küssen: mild, weich, gewinnend – das Meer kann großartig sein.

21. Tag – Sonntag, 3. September | Kaffee, Käse, Brot, Oliven, Porridge. Ich frühstücke gut. Besser als zu Hause. Anders.

Ein Tag wie er blauer nicht sein kann. Kleine weiße Schaumkronen ädern das Meer. Ideale 4 bis 5 Beaufort. 6 Knoten Fahrt. Grünes Segel an Steuerbord. Fuerteventura an Backbord. Weit entfernt als Silhouette mit feststehenden Wolken über den Kuppen.

Gegen Mittag stehe ich breitbeinig im Cockpit und bewundere den gleichmäßigen Wind, den leicht pendelnden Kurs, den blauen Himmel mit leichten Kumuluswolken und das absolut blaue Meer. Begierig sauge ich das Blau ringsum auf. Schau ich im rechten Winkel über die Bordkante, leuchtet es blau aus der Tiefe – die Farbe springt mir förmlich entgegen. Eine Sättigung zum Verrecken. Ein unvergessliches Bild, das im Gedächtnis bleiben wird bis zum Ende der Weltumseglung und auch danach.

Letztlich bewundere ich auch mich. Nur Naive können sich an so was begeistern, fast verlieren. Denke auch: Mit Leidenschaft, gepaart mit gesunder Skepsis, mit Vernunft, Überlegung, Erfahrung und dem so genannten Riecher werde ich weit kommen auf dieser Tour.

KATHENA NUI hält sich während der ersten drei Wochen vorbildlich. Gleichmäßiges Rauschen an den Bordwänden. Das leise Quietschen der Aries und das Knacken der Blöcke ist ihr Rhythmus, der in mir ist. In meinem Körper. Ich bin überrascht, wie gut ich mich fühle. Das heutige Glücksgefühl hängt mit Gran Canaria zusammen. Im Dunst in der Ferne sehe ich die Insel. Mein Gott. 1966. Ein Traum. Ein Boot. Jung und unbekümmert. Ausreichend Geld. Ich hatte alles. Immer optimistisch. Nicht überheblich. Das war Leben. Mein Herz pocht beim Gedanken an diese Segelzeit. Vor mir meine erste Atlantiküberquerung, die mich in keiner Weise bei der Vorbereitung beunruhigte. Erst später, als ich mehr vom Segeln auf See wusste, machte ich mir Sorgen. Genug der Erinnerungen.

Ich bin für das Unabhängige geboren. Aus meiner Sicht findet es unter Segel statt. Glaube schon, dass es was mit dem Gutsschloss, umgeben von Wald, Park und Teichen, wo ich als Kind einige Jahre lebte, zu tun hat, dass mir dieses Leben so zusagt.

Was habe ich heute angestellt? Viel an Astrid gedacht. Sie baut ein Haus für uns, während ich segle. Als ich abfuhr, standen gerade die rotweißen Fluchtstangen. Hausbau in Deutschland: eine Aufgabe – mit Überblick, mit Ärger? Telefonisch habe ich erfahren: Die Wände stehen schon. Hat sicher mehr zu tun, als ich vermute. Ich vermisse sie noch nicht. Hängt damit zusammen, dass mein Vorhaben keine Spaßfahrt ist. Denke mehr ans Hoorn als an Astrid. Hier, mutterseelenallein, muss man das verstehen. Das berüchtigte Kap Hoorn liegt zudem näher als Astrid. Sorge mich, dass sie ihre langen Haare abgeschnitten hat. Träumte von einer großen Schere und langem blondgrauem Haar.

23. Tag – Dienstag, 5. September | Massenhaft Schiffe überraschen mich. Eine Nacht im Cockpit. Hart. Zerschlagen. Schlaf in Minutenschüben. Liege querschiffs unter einer Wolldecke. Gedächtnisspiele verkürzen die Zeit: Hauptstädte; wie viele Flüge in meinem Leben; wie oft im Fernsehen? Scheitere bei der Aufgabe, jedem europäischen Land drei Schriftsteller zuzuordnen. Schnelle Fahrt. 10 bis 15 Knoten Surfpartien sind regelmäßig dabei. In acht Stunden 52 Seemeilen. Ich kann nur staunen.

Diese Querbewegungen machen Notizen schwer. Ob im Stehen oder Sitzen. Wo kommen bloß die enormen Roller her? Eigentlich segeln wir im Nordostpassat, bekannt für schönes Wetter. Doch wir haben seit den Kanaren eine fahle Sonne und Starkwind. Dichte Zirruswolken jagen von Horizont zu Horizont. Nachts anstatt eines funkelnden Himmels nur einzelne blass schimmernde Sterne.

Soviel für heute aus meiner Aluminiumbüchse – mit Verfallsdatum. 45 Wochen gebe ich dem Inhalt. Und für diesen Zeitraum fühle ich mich vorbereitet, ausgerüstet, geborgen. Bei Petroleumlicht und hoher Fahrt vor einem stürmischen Passat. Ganze Mittelgebirge rauschen unter KATHENA NUI durch.

24. Tag – Mittwoch, 6. September | Kurs lässt sich halten. Nur fabelhafte zehn Grad Abweichung je Seite. Und das bei stürmischem Passat, brechenden Kreuzseen und knappen 7 Knoten. An Segeln habe ich das durchgereffte Groß stehen und ausgebaumt die Klüverfock 2. Das Boot rollt bei diesem Kurs vor dem Wind 30 und 40 Grad zu jeder Seite. Diese Schlingerbewegungen haben mich mehrfach gegen

Wände und Kanten geworfen. Muss mich erst von der letzten Nacht erholen. Außerdem von den Arbeiten mit den Segeln. Groß reffen dauerte wohl fünf Minuten. Zur Erinnerung: Letzte Nonstopfahrt waren es um die drei Minuten. Ein 60-Jähriger hat es nicht mehr so eilig. Auch an Deck nicht. Segel schiften beansprucht doppelte Zeit: Zuallererst warten bis der Wind flauer wird, Bullentalje lösen, Schot dicht holen, Groß überholen, Bullentalje durchsetzen. Den Klüver überholen ist langwieriger: Bergen, Baum absenken, Schoten ausklinken, nach achtern eilen und Fockschot loswerfen, Baum auspicken, auf andere Seite vom Kutterstag holen, wieder einpicken, Schoten einhängen, Baum mit Topnant waagerecht stellen, Schot vorholen, Segel setzen, nach achtern sprinten und über Winsch dicht holen. Ordnung im Cockpit machen. Zwischendurch Sicherheitsleine, die sich an irgendwelchen Beschlägen verhakelt, frei machen.

Diesen tagelangen stürmischen Nordostpassat haben wir bestens genommen. Keine Welle an Deck, keine knallenden Segel, überhaupt keine Defekte. Klasse. Der Klüver steht vorm Wind wie ein Schild. Wie ein Schutzschild im Mittelalter; wir sind gewappnet gegen alles, was kommen mag. Die orange Farbe wirkt beruhigend.

6 | MALLUNGEN

Jeden zweiten Samstag kommt die Fachzeitschrift „Yacht“ zu uns ins Haus. Heute lese ich auf 28 Seiten, dass die deutsche Regattayacht ILLBRUCK am Volvo Ocean Race teilnimmt und ein Budget von 40 Millionen Mark zur Verfügung hat. Der Kurs dieser Regatta um die Welt ist in neun Etappen aufgeteilt und führt vor dem Wind durchs Südpolarmeer. Die knapp 20 Meter langen Schiffe werden von einer zwölf Mann starken Crew gesegelt. Meine Kosten für die Weltumseglung beliefen sich auf 133 000 Mark, davon 108 000 für Bau und Ausrüstung des Schiffes 1984. Der Rest war für die spezielle Ausrüstung gegen den Wind. Meine Fahrt war keine Regatta und nonstop gegen den Wind.

---

27. Tag – Samstag, 9. September | Die Kapverden liegen zirka 50 Meilen an Steuerbord. Die Segel schlagen, Blöcke knarren, Schoten reißen. Wir stehen in einer hohen Norddünung auf 15 Grad nördlicher Breite. So früh habe ich die Mallungen, die Flautenzone am Äquator, nicht erwartet. Aber alle Zeichen sprechen dafür: Wind schwankend in Stärke und Richtung, über mir ist der Himmel dunkel, in Süd schwarz und Nord noch blauweiß. Temperatur 33 Grad an Deck, Wasser 27 Grad. In der Kajüte mittags an die 40 Grad. Aluminium heizt sich enorm auf. Sitze vorm Kartentisch, Schweißtropfen fallen auf die Seekarte. Die kann das vertragen. Allein der Gedanke, gleich zu telefonieren, trägt zur Schweißbildung bei. Unangenehme Rollbewegungen und unsteter Kurs machen die Kommunikation zu einer Aufgabe. Klappt dann auch nicht doll. Zwar kann ich ein Fax empfangen, aber keins senden.

Zum Abendessen schlage ich zwei rohe Eier in eine Tasse, vermische sie mit Kakaopulver und einem Schuss Brandy. Beflügelt gleich meine Fantasie. Sitze draußen, Blick zum Sonnenuntergang. Es geht mir gut. Bin ich doch bei dem, was ich machen wollte. Zudem anscheinend optimal ausgerüstet. Die Segel stehen wie eine 1. Außerdem hervorragend verarbeitet. Tauwerk mehr als genug. Das ist notwendig, da der Verschleiß groß ist. Die Aries steuert besser als zuvor. Fenster und Luken sind dicht. Spritzschutz überm Niedergang sitzt gut.

29. Tag – Montag, 11. September | Eine gleißende Sonne weckt mich. Nach einer Nacht auf der schmalen Cockpitbank setze ich Teewasser auf. Beim Aufbrühen schießt mir durch den Kopf, besser eine Hose anzuziehen. Ein Freund aus Hamburg kocht beim Seesegeln grundsätzlich in Ölhose. „Um Verbrennungen frühzeitig zu vermeiden."

Genieße erst den Morgen, dann in der Düse zwischen Groß und Genua. Der leichte Wind fällt angenehm herunter. Zugleich schiebt er den Bug leicht plätschernd durchs Wasser. Mein Appetit ist groß. Endlich. Schaufele hinein, was die Backskisten hergeben: Brot, Käse, Wurst, Griessuppe. Ärgere mich. Hätte 20 Liter H-Milch und 10 Pakete Brot mehr einpacken müssen. Sehr schade. Durst auf Milch. Dafür zu viel Reinigungsmittel, Küchenrolle und Tempo. Nun ja, Tempotaschentücher brauche ich eigentlich überhaupt nicht, in der Nase ist nichts. Auch niesen wie jeden Tag zu Hause findet nicht statt. Dafür darf ich hier meiner anderen Marotte nachgehen: mit dem Zeigefinger im Haar drehen. Eine Angewohnheit, die Astrid am liebsten den Schornstein hoch gehen lässt. Dabei habe ich das von ihr übernommen.

Die stete Ozeandünung lässt das Boot torkeln. Es plätschert weiter so dahin. Zupfe an der Genuaschot, fiere und hole das Groß. Versuche, jeden äquatorialen Lufthauch zu nutzen. Doch: Es bleibt bei um die 2 Knoten Fahrt. Nachts, mittags, abends. Mit der Dämmerung baue ich wieder meine Koje im Cockpit: gelbe Wolldecke, blauer Schlafsack. Blick achterhoch: Segel stehen fast. Blick achteraus: das Meer fast ruhig, fast Vollmond. Fast glücklich? Nein, total. Einmalige Stimmung. Natur und Mensch gleich pures Erleben. Ich inhaliere jede Sekunde. Bin ich doch beim Eigentlichen und meiner letzten Langstrecke. Tatsache ist, ich bin lebendiger als letztens. – Letztens? 16 Jahre ist es her, dass ich hier auf Nonstopkurs war.

Bin bald müde. Ursache: zu selten in diesen ersten vier Wochen drei Stunden durchgeschlafen. Meistens war nach ein bis zwei Stunden Schluss.

30. Tag – Dienstag, 12. September | Das Genuasegel liegt an Deck, das Groß steht zweifach gerefft. Es soll KATHENA bei Windstille Stabilität geben, aber die Dünung ist stärker. Klick, klack, klick, klack, wir dümpeln in einer Flaute, inzwischen auf 11 Grad nördlicher Breite. Schäkel knarren.

Ich springe über Bord. Bekomme einen Schreck: Das Unterwasserschiff ist stark bewachsen. Jetzt schon, nach nur einem Monat Unterwegssein. Das beeinträchtigt die Geschwindigkeit – kostet Meilen. Steche die Hälse der Entenmuscheln vorsichtig ab. Möglichst wenig Farbe beschädigen. Resultat: null Kondition. Schaffe nur 20 Sekunden Tauchgänge. Und, ganz furchtbar, ich habe die Schwimmflossen vergessen. Doppelt enttäuscht. Der Unterwasseranstrich auf Teflonbasis ist vom 28. Juli. Es ist ein so gewaltiger Dämpfer, dass ich erst mal Spaghetti mit La-Vialla-Soße verschlinge. Bei meinen Tauchgängen habe ich ohne Flossen keine Schubkraft und fühle mich nackt bei eventuellen Haibesuchen. Also, Vorhaben überschlafen.

Heute genieße ich mal das Langgewünschte: bei totaler Flaute die große, blaue Unendlichkeit. So oft ersehnt, weil nicht erlebbar in meinem Hausrevier. Mein anderes Ich denkt jedoch an den blöden Muschelbewuchs. Wie soll das bloß weitergehen. Flossen gehören in die Rubrik Seemannschaft. Leichtfertig und unentschuldbar. Nun, ich beschimpfe mich ...

... und höre Musikkassetten. Radioempfänger bringt alles, nur keine Musik zum Zuhören. Oft stark gestört. Höre Lieder, die ich mag, die mich ablenken, in eine andere Welt, Raum und Zeit versetzen. Das Rezept „Musik" wirkt auf See. Suzanne Vega hilft mit „Tom's Dinner"; Dire Straits mit „Telegraph Road"; Andrea Horn und Wyn Hoop mit „Das Alte Logbuch".

32. Tag – Donnerstag, 14. September | Schlecht drauf. Kopf besetzt. Arm schmerzt, überhaupt durchweg Gliederschmerzen. In der Koje halte ich es nicht aus. Kopfkissen und Laken kleben am Körper. Schon wieder ist es viel zu heiß. Und: zwei Stunden Sturm. Natürlich gleich nach Mitternacht – wie so oft auf See. Davor und danach Flaute. Träume von vier Freunden, die bereits tot sind. Weiß nicht in welchem Zusammenhang.

Der Tagesanbruch ist einzigartig. Frische, schwerelose Luft. Voller Verheißung – und dann hält der Tag sogar die Stimmung. Mallungen total. Die Sonne explodiert förmlich, verbrennt die Wolken. Setze das Sonnensegel und döse durch den Tag, irgendwo im Nirgendwo. Momente der absoluten Zufriedenheit. Ich will allein segeln, und diese Tage mit klick, klack gehören dazu. Gut, die Mallungen dauern diesmal länger, doch solange der Bug plätschert, ein Segel sich wölbt, die warme, weiche Luft vom Groß herniederfällt, kann ich's aushalten.

35. Tag – Sonntag, 17. September | Noch in den Kalmen des Äquators. Beziehe Position in der Seekarte: 28 Seemeilen seit gestern. Die Aussichten für morgen sind gleichfalls mager. Im Logbuch, in der Spalte für den Wind, notiere ich: Süd und Südwest Stärke 0 bis 1, gegen Abend für eine Stunde 3 bis 4. Das Seehandbuch des Atlantischen Ozeans aus dem Jahre 1899, bisschen alt, aber es informiert ausführlicher als die heute erhältlichen, schreibt zu den Kalmen: *In den Äquatorialkalmen muss bei jedem Winde unbekümmert, ob man dabei etwas nach Osten oder Westen kommt, das ganze Bestreben darauf gerichtet sein, Süd zu machen.*

Ich bin weit nach Osten gekommen. So weit wollte ich eigentlich nicht von meinem Kurs versetzt werden.

Mallungen, das sind Windstillen, leichte umlaufende Winde und heftige, wolkenbruchartige Regenböen. Ich erwische den „fallenden Himmel“ leider im Dunkeln. Fange trotzdem über 70 Liter Trinkwasser auf. Sie kommen direkt in den Wassertank. Diesbezüglich bin ich versorgt. Gleichzeitig mache ich Wäsche. Morgens um fünf Uhr wasche ich meine Kleidung. Stück für Stück rubbele, schrubbele ich geduldig mit den Händen in einer Pütz. Das gefällt mir. Wann habe ich so was zuletzt gemacht? Finde das Wascherlebnis eine eigenartig befriedigende und erfüllende Tätigkeit, irgendwie meditativ. Was mir fehlt, ist mehr Wasser.

Bin missgestimmt. Zum einen das gestrige Telefonat: Die Glückseligkeit bringt es nicht an Bord. Die elektronische Nabelschnur macht zu viel Arbeit, und die Gespräche bedrücken. Sie machen mir das Alleinsein jedes Mal erneut bewusst. Seltsamerweise am Tag danach. Heute kommt ein blödes Fax hinzu: *Wie würden Sie dem Vorwurf eines*

Kritikers begegnen, dass sie einen „Kamikaze-Törn" unternähmen anstatt ihrer Vorbildfunktion zu entsprechen? Ganz einfach: Kamikaze ist japanisch und bedeutet ursprünglich „göttlicher Wind". Und: Ich bin hier für mich selbst unterwegs.

Mich betrübt, dass ich den Mast nicht geschafft habe. 13 Meter Länge nur zu vier Fünftel gepackt. Muss nämlich unbedingt das ausgerauschte Fockfall einscheren. Segele seit Wochen mit dem dünneren Reservefall. Was mich hindert, ist eine Muskelzerrung im Schulterblatt. Oder ist es ein Faserriss?

Muss mich mal abklopfen. Warum bin ich so deprimiert?

Wenn ich mich besonders mit dem Schiff verbunden fühle, lege ich mich querschiffs aufs Brückendeck. Heute ist so ein Tag, obschon traurig. Jetzt bereits einen Knacks. Das wäre nicht normal. Gerade auf die Mallungen freute ich mich. Überhaupt begeisterte mich der Gedanke, allein auf See zu sein. Niemandem verpflichtet. Und jetzt greife ich zu nichts. Nicht zum Essen, nicht zur Arbeit, nicht zum Wind. Beim Wind greife ich noch zu oft daneben. Falschen Kurs, zu viel Tuch, zu wenig ... Und wenn ich in meiner Kuschelecke (das Brückendeck ist 1,52 mal 0,48 Meter groß) liege wie ein Embryo und der Himmel Sterne zeigt, die vielleicht auch noch strahlen, dann vergesse ich schnell mein Wagnis. Lebe nur für diesen Moment, lebe fürs Boot, fürs Segeln, für dieses einfache, schlichte, geordnete Leben. Wenn, was erst einmal der Fall war, Wind, Kurs, Himmel, Fahrt optimal zusammenfinden, dann bin ich wie in Trance. Und alles ohne Hochprozentiges. So stelle ich mir Menschen vor, die unter Drogen stehen. Natur und Einfachheit sind eigentlich alles, was ich zum Leben benötige. Ich mache diese Fahrt nicht wegen der Substanz oder der Leistung, sondern auch für mich selbst, habe ich schon richtig gesehen. Klingt natürlich, wenn man Familie hat, sehr egoistisch. Ist es auch. Nur: ohne Ego kein unangemessenes Leben. Seltsame Gedanken an einem konfusen Tag. Mumm fehlt mir, nicht nur im Körper, schlimmer, auch im Kopf. Grau das Wetter heute. Grau in mir. Ich bin gespalten. Extremfahrt oder gemütliche Törns? Die Frage habe ich mir im letzten Jahr oft gestellt. Du hast doch viel gemacht, sagte ich mir, hörte ich, fühlte es auch. Aber mit Törns Rund Fünen, Bornholm, Rügen wollte ich nicht enden. Schon gar nicht in der unermesslichen Eintönigkeit unseres so genannten Bermudavierecks: Missunde (Fährhaus), Schleswig (Brauerei), Lindauhof (Marina), Brodersby (Tonne). Woche für Woche, Monat für Monat dieselben Lokale, dieselben Gesichter, dieselben Gespräche. Nein, auch um meine Seltsamkeit zu bewahren, bin ich unterwegs. Letzte Nonstopfahrt wollte ich sehen und erleben, diesmal vorrangig spüren und fühlen. Was wohl ziemlich dasselbe ist. Tatsache ist: Kap Hoorn hat im November 41 Prozent Wind aus West, also genau von vorn. Aber es hat auch neun Prozent Süd, sieben Nord und zwei Prozent Flaute. Nun, als motorloser Segler kann ich die nicht sonderlich nutzen.

36. Tag – Montag, 18. September | Kopfweh. Schwarzer Kaffee, Gegenwind, Gischt und Sonne vertreiben es rasch. Ich hocke unterm Spritzschutz und beobachte. Ist der Süd heute schon der Wind, der mich zum Südostpassat bringt? Kann durchaus sein. Wir stehen auf sechs Grad Nord. Fliegende Fische unterhalten mich. Sie landen oft an Deck, Zentimeter neben der Reling. Zappelnde Geräusche bringen mich alsbald in Gang. Ich befördere sie über Bord. Sie sollen ja gut schmecken. Zu dumm, ich kann sie nicht gebrauchen, habe mein Leben lang eine Fischallergie.

Unterhalten soll mich das Rundfunkprogramm der „Deutschen Welle" aus Köln. Aber die Nachrichten sind das Übliche: Euroschwäche, Ökosteuer, Benzinpreise. Olympiade in Sydney würde mich sehr interessieren. Doch leider nehmen die Verlierer die meiste Sendezeit in Anspruch: Franziska van Almsick konnte sich als Elfte nicht fürs Finale qualifizieren. Dieter Baumann, der Läufer, darf nicht starten. A- und B-Probe positiv. Gute Nacht. Ab 23.25 Uhr findet die Antizipation in der Koje statt. Denke noch, Segeln, ist das nicht auch eine olympische Disziplin? Davon bringt die „Deutsche Welle" nix.

38. Tag – Mittwoch, 20. September | Heute beginnt das Leben. Ein Segelboot ist ein Ort der Taten. Da können die Mallungen noch so sanft und anheimelnd sein. Gischt, Gurgeln und Geschwindigkeit bedeuten Glück. Auch wenn die Bordlage schräg ist. Dabei habe ich letzte Nacht Meilen verschenkt. Schlief ich doch erstmalig vier Stunden im Stück – und das teils auf falschem Kurs. Verschenkt?

KATHENA NUI

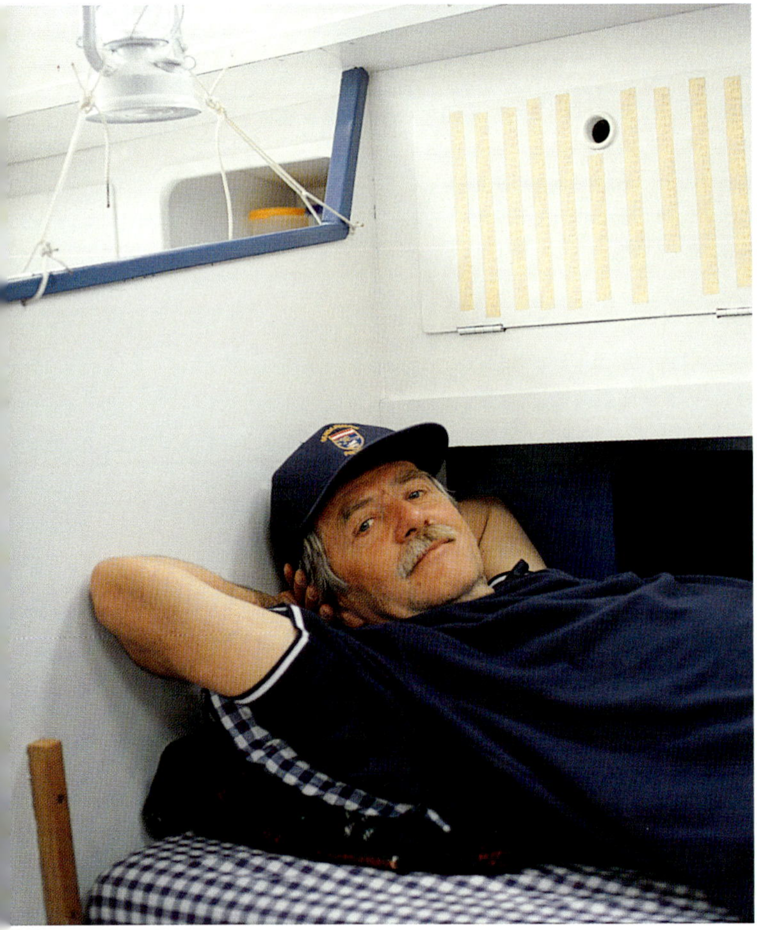

Vorherige Seite: Davon habe ich lange geträumt: nonstop und allein gegen den Wind um die Erde. – Nach zwölf Jahren, aufgebockt hinter unserem Haus, ist mein Schiff wieder fit für große Fahrt. – Entspannt liege ich auf meiner Koje – Minuten vor der Abfahrt für fast ein ganzes Jahr. – Endloser Anfang: Flaute in der Elbmündung macht den Start mühsam.

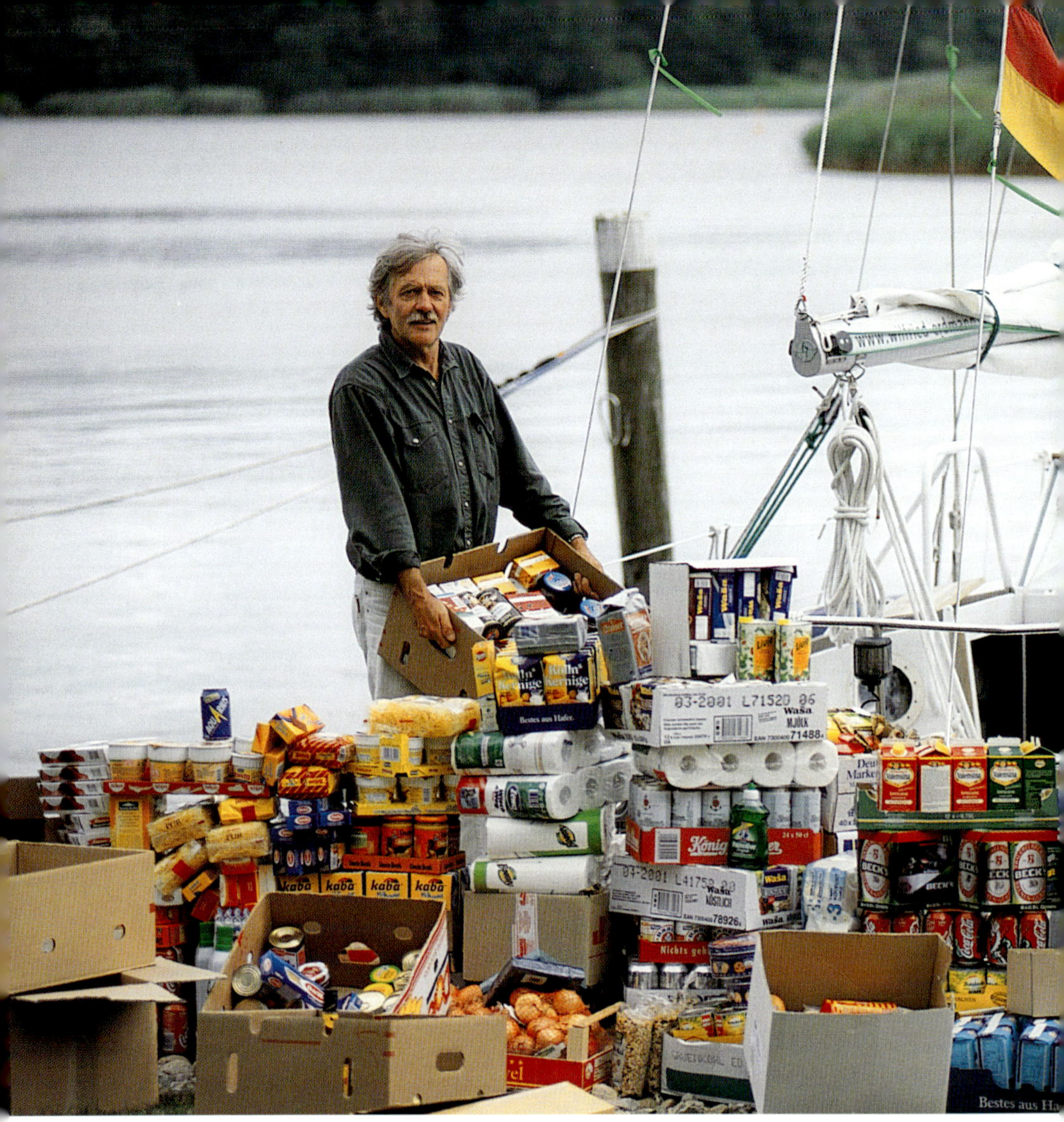

GULASCH
JULI 2000
GEHACKTES
JULI 2000

In Missunde an der Schlei verstaue ich etwa 700 Kilo Proviant, davon 34 Gläser eingewecktes Fleisch und 80 Kilo Zwiebeln. – Nächste Doppelseite: Spartanisch ist die Kajüte der KATHENA NUI eingerichtet. Meist lebe ich auf dem Boden, weil es der ruhigste Punkt des Schiffes ist.

Egal ob unter Klüver oder grünweiß gestreifter Genua. Das Segeln gen Süden an den Kanarischen Inseln vorbei bis zu den Kapverden ist traumhaft. Mit 6 und 7 Knoten zerteilt der Bug das Blau, lässt es schäumen.

Beim Erwachen: Rechteckiges Stück Sonne wandert übers Koppel- und Knickfoto an der Wand. Wundere mich über die Blaufarbigkeit an Bord: Schlafsack, Laken, Messergriffe, Bleistift, Gardinen, Logbuch ... Ich habe eine schöne helle Kajüte.

39. Tag – Donnerstag, 21. September | Hänge überm Kartentisch, um Eintragungen zu machen. Mein Bauch drückt gegen die Tischkante. Segeln hart auf Steuerbordbug. Schoten sind dichtgeknallt. Es ist der Südostpassat. Mächtige Schläge bei 5 bis 6 Windstärken. Unbequem und anstrengend. Mache mir ein Bild, wie es im Südpolarmeer bei 7 Beaufort gegenan sein wird. Schnell weg mit dem Gedanken. Die Gegenwart reicht: Alle fünf Minuten eine fetzige Gischt bis zum Heck. Schwall- und Schaumschlieren auf den Fensterscheiben.

41. Tag – Samstag, 23. September | Ein „Kap" im Kielwasser. Die Linie. Seit dem Nachmittag bin ich in der südlichen Hemisphäre. Der mit dem vielen Wasser, den großen Meeren, den langen und hohen Wellen und natürlich der großen Weite und Leere. Strecken mit 5000 Seemeilen am Stück ohne einen Stein dazwischen, wo gibt es das sonst. Was werde ich wohl erlebt haben, wenn ich den Äquator auf der Heimreise wieder passiere? „Könnt ihr den Kelch trinken?" Die Frage von Jesus an seine beiden Jünger Jakobus und Johannes geht mir nicht aus dem Kopf. Nun, die Strecke wird voller Freude, voller Leid sein, auf welche Weise auch immer. Ich weiß, beides gehört zusammen. Ich liebe es, beides zu leben. Unbequem ist momentan der harte Amwindkurs durch den Passat Richtung argentinische Küste. Der Bug hämmert mit 7 Knoten auf die See ein. Schräglage liegt bei 35 bis 40 Grad. Mir tut alles weh vom Abkeilen. Alle Tätigkeiten sind radikal anstrengend und kraftraubend.

Liege in der Abenddämmerung hinterm Spritzschutz in Ölzeug, blicke gen Westen in die Spiegelungen des Meeres, der Sonne und der mächtigen Passatwolken. Im Kopf Zufriedenheit. 40 Tage gleich 4200 Seemeilen, ergibt einen Schnitt von 105 Meilen. Damit kann ich gut leben. Schließlich nicht alles gegeben.

Liste der zu erledigenden Arbeiten ist lang. Heute kommt der Brenner für den Kocher hinzu und neue Steuerseile für die Aries.

Keine Verbindung mit Astrid möglich, schaffe es nicht, die Satelliten zu halten. Schade. Dabei bin ich neugierig. Womöglich ist heute Richtfest? Bin begierig, es zu wissen.

Ich wollte immer ein Haus bauen. Aber „Nonstop gegen den Wind" dominierte den Kopf. Und wegen meines Alters wollte ich diesen Kurs nicht aufschieben, denn ich spüre meine Jahre schon. Die Bewegungen und Reaktionen sind schlichtweg langsamer. Einen Tick nur, aber immerhin. Bedächtiger. *„Auch die innere Beweglichkeit"*, wie der Weltumsegler Ernst-Jürgen Koch in seinem Buch „Paradies im Stundenglas" schreibt. Und weiter: *„Der alternde Mensch schließt geistig immer mehr Dinge aus. Er versteht sie nicht, kann sie nicht mehr verstehen, will es auch gar nicht."* Koch meint, Altwerden wäre sehr schwer. Als er dies schrieb, war er jünger als ich im Moment. Ich meine nicht, wenn ich die Sache locker und bewusst angehe. Denn erstens: Dass man älter wird, ist nicht zu vermeiden. Und zweitens: Ich freue mich sehr über jede gelungene Sache und jeden schönen Tag. Das schafft viel Gutes. Mit dem Alter umgehen können ist auch Geschick. Derzeit habe ich die Gesundheit und Kraft – in jeder Beziehung.

7 | VON NEBEL UMSCHLUNGEN

So, die KATHENA liegt wieder auf der Schlei. Im Naturhafen Missunde. Doch jetzt, da ich im 7. Kapitel bin, muss sie von Platz 107, wo ich die Fahrt beendet habe, auf Platz 1 verholt werden. Eine knappe halbe Meile, aber immerhin, sie muss, da motorlos, gesegelt werden. Eine Familienangelegenheit. Astrid löst die Leinen. Kym steuert. Ich reiße die Segel hoch. Ich reiße die Segel runter. Kym steuert in die mit Dalben begrenzte Box. Astrid nimmt die Bugleinen. Platz 1 befindet sich unmittelbar neben der Fähre über die Schlei, die an dieser Stelle 140 Meter breit ist. Bei dem abschließenden Plausch im Cockpit überschlägt mein Sohn, wie viele Jahre unser Freund Helmuth wohl seine Fähre fahren muss, um auf meine Nonstop-Distanz zu kommen: 20 Jahre – Ferien mit eingerechnet. Er ist, so gesehen, schon zweimal um die Erde.

---

43. Tag – Montag, 25. September | Tagsüber liege ich in der Koje und denke über meine zweite Allergie nach: Neben Fisch kann ich Wasser in der Bilge nicht vertragen. Manchmal träume ich nachts von überfluteten Bodenbrettern. Angefangen hat es damit in der Südsee, als wir mit KATHENA FAA im Pazifik von Insel zu Insel segelten. Nie zuvor hatte ich nämlich ein Boot, das absolut dicht war. Ich verliebte mich in meine weiß gestrichene trockene Bilge. Mit KATHENA NUI habe ich ein Schiff, das nicht nur eine trockene und weiße Bilge hat, sondern absolut sauber ist. Offene Lebensmittel, die aus Versehen hineinfallen, kann ich unbedenklich wiederverwenden.

Unter solchen Umständen irritiert mich natürlich bei der morgendlichen Kontrolle eine Dose Wasser unter den Bodenbrettern. Wo kommt das her? Gleich reiße ich die Bretter hoch, kontrolliere sämtliche Wasseranschlüsse. Nichts. Es dauert zwei Stunden, bis ich die Leckstelle finde. Das Seeventil meiner Salzwasserpumpe hat einen Riss. Ich demontiere das Kunststoffventil und führe den Schlauch direkt auf die Pumpe.

Das liest sich so leicht, die Reparatur aber ist eine einzige Verbiegerei unter der Spüle: zunächst Taschenlampe festlaschen, dann das Werkzeug – Schraubendreher, Messer, Schellen, Rohrzange – bereitlegen und kopfunter schweißtriefend hantieren. An Bord ist eben jede Arbeit umständlich und bei Lage eine Hangelei. Ebenso das Kochen. Wird manchmal zu einer einzigen Artistennummer. Zwiebeln rollen hin und her, der Topf schwappt über, Messer katapultieren über die Anrichte und letztlich landet das fertige Essen von der Gabel im Kragen. Aber meine Frau hat mir befohlen: mindestens einmal täglich heiß essen. Hilfreich ist dabei, dass mein Kocher sehr niedrig montiert ist, kniehoch über dem Boden, sodass er auch bei extremer Schräglage noch tauglich ist. Sogar sitzen kann ich davor.

Am Wind durch den Passat der südlichen Erdkugel zu segeln bedeutet auch, dass alle Luftlöcher dicht sind. Mit alle meine ich beide, die ich habe, einen Lüfter und die Niedergangsluke. Auf gute Belüftung habe ich absichtlich beim Bau verzichtet. Mir ist dicke Luft lieber als Nässe. Folge: In der Kajüte herrscht bei gischtigem Wetter klebrige Hitze. Eigentlich müsste ich den Kocher mal putzen oder in der Kajüte Ordnung schaffen. Müll und Wäsche stapeln sich. Denn wochenlang schon herrscht diese große Schwüle in der Kajüte. Bei solchem Wetter fällt auch das ausgestreckte Dasein im Cockpit aus. Gerne würde ich länger und entspannt einen Sonnenuntergang beobachten. Heute mal wieder sichtbar in den Horizont gefallen. Aber wenn alle fünf Sekunden eine einzelne Gischt, alle ein bis zwei Minuten eine ganze Serie im Cockpit landet, dann wird daraus nichts. Weiße Schaumköpfe, na klar, aber der Bug taucht nur leicht weg. An Deck allerdings steht das Wasser in Lee beständig. Unter Deck steht die Luft auch beständig. Heiße 35 Grad und mehr. Da siedet das Gehirn. Köchelt so vor sich hin wie eine gute Spaghettisoße.

44. Tag – Dienstag, 26. September | Recife, Brasilien, liegt 240 Meilen querab in West. Ich komme hervorragend voran. Etmale um 160 Seemeilen mit leicht gefierten Schoten. Einzigartiges Segeln. Aber wichtiger als Meilen und Hangelei: Ich habe „meine“ Wurst wiedergefunden. Von meinem Freund Hubert bekam ich eine echte große italienische Salami mit auf die Fahrt, und irgendwie ist sie verschütt gegangen. Beim Suchen nach Lesestoff finde ich sie leicht angeschimmelt unter einem Stapel alter „Zeit"-Ausgaben. Hänge sie zum Trocknen ans Achterstag in die Sonne.

Passat wie er im Buche steht: Kumulus von einem Horizont zum anderen, allerdings in geringer Anzahl. Viel blauer Himmel. Stetiger frischer Wind. Kobaltblau das Wasser neben dem dahinrauschenden Schiff. Leider ein sehr starker Passat. Im Seehandbuch lese ich: *„Mittlere Grenze des Südostpassates wird in nahezu allen Monaten der 20. Breitengrad sein. Aber bis 27 Grad könnte noch ein Nord bis Nordost angetroffen werden."* Das wäre günstig. Aber noch stehen wir auf 10 Grad Süd.

Und es ist wieder ein 7er Tag, das heißt 7 Knoten im Schnitt. Mit den Nachteilen – Gischt, Lage und Unbequemlichkeit. Dabei wird die Arbeitsliste lang und länger. Obenauf: Brenner wechseln, Segelnaht nähen, Hecklast ordnen, und endlich Fall im Masttopp einscheren.

Die Balance zu behalten, ist die wichtigste Aufgabe. Kochen gleicht weiter einer Turnübung. Jeder Handgriff muss vorher überdacht werden, soll er sitzen. Brühe mir einen Kaffee und koche Wasser für Spaghetti, erst beim Gießen fällt mir die Verbrennungsgefahr ein.

Dämmerungsblicke durchs Luk in die Ferne. Aufwachen, Wilfried. Manchmal sehe ich nämlich Kap Hoorn so deutlich wie die Bücher im Regal hinter der Schlingerleiste. Wie soll das werden? Gegen die Wellen. Wie viel Grad werde ich wohl Kurs halten können. Mit welchen Segeln. Meine „Munition" für die antarktischen Breiten sind kleine Tücher.

49. Tag – Sonntag, 1. Oktober | Normalwind aus Ost. Luken können geöffnet werden. Keine Welle bricht sich am Rumpf. Und endlich stabile Lage. Wann hatte ich das zuletzt? Jetzt wird es Zeit, das Schiff fürs Südmeer klar zu machen. Zuerst die Kleidung gecheckt: vier Öljacken, zwei Ölhosen, mehrere Fleecejacken und -hosen, Wollpullover und Flanellhemden. Gut. Nur mit den Gummistiefeln stimmt was nicht. Beide Paare sind zu eng im Spann. Mal eben abstreifen geht nicht. Schade. Ich habe sie schon zwei Nummern größer gekauft. Na, gekauft habe ich sie nicht. Jeantex hat mir die Wetterkleidung gestellt.

Fühle mich am Ende des Tages gut, habe ich doch endlich einige Dinge in die Reihe gebracht: Fallen und Schoten versetzt, die 12-

Volt-Batterie doppelt und dreifach gesichert mit Tau und Sperrholz und verschraubten Bolzen. Fall im Masttopp wieder nicht geschafft. In Salingshöhe war beim Aufentern Hand über Hand Schluss. Liegt auch daran, dass ich untergewichtig bin. Was Wunder: gestern nicht gegessen und heute bis zum Nachmittag vier Scheiben Knäckebrot.

Fantastische Sonnenstimmung, malvenfarbener Himmel. Mondsichel, scharfe Sternbilder. Liege gedankenverloren bis Mitternacht im Cockpit. Denke an Dinge, die es wohl nicht wert sind zu notieren.

51. Tag – Dienstag, 3. Oktober | Tag der deutschen Einheit. Hier beginnt und endet er strahlend blau. Dazwischen verliert sich die Weite in Unendlichkeit. Das Meer ist leicht bewegt. Koche mir ein angemessenes Essen für diesen besonderen Tag: Reis und ein Glas Hackfleisch. Daneben eine grüne Serviette. Danach eine grüne Dose Bier.

Vor zehn Jahren segelte ich den ganzen Sommer über mit einer Jolle durch Mecklenburg-Vorpommern. Das beschäftigt mich heute besonders. Es war ein richtiges Frei-Allein-Sein-Abenteuer. Die Kombination Sport und Kraft, Erlebnis und Wildnis machte es zu einer unvergesslichen Zeit. Die einsamen Buchten um Rügen, das großzügige Kanalsystem, die wilde Stille der Peene. Du segelst auf ein Ufer zu, springst mit einer Leine an Land, schlingst sie um eine Kiefer, brühst Kaffee auf, legst dich ins Gras ... und wirst vielleicht von einer Kuh geweckt. Mecklenburg-Vorpommern. Diese einfache, herbe Abgeschiedenheit machte die Reise zu einem Volltreffer. Hinzu kam: Der Sommer nach dem Mauerfall fiel in eine – fast – rechtsfreie Zeit. Die Menschen waren neugierig, freundlich und vor allem: euphorisch.

Schöne Gedanken. Lenken jedoch nicht ab von meinen Studien zur Kap-Hoorn-Region. Habe neben Joachim Schult (Kap Hoorn) noch fünf andere Bücher zum Thema. Alle sind sie abweisend. Am schlimmsten das Seehandbuch. Lese ich darin, zwecks Anmerkungen mit Bleistift, stehe ich kurz vorm Abdrehen. Die zahlreichen und detaillierten Beispiele aus der Windjammerzeit gehen direkt durch in den Bauch. Seitenweise werden diese fürchterlichen Bedingungen bei der Umseglung von Ost nach West geschildert. Sie bereiten mir Sorge. Vielleicht hatte Kym recht, als er 1996 vor der Ansteuerung von Fair Isle (Nordsee) schrieb: *„Wilfried und Astrid machen sich lange vorher* *immer schon so viele Gedanken, dass sie in der Situation viel eher zum Kapitulieren neigen. Das liegt am Alter, wie mir scheint."* Das Beste, was ich ihm mitgegeben habe: Tagebuchschreiben. Daran hält er hoffentlich fest. Ich werde es schaffen. Für ihn.

54. Tag – Freitag, 6. Oktober | Auf 26 Grad Süd ist es vorbei mit der Windherrlichkeit. Und den schönen Stunden mit perfektem Kurs und dem Mond, in den wir hineinzufliegen schienen. Eine Regensturmbö – aus Südwest – bringt Härte ins Bordleben. Bei dieser Windrichtung bleibt es. Also, bei Wind von vorn. Hart und weich. Das heißt sehr böig. Die Kreuzkurse bringen nichts, da Seegang und Dünung gegenan stehen. Schietkram. Bedrohlich der Himmel. Grau und schwarz und tiefes Gewölk. Voraus ziehen pechschwarze Wände auf. Wir stampfen so vor uns hin.

Eine kullernde leere Dose Carib (karibisches Bier), ein Geschenk eines Fans vor der Abfahrt, erinnert an all die freundlichen Segler. Warum waren sie so positiv gegenüber meinem „unvernünftigen" Unternehmen eingestellt? Warum so zuversichtlich, dass es mir gelingen wird? Ist doch für viele, die „auch mal eine Nacht gegenan" gesegelt sind, unverständlich, was ich da vorhabe. Ich sollte die Fahrt all jenen widmen, die mir seglerisch Sympathien entgegenbringen.

Noch liegen Meilen vor mir. 25000 mindestens. Wahnsinn. Lese V. S. Naipaul, meinen Lieblingsautor der ersten Nonstopfahrt. In seinem letzten Roman „Rätsel der Ankunft", hat er sicher das englische Landleben gut beschrieben, aber handlungsarm und langweilig, halt wie ein Sonntag in England.

59. Tag – Mittwoch, 11. Oktober | Einige mit segeltechnischen Arbeiten ausgefüllte Tage in Folge. Die Winde laufen rund. Von Nordost über Nord auf Südwest, von wo sie steif und länger ausharren. Darauf folgt eine leichte Flaute, bis der Wind wiederum aus Südost bis Nordost einsetzt und nach einigen Tagen des Bestehens erneut die Kurve über Nord nach Südwest beginnt. So ist das Wetter entlang der brasilianischen Küste.

Selbstbeobachtung: Alle Reparaturdinge an Deck nehme ich zaghaft in Angriff. In mir – neben Kopfschmerzen – eine undefinierbare

Melancholie. Träume viel und schwer – querbeet. Habe darin große Befürchtungen wegen meiner Ausrüstung. Reicht es, was ich unter den Backskisten gestaut habe? Zähle im Morgengrauen gleich meine Streichhölzer: 1200 Stück und zwei Feuerzeuge, der Bestand. Täglicher Verbrauch mindestens fünf Hölzer.

Was mich puscht, sind die Stunden nach der Mittagsposition im Cockpit. Dieser Anblick durch die Relingsdrähte auf ein großartiges Meer im Gegenlicht – die bewegte See mit ihren wechselnden Spiegelungen bringen mich in Einklang mit dem Ganzen. Und immer ist da das überwältigende Bild, wie KATHENA durchs Wasser zieht. Zumindest bin ich gestartet: nonstop in die verkehrte Richtung.

Meine Kleidung: Flanellhemd, Weste, Cordhose, Socken und Segelschuhe.

Noch zum vorherigen Tag: konnte vor Wetterbegeisterung nicht aufhören, tätig zu sein. Trotzdem sind noch nicht alle Punkte der Liste abgehakt. Das Verlangen, das Boot absolut „koppheistersicher“ zu machen, ist groß. Es war bestimmt der letzte nackige Tag. Für lange, sehr lange. Bei 20 Grad Wassertemperatur sprang ich noch mal zum „Stechen“ hinein. So viel Muschelbewuchs macht Angst. Doch zwei jeweils einstündige Tauchgänge reichten, um den Rumpf zu säubern. Meine Kondition hat sich deutlich verbessert. Eine riesengroße Schildkröte erschreckte mich dabei fürchterlich. Mit drei kraftvollen Schlägen war ich am Heck, klar das Deck zu entern, als ich erkannte, dass es nur eine harmlose Schildkröte war. Sie schnappte nach Luft genauso wie ich. Hielt sich lange am Heck auf, zum Foto reichte es allerdings nicht. Man ist zunächst verblüfft, und als die Kamera bereit lag, war sie abgetaucht.

Triviale Erlebnisse. Was soll's, wir kommen langsam voran. Kämpfen aber nicht bis zum „letzten Reff“. Selbstzweifel hemmen meine Kreativität an Deck.

61. Tag – Freitag, 13. Oktober | Ich weiß nicht, was mit mir los ist. Bin meiner Aufgabe nicht gewachsen. Und das auf 31 Grad Süd. Gefühl, Kraft und Wille sind aufgebraucht. Jetzt schon aufgebraucht. Habe mit der Stimmung zu kämpfen und das bei einem Wetter, wo Ölzeug an- und ausziehen die Regel ist.

Segelfläche wirkt gering, aber in den Böen sind wir im Nu auf 6 bis 7 Knoten, und das reicht mir. Zudem ist Vorsicht angebracht. Gestern standen die Vorzeichen auf einen Pampero: Druckfall, tiefe Wolken, Windsprung, Blitze.

Blick aus der Kajüte auf den Klüver 2. Sieht prächtig aus. Das Segel wirkt unanfechtbar: Stand, Farbe, Tuchstärke, Verarbeitung. Gut, der Holepunkt schwächelt noch, aber das kriege ich auch noch hin. Das Segel drückt aus, was ich nicht habe – Stärke. Es könnte ohne weiteres kundtun: Mich kriegt kein Wind kaputt. Vorrangig gefällt mir, dass wir so gut laufen unter dieser Besegelung. Augenblicklich fällt der Wind 70 Grad von Steuerbord ein. Angenehmes Seeverhalten, angenehme Kursstabilität, mittlere Gischt.

Betreff Kap Hoorn und seiner Region: Natürlich denke ich täglich daran. Aber warum soll man das Kap nicht gegen den Wind runden? Allein. Die Rahsegler konnten nur 70 Grad am Wind segeln, bei Sturm 80 Grad und schlechter und haben die Umrundung auch geschafft. Natürlich kein Vergleich zum Seegang hier, der wird ein anderer sein.

Mut, Mut, Mut: Mut kommt aus dem Herzen. Mut heißt auch Haltung zeigen, Haltung bewahren. Also durchhalten. See und Wind respektieren, dann wird's schon klappen. Es gibt die schwachen und die starken Menschen. Ich rechne mich zu den zögerlich starken. Einen, der beides verinhaltlicht hat, habe ich an Bord: Donald Crowhurst – ein Buch mit Eselsohren, so oft habe ich darin geblättert. Er war einer von acht Startern, die 1968 an der ersten Regatta um die Welt teilgenommen hatten. Die Londoner „Sunday Times" hatte sie als Nonstop-Einhandregatta ausgeschrieben und einen Preis von 50 000 Mark ausgesetzt. Nur einer von den acht gestarteten kam an: Robin Knox-Johnston. Der andere, der dem Ziel sehr nahe kam, Bernard Moitessier, hatte unterwegs zusehends das Interesse an dem Wettsegeln verloren. *„Plymouth verlassen, um nach Plymouth zurückzukehren: Im Laufe der Zeit ist das so etwas wie ein Kommen von nirgendwoher geworden, das nach nirgendwohin führt"*, schreibt Moitessier in seinem Buch, das ich ebenfalls im Regal stehen habe. Er brach das Rennen nach Dreiviertel der Distanz ab und segelte nonstop weiter nach Tahiti, wo er nach über zehn Monaten auf See eintraf.

Donald Crowhurst jedoch verfiel unterwegs der betrügerischen Manipulation, dann dem Wahnsinn und nahm sich schließlich das Leben. Der Engländer täuschte eine Nonstopumseglung vor, obwohl er den Atlantik nie verlassen hat. Er segelte an der argentinischen Küste hin und her. Im ersten harten Wetter bekam er nämlich Angst, sein Trimaran würde den Stürmen der südlichen Breiten nicht standhalten. Andererseits brauchte er unbedingt das Geld (Preisgeld und Vermarktung), denn er hatte seine gesamten Ersparnisse plus Schulden in diese Reise investiert. Eine faszinierende rätselhafte Seegeschichte.

62. Tag – Samstag, 14. Oktober | Lege heute auf 3600 Meter Tiefe einen „Ankertag" ein, was zugleich ein Feiertag ist. Das Großsegel ist dreifach gerefft. Mehr an Tuch steht nicht, was milde Bewegungen und gerade mal zwei Knoten bringt. Ich wasche mich, kämme mich sorgfältig, frühstücke ausgiebig und rufe Astrid an. Die Verbindung klappt. Danach fühle ich mich sauwohl. Sitze auf dem Boden, rechts die Tasse mit Kaffee, links das Fax. Paradoxerweise kann ich Faxe erhalten, aber immer noch nicht senden. Astrids letzter Satz gefällt mir: Sei stark.

63. Tag – Sonntag, 15. Oktober | Morgens um 6 Uhr setze ich wieder alle Segel. Es geht weiter. Die Ruhestunden taten mir gut. Ich habe endlich mal genug und durchgeschlafen. Mein Kopf ist frei. Denke an Donald Crowhurst und seine anhand von Logbüchern echte und gefälschte Nonstop-Geschichte. Dies hier ist nämlich sein Segelgebiet. An der südamerikanischen Küste kreuzte er ohne Ziel. Ich nehme an, mit gekürzten Segelflächen. Monat für Monat „versegelte" er Zeit, anstatt über den Indischen und Pazifischen Ozean wieder im Atlantik zu landen. Das muss unendlich schwer gewesen sein und Kraft gekostet haben, ziellos in einem Boot, das nirgendwohin fuhr. Daneben zwei Logbücher zu führen, Tonbänder für die BBC zu besprechen und sich ja nicht vertun. Ebenfalls musste er höllisch aufpassen, um sich über Funk nicht lokalisieren lassen zu können. Fast hätte er es hingekriegt. Aber nur fast. Während in England alles für seine Ankunft vorbereitet wurde, ging er in der Nähe der Azoren mit einem Logbuch und Stoppuhr freiwillig über Bord, während der Trimaran weitersegelte. Der wurde vier Wochen später gefunden, und anhand der an

Bord verbliebenen Logbücher ließ sich Donald Crowhursts Schicksal rekonstruieren.

Als ich gestern mit gebremster Fahrt dahinsegelte, konnte ich mich gut in Crowhursts Situation versetzen, der diese Art Segelei über acht Monate praktiziert hat. Für mich weit schlimmer als volle Pulle segeln. Kein Wunder, dass Crowhurst abknickte und nach 243 Tagen über Bord sprang. „Die sonderbare Reise des D. Crowhurst" ist eines der guten Segelbücher. Es ist traurig, nimmt gefangen, bleibt letztlich doch trotz aller Detailschärfe geheimnisvoll.

Zur Mittagszeit höre ich Van Morrison. Der hat ein paar gute Sachen drauf. Bringt mich zurück an Bord. Ersticke in meinen Aufgaben, denen ich bisher nicht gewissenhaft nachkomme: Fax, Telefon, Fotos, Film, Tonband, Reparaturen und Wartung. Spaß kommt zu kurz. Ich habe auch zu wenig Lesestoff, der mich unterhält. Das ist schade. Bücher von Nikolas Sparks zum Beispiel wären gut. Sie ersetzen beim Segeln die Pralinen, die manche beim Lesen solcher Bücher nebenher verschlingen.

Steuerbord querab liegen Montevideo, Buenos Aires, Punta del Este. Rund 200 Seemeilen entfernt.

Mein Körper seufzt. Zerrissen. Innerhalb eines Tages kentern meine Stimmungen in beide Richtungen. Was mich total betrübt, ist die nie endende Liste der Arbeiten.

65. Tag – Dienstag, 17. Oktober | Urplötzlich ist die Antarktis da: Acht Grad Wassertemperatur, große Büschel Kelp treiben vorbei, Sturmvögel und Albatrosse kreisen ununterbrochen ums Boot, Nebel zieht auf. Zunächst sporadisch, als ob Eis in der Nähe wäre. Später bin ich von dichtem Nebel umschlungen – ist fast so schön wie von meiner Frau. Ich fühle mich wohlig bei Sicht um 100 Meter. Der Nebel ist nass, sodass er aus den Segeln niederfällt wie Regen. Hier prallen zwei Strömungssysteme aufeinander, daher der plötzliche Wetterumschwung. Handschuhe werden rausgeholt. Und das Bestimmungsbuch für Meeresvögel: kann sie trotzdem nicht alle definieren. Verschwinden auch zu schnell in der dicken Nebelsuppe. Mit Schiffen habe ich nicht zu rechnen. Seit den Mallungen kein Schiff gesichtet. Und ich halte mich viel an Deck auf.

66. Tag – Mittwoch, 18. Oktober | Morgens erneut den Mast versucht – und elendig verreckt. „Mast up“ auf nüchternen Magen, eine verrückte Idee. Mir wird schwarz vor Augen, als ich wieder an Deck stehe. Was mich zu dieser Hast veranlasst? Gleich könnte die ruhige, vermeintlich ruhige See weggeweht sein. Jedoch, es wird noch stiller. Unerklärlich und schön. Nach einer zweiten Morgenbrise flaut es ab wie in den Mallungen.

14 Uhr: Mein erstes Kap Hoorn. Vor einer Stunde endlich das Fockfall eingeschoren. Hände fühlen sich jetzt noch kribbelig an. Schienbein abgeschürft, Herz pocht hart. Dass ich das Groß geborgen habe, um am Mast mehr Halt für die Beine zu finden, hat geholfen, obschon das Boot ohne Segel heftig rollte. Machte Pause in der Saling und wartete dort eine ruhige Phase ab. Oh, die Schulter, die Arme, alles schmerzt. Ich bin beeindruckt: vierter Versuch erfolgreich. Morgens, als ich schlapp und rücklings auf dem Deck lag, dachte ich, das schaffst du nie, dann aber erinnerte ich mich an Hemingways Buch: „Der alte Mann und das Meer.“

Mein Seehandbuch aus dem Jahre 1899 ist auch diesmal an Bord. Es informiert anhand von Beispielen und Tabellen umfassender als die heutzutage erhältlichen.

Bin riesig stolz, mich da hochgehievt zu haben. Hand über Hand an Tauen und Wanten, gesichert mit Lifebelt. Dann umsetzen, wo die Wanten an das Profil fassen. Zum Schluss mit der einen Hand übers Masttopp mit der anderen und dem Mund Tau eingefädelt.

Eine Flasche Bier. Nur eine? Ja. Großsegelwechsel ist noch dran. Ich meine, mein altes Groß von 1984 ist besser als das derzeitige, obwohl es kaum 500 Meilen bei der Abfahrt gestanden hat. Und in der Tat: Das alte hat einen besseren Stand. Vor allem nicht so viel Bauch. Und es ist allemal sorgfältiger verarbeitet. Die Mastrutscher solider befestigt, exponierte Stellen mit Tuchlagen verstärkt. Die Reffaugen sind eine Nummer größer, und das Tuch ist dicker/stärker/schwerer. Allerdings ist das Segel viel schmutziger, immerhin hat es 31 000 Meilen auf dem Buckel. Doch ich will damit die 40er und 50er Breiten angehen. Egal ob es die schafft. Zur Not ist da ja das Neue in der Segellast. Eine Reserve zu haben, ist ein fabelhaftes Gefühl.

67. Tag – Donnerstag, 19. Oktober | In der Nordsee möchte ich bei diesem Nebel nicht segeln. Aber hier fühle ich mich wohler als wohl. Genau genommen geborgen. Der weiße Nebel, der über der See steht, ersetzt eine Schneelandschaft. Und frischer Schnee beflügelt, fühlt sich an wie eine neue Natur. Daher hat Nebel selten etwas Deprimierendes an sich.

Mittag: Nebelumschlungen geht es in die Brüllenden Vierziger. Ein Glas Brandy bitte. Für alle.

Wir sind auf 40 Grad Süd. Kannst du dir das vorstellen? Auf 40 Grad, zum zweiten Mal mit eigenem Schiff. Genauer mit demselben Schiff. Wir beide. KATHENA und ich.

Nordwest 4 bis 5. Das ist halber Wind. Herrliches Segeln. Tatsache aber: Das herrliche Segeln findet mit dem alten Groß statt. Es scheint mich zu beschwören, ich will ins Graue, in die stürmischen Breiten. Ich sitze auf dem Vordeck, den Bugkorb im Rücken und denke: Noch 250 Tage wird mir dieses Glück zuteil. Ein starker Moment der Sicherheit, des Glaubens und Vertrauens in mir. Das Fall über die Rolle des Masttopps gefädelt zu haben, ist ein gutes Beispiel. Eingepackt in gelbes Ölzeug, geht es mir mächtig gut. Selbst die Spritzer überm Bug stören nicht. Bewirken gar das Gegenteil. Könnte schreien vor Glück.

Alles im Lot: Wind, See, Schiff, Kurs, Ich. Ein Becher kalter Kaffee, eigentlich nicht das, was mir bei sieben Grad Celsius schmeckt, bricht die Stimmung nicht. Leider habe ich die Thermoskanne über Bord geworfen – in der „Überbordperiode", um das Schiff leichter zu machen.

Weiter Nebel. Unheimlich dicht. Sehe vom Cockpit aus gerade noch den Bug. Eine eigenartige Veränderung, überall an den Relingsdrähten und Metallbeschlägen hängen dicke Wassertropfen. Schiffe? Ich lege mein Kursdreieck in der Seekarte an. Eigentlich keine Schifffahrtsroute nahebei. Hochseefischer? Schon möglich. Strömungsgebiete sind ihr Revier. Was soll ich machen? Wache schieben? Nun, seit den Mallungen bin ich keinem Schiff begegnet. Das macht locker, macht sorglos. Nein. Aber auch nicht sorgenvoll. Die Mitte. Kollision ist das Risiko eines Alleinseglers, mit dem er segeln muss.

69. Tag – Samstag, 21. Oktober | Gleich nach Mitternacht ein Schiff auf Gegenkurs. Hundert Meter an Backbord passiert. Hörte Motorengeräusch. Im Nu war ich am Niedergang. Da sah ich bereits die Hecklichter. Die weißen Positionslichter noch eben zu deuten. Das war haarscharf vorbei. Nebel macht die ganze Situation noch gespenstischer, denn das Schiff war ebenso schnell verschwunden. Liege lange wach danach. Wundere mich, wie schnell ich im Cockpit war. Sicher eine sportliche Leistung, Schlafsack, Kojenbrett, Niedergang. Aufgeregt und Gott dankbar. Es gibt einen Gott.

Astrid erzähle ich nix von der Beinahekollision im Nebel. So dicht bin ich einem Schiff auf See noch nie begegnet. Astrid hätte diese Begebenheit wahrscheinlich verunsichert. Ein richtig großer Frachter. Kurs La Plata?

Lese gemütlich die „Zeit", meine 20 Ausgaben habe ich mir ein wenig eingeteilt. Jede Woche eine. Heute lese und notiere ich. *„Der charmante Nikolaus Hansen, Chef des Rowohlt-Verlages, hat auf die falschen Bücher gesetzt."* Als Beispiele werden Schalck-Golodkowski, Juhnke, Karasek angeführt. Das waren wohl nicht die Erfolgsautoren. Hansen wurde fristlos entlassen. Warum dies in meinem Tagebuch steht? Er ist einer der echten = frühen Weltumsegler Deutschlands. Als Student umsegelte er den Globus 1974.

Der 69. Seetag beinhaltet noch eine weitere schwere Kollision: Urplötzlich bekomme ich heute Angst, nicht ausreichend Proviant gestaut zu haben. Angefangen hat es mit Pasta. Im Nu habe ich die Backskisten aufgerissen und addiert: nur 12,5 Kilo. Dabei ist es *die* Nahrung für Segeltörns, und ich liebe Spaghetti.

71. Tag – Montag, 23. Oktober | In der Nacht, als ich in ein Fach greifen will, schlitze ich mir dummerweise den Handrücken auf. In der Kochecke ist ein Messerblock montiert, und daran bin ich unten an den Klingen entlang geschrammt. Die Wunde ist nicht tief, aber sechs bis sieben Zentimeter lang. Von den Fingerknöcheln diagonal zum Gelenk. Es blutet schrecklich. Teppich und Pantry sehen schlimm aus, da ich in der Dunkelheit die Verletzung nicht gleich bemerke. Ein Verband ist schnell und sauber angelegt. Mein Apotheker hat mich bestens mit allem ausgerüstet. Endlich kann ich mich aus dem orangefarbenen Erste-Hilfe-Koffer bedienen. Das Problem wird die Nässe sein. Auf gar keinen Fall darf sich die Wunde entzünden. Damit der Schnitt bis zum Hoorn verheilt, reffe ich vorsichtshalber zur Nacht hin die Segel. Verschenke zwar Meilen zuhauf, ist mir aber nicht unangenehm. Bin glücklich, keine Sehnen verletzt zu haben. Denn das war knapp. Und dann müsste ich festhalten: Aus der Traum, oder wie die „Deutsche Welle" in Anspielung auf einen Fußballtrainer heute mitteilt: aus der Daum.

72. Tag – Dienstag, 24. Oktober | 25 Prozent an Meilen im Kielwasser. Erste Zeile und in Großbuchstaben im Logtagebuch. Ich muss mich erst mal von dieser Feststellung erholen – im Cockpit zusammengekauert. Ein Viertel ist ein ordentliches Stück, aber halt nicht *das* Stück. Die Wetterschwierigkeiten beginnen ja erst.

Beim Zurückblättern entdecke ich viele Kursänderungen und noch mehr Segelwechsel und Reffvorgänge. Das Groß war an einigen Tagen bis zu acht Mal dran. Kraft und Geschick erfordert das Einklemmen des Auges in den Reffhaken am Baum. Entdecke aber auch viel Nachlässigkeit. Bin vor allem nachts nicht immer bereit, die Segel neu zu trimmen. Speziell die Stunden zwischen drei und sechs Uhr weisen Faulsein auf. Habe mir ja vor der Fahrt vorgenommen, der Zeit Zeit zu geben, und damit ist das Thema aus dem Kopf. Was spielt eine Woche mehr oder weniger für eine Rolle – bei über zehn Monaten Gesamtlänge. Und zum anderen habe ich meiner Ansicht nach viel – handwerklich und seemännisch – fürs Boot getan. Allerdings: Getan was getan werden musste, um „da unten" zu bestehen. Was mir noch an Mühe und Plage auf dieser Route in Zukunft bevorsteht, ich bin zufrieden, es bis hierher geschafft zu haben.

Sieh da, ein Vogelschiss, fett und grau, auf der Steuerbordbank im Cockpit. Kann ich mehr erwarten? Gibt Weltumsegler, die finden das auf Teakholz gar nicht schön.

75. Tag – Freitag, 27. Oktober | Südwest 9. Bedeutet Sturm von vorn auf 46 Grad Süd und 63 Grad West. Kalt und hohe See. Vielleicht sechs Meter hohe Welle. Einzelne mehr und steil. Das ist schon echter Sturm, denke ich, und prompt schüttet eine Welle das Cockpit voll. Beobachte in aller Ruhe, wie es sich langsam leert. Zu langsam? Also, ich habe das dreifach gereffte Groß an den Wind gestellt, was mir natürlich nur theoretisch gelingt. Die Wirklichkeit ist, dass Wind und Seen um 70 Grad einkommen. Also fast breitseits. Hin und wieder knallt eine Welle heftig gegen den blanken Aluminiumrumpf. Sorgen mache ich mir nicht. Bisschen unbequem halt. Und nass. Die Pinne ist nach Lee festgelascht.

Wo kommt bloß der steile, hohe Seegang her? 300 Meilen voraus ist Land. Feuerland. Zähne putzen fällt aus. Ebenso Haare kämmen. Einige Regenböen in West und zerfranste Wolkenabbrüche.

76. Tag – Samstag, 28. Oktober | Mittags hat er sich ausgeblasen, der 22-stündige Südweststurm. Nichts kaputt. Nichts gewonnen. Habe Position mit meiner Taktik halten können. Um exakt zu sein: vier Seemeilen verloren.

Ein Schiff an Backbord. Nehme Funkkontakt auf. Ist ein argentinischer Frachter. Der Wachhabende spricht nur Spanisch. Gleich darauf nehme ich Telefonkontakt mit Astrid auf: spricht nur deutsch. Leidliche Verbindung. Ich bin angespannt. Auf ihre Frage, wie es mir so geht, dicht vor Kap Hoorn, antworte ich ausweichend. Mein Herz klopft bei dem Gedanken. Kann sie aber beruhigen wegen meiner

Handverletzung: trotz Feuchtigkeit auf dem Wege einer langsamen Besserung.

Später im Cockpit querliegend, genieße ich nochmals für länger die Aussicht auf den geraden Horizont. So eben werde ich ihn später für Monate nicht sehen, das ist gewiss. Dieser schmale Streifen, wo sich Himmel und Wasser berühren, hat es mir angetan. Tiefes Blau, das in Weiß übergeht und himmelwärts in Kobaltblau. Genauer in Lichtblau und dann erst das kräftige Blau eines wolkenlosen Himmels. Allein und ungestört diese Linie betrachten zu können, gibt mir immerhin ein Gefühl von unendlichem Glück und Zufriedenheit. Die Zeit verrinnt ... ohne Denken. Ich erlebe mein wahres Sein. Segeln auf dem Meer. Einfachheit, Unabhängigkeit.

Ist der Horizont eine Geschichte? Sollte es zu einem Buch kommen, brauche ich Geschichten. „Was ist" – Notierungen sind nicht genug. Denn: Albatrosse, Sturmvögel, springende Delfine, fliegende Fische, Haibesuch ... alles schon in Büchern beschrieben. Zudem typische Einhandseglerschilderungen.

Meeresleuchten kann ich heute beisteuern. Funken sprühen nämlich die ganze Nacht hindurch. So stark, dass ich an Deck den Eindruck habe, wir segeln durch eine Brandungssee. Immer wieder. Die Bugwelle blinkt durchs Fenster, als wäre es eine Leuchtreklame. Einzigartig. Schlimm ist, dass ich mich nicht zum Reffen entscheiden kann. Das Rauschen und Sprühen der See paralysiert mich. Meeresleuchten ist phänomenal – die Bilder stehen noch tagsüber im Kopf.

Schlaf: Zweite Nacht auf dieser Tour, in der ich über vier Stunden geschlafen habe. Und das bei 8 Beaufort von vorn. Mein Vertrauen in KATHENA NUI ist offenbar grenzenlos. Zumindest liebe ich das Schiff. Mehr als meine Familie ... aber die ist auch 7700 Meilen entfernt.

8 | KAP HOORN – DIE HOORN

Heute ist der 5. September. Es gibt Tage in Schleswig-Holstein, die leuchten grün, gelb und blau. Als ich Seekarten von Bord hole, ist wieder so ein strahlender Tag. Entzückt von der Landschaft setze ich mich und schaue verträumt über Bord ins spiegelglatte Wasser der Schlei. Nicht mehr vorstellbar, dass KATHENA NUI das „Reinhauen" überstanden hat. Wellen, die höher waren als die Häuser hier auf dem Steilufer.

---

79. Tag – Dienstag, 31. Oktober | Mit der Taghelle über den 50. Breitengrad. Wie wird mir geschehen, wenn ich um Kap Hoorn herum auf der pazifischen Seite den 50. quere? Muss mich bei dem Gedanken ans Alurohr klammern, das senkrecht neben dem Kartentisch steht, und an dem ich mich so schön festhalten kann. Das wird eine Strecke von 1700 Meilen sein. Die schwierigste, wenn nicht gar die unangenehmste meiner Route um die Erde. Kap Hoorn heißt seemännisch diese gesamte Meereslandschaft.

Um das Hoorn zu runden, muss ich von Norden kommend zunächst durch die Le-Maire-Straße. 15 eng beschriebene Seiten widmet das Seehandbuch der 18 Meilen langen Passage zwischen Feuerland und der Staaten-Insel. Tidenstrom, Fallböen, Sicht sind die Themen. Wenn der Wind konträr zur Strömung steht, ist mit fürchterlicher Rasselung zu rechnen. Umkehren wäre normal, wenn Sturm aus Südwest wehe.

Zweiter Knackpunkt ist Kap Hoorn selbst und dann die Region westlich davon. Sogar der berühmte Captain Bligh scheiterte an dem Vorhaben, gegen den Wind das Kap zu runden. Nach 31 stürmischen Tagen, in denen er nur 70 Meilen vorwärts kam, resignierte er, fuhr also eine Halse, drehte ab auf Ostkurs, um nach Tahiti zu gelangen. Ein Umweg von zirka 10 000 Seemeilen. Was diese Strecke so abscheulich macht, ist neben Stürmen, Strömungen, steilem Seegang durch ansteigenden Meeresboden auch schon die normale Windrichtung um

West. Hinzu kommen im November Regen, Hagel und Kälte ganz allgemein. Dieses raue Klima zehrt den Seemann aus.

Warum wird Kap Hoorn mal mit einem, mal mit zwei o geschrieben? Willem Schouten hieß der erste Seefahrer, der Kap Hoorn umsegelte. Er stammte aus Hoorn, einer kleinen, im 17. Jahrhundert jedoch bedeutsamen Hafenstadt an der Zuidersee in den Niederlanden. Die Briten, die damals als erfolgreiche Seefahrer die Meere beherrschten, haben die Schreibweise eingeenglischt, aus Hoorn ein Horn durchgesetzt.

Kap Hoorn ist eigentlich eine Insel, die vorletzte in der Kette der Andenausläufer. Seemännisch richtig ausgedrückt heißt es daher die Hoorn und niemals das Hoorn. Ich bleibe aus Gewohnheit jedoch bei das, das Kap Hoorn. Um die geografischen Verhältnisse am Südzipfel Südamerikas zu vervollständigen: Die letzte Insel ist Diego Ramirez. Sie stellt sich, umlagert von einigen Inselchen, 50 Meilen südwestlich vom Kap Hoorn in den Weg.

81. Tag – Donnerstag, 2. November | Leichter nördlicher Wind. Sechs Grad Celsius in der Kajüte. Eine angenehme Frische liegt in der Luft. Härte, wie zu Hause. Sofort „Mast up" – bis zum Kutterfall. Ein neuer Block ist fällig. Oder nicht. Kap Hoorn schafft seine eigenen Vorbereitungen. Habe das Gefühl, etwas tun zu müssen. Sorgfältig klebe ich mit Gewebeband Splinte in Salingshöhe und an den Wantenspannern ab. Danach Kocher auf Druck bringen: drei Tassen Tee aufgießen. Stille. Der Wind hat eine andere Tonlage. Krieche nochmals in den Schlafsack. Chay Blyth: Er hat hier und um die Staaten-Insel ganz übles Wetter gehabt. Wurde aber von einem englischen Zerstörer besucht und mit Wetternachrichten versorgt.

Für mich wird der Tag zur Freude: Wir segeln. Die Aries hält Kurs, auch bei achterlicher Dünungssee und halbem Wind. An Deck 20 Grad in der Sonne und ein wunderschönes Licht – 100 Meilen vor Feuerland. Unglaublich: Ich trockne draußen Zwiebeln. Räume und staue drinnen Proviant um. Und messe mit meinem Trinkbecher Reis aus. Ich habe 14 Kilo gleich 118 Portionen. Sollte reichen. Stelle mich inzwischen auf 330 Tage ein. Bei der Abfahrt rechnete ich mir, wie man weiß, 315 Tage aus.

Still wie das Wetter die Vögel ringsum. Wohin ich blicke, sehe ich Seevögel. Fliegende, schwimmende. Nie scharenweise. Immer in kleinen Gruppen. Albatrosse, Mollymauks. Bei diesem ruhigen Segelkurs verhalten sich Albatrosse seltsam. Sie begleiten uns, indem sie immer ein Stück voraus fliegen, sich aufs Wasser setzen und sich von KATHENA überholen lassen. Danach schwingen sie sich wieder in die Lüfte, kreuzen im großen Bogen einige Male das Kielwasser, überholen uns und lassen sich weit voraus wieder auf dem Wasser nieder. So geht das Spiel den ganzen Tag. Beim Abflug laufen sie flügelschlagend gegen die Windrichtung übers Wasser. Ihre Landung sieht wenig sportlich aus. Mit ihren breiten Schwimmfüßen tapsen sie erst einige Schritte über die Wasseroberfläche, bevor sie sich niederlassen. Ihre enormen Schwingen holen sie erst ein, wenn sie richtig schwimmen. Schwimmend wirkt ein ausgewachsener Albatros plump. Abstoßend. Wegen ihres geringen Gewichtes, sie haben im Verhältnis zum Körper ein riesiges Gefieder, schwimmen Albatrosse obenauf. Wie Gummitiere im Planschbecken.

Zirruskumuluswolken ziehen auf. Ungeordnet. Laut Wolkenbuch lässt das nicht auf baldige Wetterveränderung schließen. Schöne Prognose. Aber trifft sie auch hier unten zu? Ich bewundere ehrlich meine Mitsegler im Bücherregal, die das Wetter immer genau einschätzen können.

82. Tag – Freitag, 3. November | Auf Warteposition 7 Seemeilen vor der Passage der Le-Maire-Straße. Eine Stunde nach Hochwasser ist die ideale Zeit, um von Norden in die 14 Meilen breite Passage zu stoßen. Noch habe ich einen halben Tag Zeit. Ich könnte auch um die Staaten-Insel herumsegeln, aber das sind mindestens 80 Meilen Umweg. Dafür bräuchte ich mir keine Sorgen wegen Tide und Gegenwind machen. Hippelig turne ich zwischen Kajüte und Deck auf und ab. Was mich unruhig macht, ist die Gesamtsituation: Niesel, Nebeldunst, rollende See. Nordost 6. Hält der? Seit den Kanaren kein Landabgleich. Sich total aufs GPS verlassen? Und hier muss ich in ein paar Stunden bei null Sicht durch die Enge. Hoffentlich klappt es. Noch muss ich warten, bis die Tide kentert. Was mich nicht schlafen lässt, ist die Sorge, dass das Wetter umschlagen könnte.

Erst heute montiere ich mein wasserdichtes Steckschott vorm Niedergang. Um jetzt aus der Kajüte zu kommen, muss ich immer oben übers Schott durchs Klappluk. Der Test, eingepackt in Ölzeug und Gurtweste, verläuft blamabel. Ich komme bei der Schaukelei mit den Stiefeln nur mit Nachschieben darüber. Vom Cockpit nach unten sieht es nicht besser aus: linkes Bein in die Strickleiter, rechtes angewinkelt Richtung Kompass und runtergleiten. Auch ich werde älter.

Alle Sinne sind auf die Passage fokussiert: Rahsegler, Windjammer, wie haben die das im GPS-losen Zeitalter bei diesem Wetter bloß geschafft? Und im Winter bei Schnee und Hagelböen. Es waren ja Frachtsegler, die das ganze Jahr gesegelt sind. Ich vergleiche Segelzeiten: Die Viermastbark PAMIR benötigte 1928 von Start Point bis Le Maire 63 Tage, ich mit der Kutterslup KATHENA 72 Tage.

22 Uhr. Lege den Kurs vor den Wind direkt mitten durch die Straße. Dunkel. Niesel. Nebel. Man soll die Kaps hüben und drüben meiden, Landnähe ist immer gefährlich. Aries und Sturmsegel machen es. Ich hangele nur zwischen Kajüte und Deck hin und her. Die Strömung erfasst uns, und es geht mit 10 Knoten über Grund durch die Enge, die eigentlich nicht eng ist. Rechts und links schießt das Wasser senkrecht hoch. Schiebt der Strom noch gegen den Wind? Sind wir zu früh? Aus Wind wird Sturm. Die Strömung legt zu. Kaum eine viertel Meile Sicht. Die Szenerie wirkt fantastisch. Gischt spritzt seitlich an der Bordwand hoch wie Fontänen in einer Parklandschaft. Wohin ich blicke: weiße Nebel, Nieselregen, weiße Kämme, meterhohe seitliche gedrehte Geysire.

Mit einer Mischung aus Furcht und Hoffnung blicke ich ins milchige Dunkel. Kann mich nicht lösen vom Geschehen rundum. Bekomme eine Ahnung, wie es ist, wenn man ins Nirgendwo segelt, geschoben von einer mächtigen Strömung und einem nassen Sturmwind. Gespenstisch. Gleich kommt ein Felsen, ein Wasserfall, das Ende. Hinter der weißen Nebelwand beleben Stimmen die Meeresnacht. Ein stetes Laut und Leise. Sind es Stromkenterungen, die ich höre? Eine unwirkliche Situation erfasst mich. Ich fühle mich in die Stimmung des Abenteuerromans „Die denkwürdigen Erlebnisse des Artur Gordon Pym“ von Edgar Allan Poe versetzt. Unheimlich. Irreal. Pym dringt weit über das Südpolarmeer nach Süden in die noch unbekannten Regionen der Antarktis vor. Auch mein Kurs ist fast Süd, und ich sehe die Nacht wie hinter einem Schleier. Niesel fällt auf mich nieder. Fein wie Staub, nur dass er eben nass ist. Vermischt mit Gischt. Sicht null. Und: Gleich geht es über den Rand hinaus ... ins Ungewisse.

Wie soll man's verständlich machen? Die Geräuschkulisse ähnelt einem voll besetzten Sportstadion, mal tobend, mal atemlos, und ich segle da mittendurch, ohne die Zuschauer zu sehen. Wahnsinn. Hier hat das Wort seine Berechtigung.

Wir rauschen dahin: 5 Knoten Strom, 7 Knoten Fahrt. Groß ist längst dreifach gerefft und die Sturmfock gesetzt. Ich stehe an Deck. Ausgangs der Passage treffen uns Fallböen von West, also halb, Kreuzseen sind jetzt die Regel.

Vollkommen dem GPS ausgeliefert, geht es bei schlechtester Sicht weiter. Gerne hätte ich die Spitzen, die nackten Felsen, die scharfkantigen Schluchten der Staaten Insel gesehen. Sie sind um 700 Meter hoch. Auf der Seekarte sieht das Eiland fantastisch zerfleddert aus. Vermutlich hat die Staaten-Insel die längste Küstenlinie auf der kleinsten Landfläche. An der Nord- und Südküste reihen sich tiefe und verwinkelte Einbuchtungen mit moderaten Wassertiefen im Scheitel.

Im Morgengrauen bin ich durch das Fahrwasser. Stehe in der Linie Cabo San Bartolomé – Cabo Buen Suceso. Der Wind kommt dwars von Feuerland. Das bedeutet mehr Wellen, die zu Brechern mutieren. Ausgangs der Le-Maire-Straße trifft der Tidenstrom auf den Kap-Hoorn-Strom. Die Roller sind gefürchtet. Meine Müdigkeit auch: Ich lege mich hin. Ich kann die Seen nicht sehen, nur erahnen.

83. Tag – Samstag, 4. November | Good Success heißt das Kap an der Küste Feuerlands, 90 Seemeilen vor Kap Hoorn. „Viel Erfolg." Englischer Humor.

Als ich den Kopf aus der 50 mal 50 Zentimeter großen Luke stecke, steht das Kap bereits achteraus. Und die Spitzen der Staaten-Insel stehen nordöstlich überm Horizont.

Es wird hell. Die Decke reißt auf, und es herrscht passable Sicht. Mit dem Fernglas hole ich mir die Bergkuppen näher. Ich zähle 17, gleichmäßig über die Insel verteilt.

Da komme ich wohl nicht mehr hin. Arved Fuchs war mal dort, Wilts & Crew, Gerd Engel. Alle schwelgen sie von dieser wilden, zerzausten Insel-Landschaft. Grau und grün bemooste Berghänge, knorriges Gebüsch, dünne, ausgeblichene, vom dauernden Wind schief gewachsene Baumstämme. Bobby Schenk schreibt zur atmosphärischen Situation: *„Selten hatte ich mich an einem Ort der Welt so von der Außenwelt abgeschnitten gefühlt wie hier.“*

Staaten-Insel ist ja von der Schlei aus nicht gerade in einem Sommertörn zu machen. Aber: Die Insel, oder wie sie auf Spanisch heißt Isla de los Estados, wäre für mich, nachdem ich alles gelesen habe, die einzige ferne Insel, die mich noch reizen würde. Hier gleich der Zeitplan für einen Rundtörn: Ablegen im Juli, Nordsee, Kanaren, Argentinien, Dezember/Januar Staaten Insel, ein Monat Falkland, Tristan da Cunha oder Kapstadt, Azoren, Schottland, August an Nordsee. Gleich 20 000 Meilen/14 Monate.

Gedanken an einem späten Morgen. Erwische mich dabei, dass ich mich freue, Windsysteme und Meilen so präsent zu haben.

Aufgeklart. Luftdruck fest. Windrichtung vom Feinsten. Segel ziehen uns mit 5 bis 6 Knoten Richtung Kap Hoorn, das ich weit südlich passieren möchte, um auch Ramirez aus dem Wege zu steuern – wegen des flachen Schelfs von nur 80 Metern. Fotos von Feuerland und Staaten Insel fallen aus. Zu weit entfernt. Sehe in der Ferne einen roten Frachter Kurs Le Maire. Aries hält den Kurs trotz der nachlaufenden Roller, Zeichen der stürmischen Nachtpassage. Zur letzten Nacht: Ich sage nur Le Maire und Aries, fantastisch, als ob sie sich ineinander verliebt hätten. Die gesamte Passage ohne Kursänderung durchfahren. Trotz Strömung und Fallböen nicht einmal ausgeschossen. Wie können Weltumsegler ihrer Selbststeueranlage bloß männliche Kosenamen geben. Bei der Aries mit ihren vielen Rundungen schier undenkbar.

Wenn ich Glück habe, packe ich Kap Hoorn mit diesem festen Luftdruck. Das Seehandbuch, Seite 444: *„Ein beständiger Luftdruck, dessen Veränderungen nicht mehr als 1,3 Millibar in der Wache betragen, ist der Begleiter guten Wetters.“* Und eine Seite weiter: *„Ein Fallen des Barometers von 4 Millibar und mehr pro Wache bedeutet meistens harten Wind.“* Eine Wache ist gleich vier Stunden.

84. Tag – Sonntag, 5. November | Das darf nicht sein. Merkwürdige Bewegungen des Schiffes machen mich wach. Befund: Ostkurs. Schietkram. Wie lange schon auf Gegenkurs? Zu lange, vor allem zu tief geschlafen. Was Wunder nach zwei schlaflosen Nächten, nach dem Pressen im Körper an den vergangenen Tagen. Der Wind hat gedreht und begleitet mich die Nacht mit Sprüngen in Richtung und Stärke. Sechs Auftritte an Deck sind erforderlich – sechs eiskalte Ölzeugmanöver. Im Dunkeln und bei eisigem Wind und Eiskristallen auf den Segeln, denn es herrscht überwiegend Gegenwind. Draußen um null Grad, in der Kajüte kaum mehr. Kopf und Hände stechen vor Kälte trotz Sturmhaube. Ich muss mich jedes Mal überwinden, aus dem warmen Schlafsack zu schlüpfen. Jede Meile muss erarbeitet werden. Nicht zu ändern, wenn ich zu tief schlafe und die Kursänderung nicht mitbekomme. Manchmal ist mir schummerig vor den Augen, und ich weiß nicht, wo ich mich befinde.

Wind und Nässe machen die Vorschiffarbeiten an den Segeln zur konzentrierten Aktion. Denke dabei noch an die Nacht in der Straße, als die Seen aus allen Richtungen kamen und der Wind durch den Regenstaub pfiff, ich 7 bis 9 Knoten Fahrt im Schiff hatte und dort mit meiner Gurtleine über Bord gefallen wäre. Ich hätte mich schwerlich an dem Zwölf-Millimeter-Schlepptau zurückholen können. Geht mir durch den Kopf, als ich auf dem Vordeck hantiere. Man bedenke: eingepackt in fünf Lagen, von Wäsche bis Ölzeug und dann diese engen Gummistiefel. Brrr. Solche Gedankengänge liebe ich, bringen sie mich doch auf Kurs: mich immer pedantisch an Deck zu sichern und mit Händen und Armbeugen festzuhalten.

Da ist es. Um 15.31 Uhr sichte ich Kap Hoorn. Ich springe in die Höhe und klatsche in die Hände. Alles nur einmal. Ein Schauer durchrieselt meinen Körper. Vergessen Angst und Bedenken des letzten Monats. Rasch steige ich aufs Kajütdach, lehne mich rücklings gegen den Großbaum und genieße. Genieße ganz still. Eine merkwürdige, fast melancholische Wirkung hat das Runden des berüchtigten Kaps. Für Augenblicke komme ich abhanden. Ach, jedes Mal wenn ich von Kap Hoorn hörte oder las, waren meine Gedanken: Ich muss es sehen. Ich muss. 1985 habe ich es nachts gerundet und im Nachhinein bitterlich bereut, nicht ein paar Stunden beigedreht zu haben.

Doch jetzt sehe ich also das berühmteste Kap der Erde. Erstmalig in meinem Leben. Zunächst sichte ich die hingestreckte Insel nur kurz – eine schwarze Wolkenwand zieht aus Nordwest auf. Es dauert nicht lange, bis der Wind uns erreicht hat. Das wird ein Nasenstüber par excellence. Kümmere mich gerade um Foto- und Filmaufnahmen, um Logbuch und Tonband, da ist die Bö schon da. Schmeißt uns auf die Seite. Ich, völlig im Unklaren, lasse die Segel an Deck rauschen und flattern, um dieser brenzligen Situation zu begegnen. Selbstverständlich habe ich meine Ölhaut nicht an, sodass ich neben dem Ärger und der Mühe pitschnass bin. Alles geht unheimlich schnell. Und der Ton. Puh, das ist eben Kap Hoorn. Im Nu ändert sich das Wetter. Zum Schlechten wie zum Guten. Gischt und See hängen in der Luft, ich überm Kartentisch. Schrift ungelenk, Finger kribbeln. Es gehört Geschick dazu, die schweren Tücher in Eile zu bergen und festzulaschen. Und Geschick, sich den Ärger erträglich zu machen. Dass ich nicht vorsichtiger und achtsamer sein kann. Wo segel ich denn?

Nach dem Durchziehen der Front lege ich den Kurs Nordwest. Ich will, ich muss das Kap noch mal sehen. Und ich bin beeindruckt, als es aufreißt. Schade, schade, dass ich gestern den Kurs nicht dichter gelegt habe. Bedauere es sehr. 30 Meilen ist eine Distanz, die distanziert. Tröste mich mit Ramirez, das werde ich dichter passieren. Aber Ramirez kennt niemand. Ist nicht mal in Cuxhaven bekannt.

18.55 Uhr: Isla Cabo de Hornos in nördlicher Peilung. Unweigerlich ein Höhepunkt meiner Fahrt. Ich ziehe frische Kleidung an und markiere die Peilung mit dem Bleistift in der Seekarte. Daneben notiere ich die Meilen seit Cuxhaven: 8410. (Unterbrechung, eine Front zieht durch, das Gleiche wie vor einer Stunde: West 8 bis 9, da flirrt das Deckleben. Segel bergen, Segel setzen, Hände warmreiben.) Danach streue ich eine Glastube mit Goldkörnchen in die See. Lange schaue ich hinterher. Sie sind von Kym, der sie eigenhändig in Schweden geschürft hat. Für Kap Hoorn ist Gold das Schönste und Wahre, das man überhaupt bieten kann. Es ist unvergänglich und das einzige Metall, welches das göttliche Licht widerspiegelt. Licht, das draußen in der Sonne und drinnen in der Seele lebt. In Gedanken wünsche ich meinem Sohn alles Gute für seinen Kurs. Der liebe Gott möge ihn beschützen.

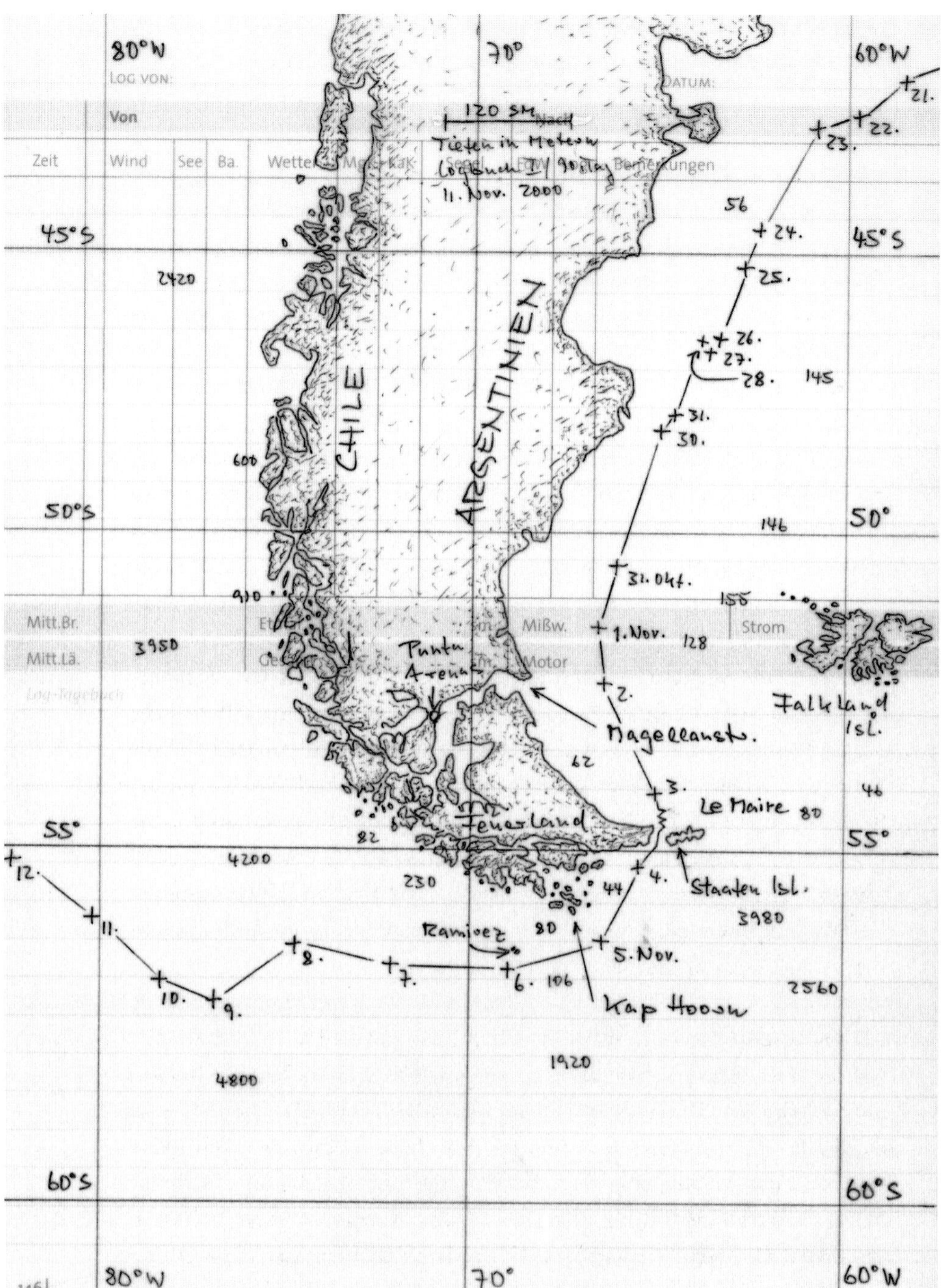

80°W
70°
60°W
LOG VON:
DATUM:
Von
Nach
Zeit
Wind
See
Ba.
Wetter
Segel
Bemerkungen
120 SM
Tiefen in Meter
Logbuch II/ 90sTag
11. Nov. 2000
45°S
50°S
55°
60°S
CHILE
ARGENTINIEN
Mitt.Br.
Mitt.Lä.
Mißw.
Strom
Motor
Log-Tagebuch
Punta Arenas
Magellanstr.
Feuerland
Le Maire
Staaten Isl.
Falkland Isl.
Ramirez
Kap Hoorn
31. Okt.
1. Nov.
5. Nov.
2420
3950
4200
4800
1920
3980
2560
146|

Das Gold hat mir Glück gebracht, Wetterglück. Der Wind bleibt unbeständig, aber berechenbar, die ganze Nacht hindurch. Neunmal Groß gerefft und fünfmal die Stagreiter der Focks bedient, also Segel gewechselt.

Es bleibt merkwürdig wechselhaft. Der Luftdruck fällt langsam, aber er fällt beständig. Mit meiner Kap-Hoorn-Feier warte ich noch.

85. Tag – Montag, 6. November | Am Morgen sehe ich ein schwaches Leuchtfeuer und wenig später ein paar Felsen in unruhiger See: Ramirez. Keine guten Fotoverhältnisse, zu dunkel. Und: kein großes Interesse an Selbstaufnahmen. Mache nur zwei Beweisfotos.

Unfassbar. Soll ich's notieren? Nordwind, als ich die Felsengruppe 6 Seemeilen südlich passiere. Ein schöner Nord unter einem düsteren, schweren Himmel. Und es kommt, wie es der Druck vorhersagt: Der Wind flaut kurzzeitig ab und setzt danach aus Südwest ein. Nachmittags ist ein brauchbares Gespräch mit Astrid möglich. Sie kann es nicht fassen. Ramirez 20 Meilen achteraus. Fragt dauernd: „Kap Hoorn wirklich schon vorbei?" Die Frage ist nicht unberechtigt. Ich will viel mitteilen und verhaspele mich dauernd. Bin unkonzentriert. Schließlich vier der letzten fünf Nächte kaum geschlafen. Nicht weil es nicht möglich gewesen wäre, nein, ich war angespannt und besorgt. Eine Seite Fax erhalte ich problemlos. Baue anschließend die Geräte ab. Kontrolliere Kurs und Segelstellung. Koche eine Muck Kakao. Mache es mir damit auf dem Boden bequem und lese das Fax sorgfältig. Ab und zu kommentiere ich den Text laut. „Zahlen zum Hausbau interessieren mich überhaupt nicht." Starre anschließend in die Luft. So wie heute läuft es meistens ab.

86. Tag – Dienstag, 7. November | Windstille. Nicht zu glauben. 120 Meilen von Kap Hoorn schleichen wir dahin. Zwischendurch zwar ein paar heftige Böen, aber nichts Bedrohliches. Wir befinden uns in der Mitte einer Depression. Scheint mir. Druck steht tief. Ich spüre eine ordentliche Dünungssee. Am Himmel stehen schwarze Wolkenbilder – an den Rändern ausgefranst, wie mit einem groben Kamm gekämmt. Die Segel sind gerefft. Hauptsächlich damit die schlagenden Tücher in der rollenden See nicht so arg das Rigg beuteln. Und es ist kalt. Wieder fast zu kalt zum über Bord pinkeln. Temperatur ist auf drei Grad runter.

Abends: Was für eine Überraschung. Er kommt wieder. Der Nordnordwest von Gottes Gnaden. Und hält. Ich krieche in den Sack in Thermowäsche plus Kordhose, Pullover und zweifach Socken. Warum wärmen selbstgestrickte Socken besser?

Als Letztes notiere ich: Mein Bestreben ist, möglichst viel West zu machen. Mit aller Macht bis 80 Grad westlicher Länge und noch ein bisschen mehr. Wenn ich die Länge erreicht habe, bin ich von Wind und See absolut nicht mehr zum Hoorn zurückzudrängen. Dann kann es stürmen, wie es will.

Ich weiß nicht, wie viele Reffs ich ein- und ausgebunden, wie oft die Vorsegel gewechselt habe. Freue mich nur, dass die Klampen am Mast und Großbaum und die Winschen gut dimensioniert sind. Wie läuft so ein Reffvorgang ab? Zunächst Luftholen, dann stelle ich mir die Frage: Muss es sein? Wenn ja, präge ich mir kurz die Abläufe ein und los geht's. Großschot fieren, Sprung zum Mast, Fall fieren mit der einen Hand, mit der anderen das Groß bis zur Refföse runterzerren. Mit beiden Händen hake ich die Öse in den Reffhaken. Gelingt nicht immer beim ersten Versuch. Speziell bei der zweiten und dritten Reffreihe kostet es Mühe und Kraft. Als nächstes wird das Großfall dicht gesetzt. Dann kommt das Smeerreep über die Winde am Baum und wird dichtgeholt. Das letzte Stück langsam; falls sich Segeltuch darin vertüdert hat, ist es zu befreien. Anschließend Großschot dicht, Reffbändsel binden. Dauer: zwei bis vier Minuten. Bei dieser Eiseskälte und Amwindsegelstellung eher fünf Minuten. Ich liebe meine Reffmöglichkeiten und gehe schon mal sanft mit den Händen über Klampen, Taue und Winschen.

87. Tag – Mittwoch, 8. November | Gegen Morgen werde ich aus der Koje geworfen. An Deck killen die Segel, es regnet und stürmt. Der Wind hat gedreht. Entlang des 50. Grades südlicher Breite treiben die schweren Stürme ihr Unwesen besonders heftig und ausdauernd. Kalte Luft aus der Antarktis und subtropische Luft aus dem Norden stoßen aufeinander und lassen intensive Sturmwirbel entstehen.

Frühstück erledigt sich folgendermaßen: Griessuppe, zwei Scheiben Pumpernickel, Tee (köstlich), unterbrochen von zwei Böen und zwei Wenden. Abendbrot: Kocher auf Druck gepumpt, Zwiebeln geschält und in Scheiben geschnitten. Schwarze, breite Front aus Nordwest zieht auf. Lieber reffen als kochen. Und richtig, in der Bö liegt Kraft. Eigentlich umständlich, was ich hier festhalte. Die Böen folgen so dicht, dass ich von Sturm schreiben muss. Groß runtergerefft und Sturmfock gerefft. Liest sich leicht, ist aber eine ganz nasse Angelegenheit und eine elendige Hangelei, mit Bändseln zwischen den Zähnen, an die Achterliekspannung denkend, auf Sicherheitsleine achtend. Tücher stehen sehr gut. Seen werfen uns. Kurs? Na, bin noch zufrieden. Westsüdwest anstelle West, mit dieser Beseglung, zwölf Quadratmeter (eben wieder so ein Dwarsmann; wirft, Quatsch, knallt mich voll gegen die Kochecke, mein Ölzeug bremst den Aufprall), liegt das Schiff noch gut. Wahrscheinlich kann ich bei einer Spur mehr Wind nicht mehr gegenhalten und Fahrt voraus machen. Wir werden sehen. Darüber mache ich mir keine Gedanken. Zumindest kann ich gegen einen normalen Sturm Position halten und zu Beginn, wenn die Wellen sich noch nicht aufgetürmt haben, Meilen gutmachen. Na, so was.

Hier und heute habe ich das Leben, von dem ich am Kaminfeuer geträumt habe. Doch so schön ist das alles nicht: Herzklopfen, Gänsehaut, Verkrampfung. Kachelt nämlich ganz ordentlich. Die ersten festen Seen steigen übers Vordeck. Lehne breitbeinig an der Kochanrichte. Reiße eine Cola auf und schaue in die anrollenden Wellen. Noch sind die Kämme abgeflacht. Für das Steile ist der Sturm zu „frisch". Hand in der Ölzeughosentasche. Maximale Schräglage schon 40 Grad. Das wird meine Welt für Monate sein. Die Cola schmeckt trotzdem. Beim Rausgucken bewegen sich – merkwürdig – die Fenster. Meist sehe ich nur schäumendes Wasser über der Fußreling. Eine unendliche Serie von Böen deckt uns ein.

Die 76 Grad Länge fast erreicht. So weit sollten die Windjammer mindestens ausholen, um Kurs Nord auf Chile zu nehmen.

88. Tag – Donnerstag, 9. November | Darf ich das notieren? Ich genieße den Ritt gegenan. Die beste Nacht seit langem. In der Leekoje bei Sturm durchgeschlafen. Kurs stabil. Schrick in den Schoten: 60 bis 70

Grad am Wind – mit starker Tendenz zu 70. Höher geht's nicht, da sonst die Geschwindigkeit durchs Wasser uninteressant ist. Endlich mal keine Winddrehung. Zu oft schwankt die Windrichtung. Sollte man auf dem großen Pazifik nicht erwarten. Ist aber so. Mein Seehandbuch: *„Auf schwankenden Nordwest folgt oft Sturm, ohne dass der Druck sich verändert.“*

Es ist kalt. Gegen den Wind ist alles doppelt kalt und vierfach nass. Meine erste Einschätzung. Es ist bitterkalt. Lausig kalt. Eiskalt. Polarkalt. Feuchtkalt. Die Folge von allem: Man wird gemütskalt. Ergänzend: Kalte Füße führen zu schlechter Laune – kalte Finger zu neuen Wunden. Beim Morgenmanöver mit meinen Fingernägeln ein Stück Fleisch rausgefetzt. Hände sind eh schon stark lädiert. Brüchig, rissig. Das scharf gesandete Deck wirkt beim Segeleinbinden wie eine Reibe auf Handrücken und Knöchel.

Was zählt, sind Meilen. Und damit bin ich zufrieden. Etmal in Verbindung mit Aufwand macht mich gar glücklich. Immerhin 88 Meilen gutgemacht. Und wie ist mein Gegen-den-Sturm-Ergebnis? So habe ich mir das vorgestellt, und so wird es weitergehen. Zickzack mit wenig Tuchfläche und 70 Grad am Wind.

Auf 58 Grad südlicher Breite und 77 Grad westlicher Länge hake ich Kap Hoorn endgültig ab. Ist die Umrundung wirklich noch ein Abenteuer? Ja, zweifellos. Für denjenigen, der es nicht in Tagestörns von Bucht zu Bucht tut, was heutzutage modern ist. Mit einem Boot meiner Größe und gegen Strom und Wind – immer. Es haben noch nicht viele von Ost nach West und schon gar nicht in beiden Richtungen den Südzipfel Südamerikas auf dem offenen Meer unter Segel gerundet. Bei meinem ersten Besuch in der Hamburger „Yacht“-Redaktion werde ich die Füße auf den Tisch legen. In der englischen Kriegsmarine darf man das.

9 | MEIN NIEMANDSMEER

Wir liegen mit KATHENA in der Bucht von Maasholm vor Anker. Kym, mein Sohn, und ich. Kein Hauch kräuselt das Wasser. Gemütlich hocken wir im Cockpit, haben wir uns doch viel zu erzählen, als ein Dingi mit Außenborder forsch auf uns zuhält. Doch der Außenborder geht plötzlich aus, und der Mann paddelt die letzten 100 Meter zur KATHENA NUI, kommt längsseits. Er möchte mit uns Kaffee trinken und hat tatsächlich einen Korb mit Thermoskanne, Milch, Zucker und Tassen dabei. Ich frage ihn, ob sein Motor defekt sei. Nein, antwortet er verhalten, der KATHENA NUI darf man sich doch nicht mit solch einem Krachmacher nähern, und streicht mit der rechten Hand über die Buchstaben des Schiffsnamens.

---

89. Tag – Freitag, 10. November | Kein Wind rüttelt die KATHENA, sondern eine fünf Meter hohe Dünung lässt die Segel wie Bogensehnen knallen. Ich finde die rollende Dünung ärgerlich. Der Großbaum zerrt in den Beschlägen, als wolle er sie brechen. Der Krach ist schlimmer als stürmisches Böenwetter. Den ganzen Tag bleibt es dabei. Der Wind ist harmlos wie an einem Sommertag auf der Ostsee. Nur kälter. Sehr viel kälter: drei und vier Grad Celsius. Das Bordleben findet im Sack statt. Die Hände überm Brustkorb gefaltet, starre ich an die Decke, auf die leicht schaukelnden Gardinen und auf die sporadisch übers Schott wandernden Sonnenflecken. Ich sehe meinem Atem nach. Lesen? Ein Buch lesen ist mit Fausthandschuhen nicht möglich.

Diese Notiz mache ich bei geöffneter Luke, Sonne von achtern und wunderschönen dicken Kumulus. Komme ich zu oft vor – in meinem Logtagebuch? Erstaunt bin ich über meine Konsequenz des unmittelbaren Festhaltens der Erlebnisse und nautischen Begebenheiten. Nur möglich, weil das Buch einen „kentersicheren" Zugriff am Kartentisch hat – dem Zentrum des Bordlebens.

Körperwäsche? Hm, acht Grad Meerwasser animieren nicht gerade. Aber: Ist es nicht die sechste Woche ohne? Seit der Küste Brasiliens hat mein Körper kein Waschwasser gespürt. Es gehört viel Überwindung dazu, sich auszukleiden. Ich ignoriere die Windjammertradition am Kap Hoorn, sich nämlich bei der Umrundung von 50 bis 50 Grad nicht zu waschen. Trotzdem: Körperwäsche auf 57 Grad Süd ist allemal eine saukalte Angelegenheit. Ich erledige es in der engen Plicht mit einer Pütz Seewasser, Haarshampoo und einem harten Schwamm. Er hilft ein wenig, dass die Kälte draußen bleibt. Was bleibt, ist ein bitterfrisches Gefühl. Und die Feststellung: Dünn bin ich, spillerig. Thermounterwäsche, ein dickes Flanellhemd und selbst das letzte Loch im Gürtel geben der Hose nicht den erforderlichen Halt.

91. Tag – Sonntag, 12. November | Nicht der gestrige Sturm, nicht die heutigen Sturmböen beschäftigen mich. Hunger bestimmt meine Sinne. Der große Appetit hat was mit dem Klima zu tun, ganz sicher. Das habe ich bei der Planung überhaupt nicht bedacht: Kälte und Bewegung fordern Energie. Und meine Backskisten leeren sich zusehends. Dabei lebe ich seit einigen Wochen rationiert. Zwei Mahlzeiten täglich: Frühstück gegen 10 Uhr und Mittag am Nachmittag. Neun gehäufte Löffel Haferflocken und eine Scheibe Pumpernickel bringen mich in Position. Immer muss ich kochen, sonst reichen meine Vorräte nie und nimmer. Kochen ist bei Dauerschräglage und stampfenden Bewegungen eine zeitweilig lustige Aufgabe. Der Bug wummert gegen die Seen, alle fünf Minuten schüttet eine Welle das Deck zu, ich liege fast vor dem Kocher, den Topf mit Bändseln seitlich befestigt. Die eine Hand zum Festhalten, mit der anderen rühre ich im Topf. Besondere Balance ist vonnöten für das Umfüllen vom Topf in eine Schüssel. Na, vergessen.

In meiner Frühstückszeitung „Zeit" sehe ich ganzseitig eine schöne Helmut Newton-Nackte. Sie erotisiert mich nicht. Eher die Träume der vergangenen Nacht: Wie ich die Regalgänge bei „Real", unserem Supermarkt, abgehe und hier und da mit beiden Händen zugreife. Proviant: fast panisch meine Sorge.

Die Stöße sind derb. Eben mit einer stürmischen See gegen den Kartentisch geworfen worden. Die Holzkonstruktion knackte richtig. Zwei, drei Flachlieger. Das Wunder bei diesem stürmischen Kurs: Wir machen Meilen bei 70 bis 80 Grad am Wind. Das ist also ein Kurs zu

80 Prozent optimal. Und das stört mich überhaupt nicht. Es muss nicht alles bestens sein, nicht perfekt.

Befinde mich ab heute ausschließlich auf der Pazifik-Seekarte der Britischen Admiralität Nummer 4007. Mein Ziel auf dieser Karte sind die Snares Islands, eine winzige Inselgruppe südlich von Neuseeland. Abgezirkelt 5100 Seemeilen.

Ob mein Körper das so mitmacht? Tag und Nacht balancierend. Selbst im Schlaf muss er die stampfenden Bewegungen ausgleichen. Herzstechen seit Wochen. Das ist nicht ohne. Bei Kraftanstrengung schmerzt der Herzmuskel. Stiche. Und im Arm spüre ich Lähmung. Zu viel Lage, am Tisch kann ich mich nicht halten. Berge meinen Klüver in Gischt und Welle, es geht hart ran auf dem Vordeck. Auf dem Hintern sitzend, hole ich das Segel an Deck, zwischendurch von den Wellen geworfen. So, jetzt weiter zum Herz, das bei diesem Rumgemache auf dem Vordeck sticht und zieht. In dem Buch „Medizin auf See“ lese ich: *„Im Alter werden alle Menschen schwächer, auch der Herzmuskel“*, und ein paar Zeilen weiter, *„Auslöser für einen Herzinfarkt ist häufig akute Überanstrengung bei kaltem Wetter“*. So was. Seit Feuerland habe ich diese Stiche oder so genannten Zerrungsschmerz. Allerdings treffen die aufgeführten Symptome auf mich nicht zu: unregelmäßiger Puls, vermehrter Stuhlgang, Schmerzen im Rücken, im Nacken, in der Magengegend. Und Harndrang habe ich ohnehin nur aus Gründen der Nervosität und des vorbeirauschenden Wassers. Was nun? Ich lege das Buch tief unten in eine Ablage. Wird's ernsthaft, empfehlen die Autoren, schnellstens einen Arzt zu konsultieren. Oder sie deuten auf Organe, die ich nicht finden kann. Außerdem machen mich die Diagnosen zum Todkranken. Für normale Krankheiten und Verletzungen brauche ich das Buch nicht.

Was mich total erstaunt: wie der Körper die niedrigen Temperaturen wegsteckt. Wenn's in Minutenschnelle aus dem wohligen Schlafsack-Schlummer aufs Vordeck in den nassen Sturmwind geht. Kein Fieber, kein Niesen, kein Schnäuzen.

Nachdem ich den fotogenen Klüver 2, nenne das Segel manchmal auch Albert Schweizer nach meinem Segelmacher, um nicht bei der Vielzahl meiner Segel durcheinander zu kommen. Also, nochmals von vorn: Nachdem ich Klüver 2 geborgen habe, ist es vorbei mit der

Rauschefahrt am Wind von 6 bis 7 Knoten. Aber es ist gut, dass er weg ist. Lange Böen brachten ein Zuviel an Lage. Der Wind hier unten im Südpolarmeer ist schon eine Sache für sich. *Immer* ungleichmäßig – in Stärke sowieso, aber auch in Richtung. Hat auch was Gutes, ein direkt von vorn wehender Wind ändert mit Sicherheit nach wenigen Stunden seine Richtung. Meist beginnt eine Front in Nordwest und dreht über West nach Südwest, wo sie sich abschwächt.

Luftdruck fällt. Vorsichtshalber Sturmbeseglung. Die Seelöcher werden größer und vor allem tiefer. Könnte ich das Schiff von außen betrachten, hinge bestimmt minütlich das halbe Schiff über dem nächsten anrollenden Wellenkamm. Stürzt dann etwas vorn über, spießt die Welle auf, schüttet das geschaufelte Wasser nach achtern weg. Beruhigt sich kurz und startet von Neuem. Einige Male habe ich den Eindruck, wir segeln regelrecht bergab. Es stehen beachtliche Wellenberge.

Eisberge? Daran habe ich um Kap Hoorn gedacht. Nur, im November, hier? Vermutlich keine. Ist ja Frühjahr. Kritischer wird's damit im Sommer/Herbst, wenn einzelne Eisbrocken abbrechen und nach Norden treiben.

Speziell die Stagreiter in der oberen Hälfte meiner Vorsegel reiben sich auf. Ersatz ist ausreichend an Bord.

92. Tag – Montag, 13. November | Nach dem Reffen kommt das Ausreffen. Stehe an Deck und tu es doch nicht. Kann mich nicht entscheiden. Einerseits möchte ich mehr Speed (kann man bei 3,5 Knoten von Speed schreiben?), andererseits das Boot nicht zu arg rannehmen, die Fahrt ist noch lang. Die Wellen brechen sehr. Reffen ist das vorherrschende Wort in meinem Logbuch. Es ist aber auch die vorherrschende Tätigkeit. In diesen Tagen habe ich das Gefühl, ich stehe bei Volkswagen am Fließband, so gleichmäßig läuft meine Segelarbeit ab. Ganz instinktiv inzwischen: lösen, festhalten, binden, kurbeln, setzen undsoweiter. 14 Reffvorgänge tagsüber sind keine Seltenheit. Natürlich habe ich jede Nacht Auftritte an Deck, zumeist während der übelsten Stunden: zwischen drei und sechs, wenn es mir am schwersten fällt.

Neues Getränk kreiert: Kaffee & Kakao. Hier das Rezept:

1 gehäufter Teelöffel Kakaopulver

1 gehäufter Teelöffel Kakao Instant

1 gehäufter Löffel Kaffeepulver

Kochendes Wasser drauf. Umrühren. Trinken.

Trinken? Die Tasse zum Mund führen ist jedes Mal schwer zu koordinieren. Oft scheint sie mir aus der Hand davonzufliegen. Mit einer neuen Kurve versuche ich, sie wieder einzufangen.

Ist es kalt und ungemütlich, ist das schwarze Getränk wundervoll. So ein Becher tut gut. Berauscht und beflügelt. Ach, Unsinn, klingt so gestelzt. Schmeckt eben verteufelt gut. Sollte es mal mit einem Schuss Brandy versuchen. Eine Gelegenheit bietet sich bestimmt. Die Reise dauert noch an, kein Problem. Was ich gern täte: mich mal besaufen. Einmal muss ich die Möglichkeit finden. Momentan ist es allerdings ungünstig. Zu viele Windwechsel. Von der moralischen Seite wäre ich gut beieinander. Geduldig. Noch immer. Zäh und zielbewusst. Es wird gelingen. Was mich völlig anmacht, ist das graue, weite, weiße, blaue Meer mit seinen einzigen Lebewesen – den Vögeln. So stelle ich mir ein Niemandsmeer vor.

Endlich einmal Nachmittagsschlaf. Warum gelingt mir das nicht öfter? Wäre wichtig, um nachts keine Meilen zu verschenken. Leider kein Vorankommen. Muss das so deutlich festhalten. Gegen Seen von sechs Meter und mehr ist das mit der KATHENA nicht machbar. Das

Boot steht. Außerdem muss ich ans Material denken. Paradox: Genau in diesem Karree kreuzte auch Chay Blyth vor 30 Jahren herum. Von einem Bug auf den anderen und kam nicht voran. In seinem Frust griff er oft zu einem Drink und braunen Bohnen. Da ich sein Buch im Regal habe, kann ich das alles schön nachlesen und mich damit stabilisieren. Seine BRITISH STEEL war 18 Meter lang und verdrängte über 25 Tonnen. Er brauchte von Hamble nach Hamble 292 Tage. Was mich beeindruckt, sind die 60 Tage von Kap Hoorn bis zur Südspitze Neuseelands. Eine wahnsinnige Leistung. Nun, er war damals 30 Jahre alt und jung verheiratet. Sehnsucht nach seiner Familie durchzieht das ganze Buch.

93. Tag – Dienstag, 14. November | Nachts heldenhaft, barfuß an Deck, um die Segelstellung zu verändern. Ich bin dran, das Beste aus dem Schiff zu holen. Übertrieben, meine viel, denn kein Mensch kann optimal allein in diesen Gewässern segeln. Wie schon oft notiert, das Windwetter ist eine einzige Chose. Heute habe ich Stärken zwischen 5 und 10 im Logbuch. Die Aussichten draußen sind bescheiden: grau, Niesel, Schaumkämme. Die Bedingungen unter Deck: Barometer im Fall. Versuche mit ausgelegtem Zeitungspapier die Kajüte trocken zu halten. Das Etmal: genau 105 Meilen nach West geschafft. Super. Ich bin selig.

Es klart auf, ich esse zu Mittag eine Suppe aus dem Becher. Einige Löffel voll landen im Kragen. Aber so ist das, wenn man sich gegen den Wind versucht. Die Lage des Schiffes ist durchweg bockig. Niemand kann sich vorstellen, wie ich meinen sanitären Verpflichtungen nachkomme. Häufig verkrampft und turnerisch (rhythmische Gymnastik) in der Plicht. Habe ja bekanntlich nur eine Eimertoilette. Häufig trifft nicht zu. Eigentlich immer, seit ich im Niemandsmeer segle. Das Wort gefällt mir sehr. Trifft genau die Stimmung.

Angespannt entspannt. Blick geht aufs Meer – von drinnen nach draußen. Ein fahler, schlammgrauer Himmel, stahlgrau und weißschlierig die Wasseroberfläche. Eine Kimm ist nicht auszumachen. Wind heult stufig im Rigg. Wellen sind uns zugestaffelt. Werden länger und höher. Einzelne Kämme breit und steil und schäumend. Mein Schiff stampft tapfer gegenan: mit 70 Grad am Wind und 2 Knoten

Fahrt. Gischt weht von Steuerbord, regelmäßig steigen Wellen in Masthöhe an Deck. Zeit, die Sturmfock wegzunehmen. Als ich an Deck stehe, bemerke ich – Gurt anlegen vergessen, also wieder durchs Luk. Die Akrobatik nimmt mir die Luft. Folglich steigt eine Welle voll in meinen Mund, als ich die Fock an der Reling festlasche. Was mich verstört, ist, dass nasse Handschuhe mir ein Unsicherheitsgefühl geben und wiederum ohne die Hände so kalt werden. Zum Verzweifeln. Gerade die Hände sind mein Leben. Mit Vaseline halte ich die Haut geschmeidig.

Astrid und Kym sind mir schon ein bisschen abhanden gekommen. Muss mich anstrengen, ihr Bild an Bord zu holen. In dieser Wettersituation beneide ich sie. Zeitweise haben sie mit dem Bau sicher viel Arbeit, Verantwortung, Überlegungen und Mühe mit den Handwerkern. Die vielen so genannten Kleinigkeiten zu entscheiden und zu berücksichtigen: Regenwasser, Türgriffe, Steckdosen, Farben, Kacheln ... und die Küche. Ja, hoffentlich beschafft Astrid nicht einen so komplizierten Herd, dass ich erst immer die Gebrauchsanweisung lesen muss. Das werde ich ihr beim nächsten Mal sagen. Sonst halte ich mich raus.

94. Tag – Mittwoch, 15. November | Position 56 Grad Süd – 89 Grad West. 810 Seemeilen von Kap Hoorn entfernt. Eigentlich wollte ich nicht so lange in den eiskalten 50er Breiten bleiben, aber der Wind kommt mehr aus Nordwest als aus Südwest. Alle Stürme in den Schreienden Fünfzigern bisher mit Tuch bewältigt. Gerade letzte Nacht wieder heftige 10 Beaufort mit dreifach gerefftem Groß abgewettert. Das sind sieben Quadratmeter, wobei der Wind dann allerdings fast breitseits einfällt. An Vorankommen ist damit nicht zu denken. Aber egal. Wenigstens kann ich die Position halten. Bin deshalb sehr strapaziert, aber andererseits doch sehr zufrieden. Derzeit steuere ich 300 Grad Kartenkurs und wie üblich um die 70 Grad am Wind. Ein modernes Boot schafft in der Ostsee bei Seegang problemlos 45 Grad.

Wie geht es sonst? Kaffee und Kuchen in Lindauhof an der Schlei wären mir jetzt lieber. Klamme Polster, feuchte Wäsche und Kälte sind weiter mein Handikap. Kajüte drei Grad, Wasser vier. Hände rissig und wund. Ellbogen und Knie vom Abstützen entzündet und hoch sensibel. Eine Wolldecke in der Koje zum Abpolstern hat wenig Nutzen, sie drückt sich platt.

Segeltechnisch alles perfekt. Nein, gut. Perfekt sind die vielen kleinen Segelflächen, die ich zur Verfügung habe. Die Taue sind abgemagert wie mein Körper. Speziell die, die ich zum Reffen benutze. Sind voller Schamfilstellen, zum Glück habe ich ausreichend Reserve. Ich erinnere mich an Besucher am Steg: „Eine 14 Millimeter dicke Schot für deine fünf Tonnen, bist du verrückt?" – KATHENA macht sich auch gut. Sie ist nur einen Tick zu klein. Man bedenke: neun Meter Wasserlinie. Eine zwölf Meter lange Kutterslup wäre allemal effektiver und bequemer bei diesen stürmischen Kursen.

Ich habe vor, auf 45 Grad südliche Breite zu kommen und auf dieser Breite den Süden Neuseelands anzusteuern.

96. Tag – Freitag, 17. November | Boing, boing, boing. Es hämmert sehr. Nervös. Manchmal stehen wir fast – es geht dann von 5 Knoten auf einen runter. Lange kann ich das nicht ansehen. Materialgedanken. Werde Wolken und Wind im Auge behalten. Ruhe finden? Unmöglich. Einziges Plus: Kurs sehr gut.

Was ich mir wünsche: zwei Tage trockenes Deck. Schlimm sind die Wellen, in die wir uns reinschieben. Eine überflutete den gesamten Kajütaufbau. Das hat mich erschreckt. Das Seewasser rauschte schäumend vom Vordeck knöchelhoch über den Aufbau. Aber da ist der gute Kurs. Mehr als alles andere vermisse ich ein Log. Es wäre ungemein hilfreich, denn ich segle gern mit der Anzeige. Sie sagt mir besser als alles andere, wann Segel zu verkleinern sind.

Bewegungen so abrupt, dass ich mein Buch auf dem Boden sitzend schreibe. Mensch, ist das ein harter Tag. Besonders für KATHENA. Mehrfach steckt der Bug voll im Wellenkamm. Resultat: Herzklopfen. Hammerschläge vom Bug, wenn er gegen das Wellental prallt.

98. Tag – Sonntag, 19. November | Der Himmel ist blau. Die See weißblau. Ich segelhungrig. Mehr noch als hungrig. Paradoxerweise. Obschon geschwächt und mit schwachen 3 Knoten gegen diese Wellenungetüme unterwegs. Wie üblich dauert es mir zu lange, nach einem Sturm wieder Segel zu setzen. Wie hoch mögen die Seen sein? Stehe am Niedergang und schätze sieben Meter, vielleicht acht, einfach nicht möglich, von einer Yacht die Wellenhöhen zu präzisieren.

Lenze mit einem Schwamm die Bilge. Es ist Wasser, das aus meinem Ölzeug den Weg in den Sumpf findet. Denke dabei an die Nacht. Da gab's gewaltige Schübe, die mich erschütterten. Schlaf konnte ich selbst morgens nicht finden. Ich hatte den Eindruck, wir fahren über eine Asphaltchaussee mit reihenweise tiefen Schlaglöchern, die mit Wasser gefüllt sind. Wie es sie nach dem Krieg gab. Der morgendliche Rundgang an Deck hat nichts Ungewöhnliches erkennen lassen. Von der Windstärke her könnte ich mehr Tuch setzen, aber da ist die elendige See. Ach, alles wäre so schön, würden die brechenden Wellen gleich nach einem Sturm verschwinden.

Kajüte ist hässlich nass. Vom Ölzeug. Von der Luft. Handtücher, Geschirrtücher, Teppich halten die Feuchtigkeit fest. Auch ein Aluminiumboot ist gegen Feuchtigkeit des Südpolarmeeres nicht gefeit. Gewürze verklumpt. Papier wellt sich. Durch Auslegen von Zeitungspapier auf den Boden versuche ich, die Nässe im Schiff zu reduzieren, aber vergebens. Was ich nach diesen Tagen mit ständig gurgelndem Wasser an Deck und grauschwarzen Himmel brauche, ist ein schöner, trockener und von der See her ruhiger Tag.

Doch davon kann ich erst mal nur träumen. Nachmittag fetzt es richtig los. Nach Bergen der O-Fock (Orkan-Fock, wie konnte ich einem Segel nur diesen Namen geben) ein brüllender Ton, ein grauer, milchiger Anblick. Anblick? Nur ein kurzes Hingucken bringe ich fertig. Unten auf dem Boden vor dem Kartentisch ein schwacher Enttäuschungsausbruch.

Als ich zu Ende geschrien habe, legt uns eine See ganz flach. Und das mit den sieben Quadratmetern im Rigg. Ganz langsam geht es wieder aufwärts. Jetzt gerade zweites Mal. Oh, oh ... das Umfallen geht schnell, fast ruckartig, wobei die rauschende See das abnorme Schräge verdrängt, also nicht so spürbar macht. Gut ist die Kälte, sie verlangt dicke Kleidung und folglich verhindert sie, da ich gut gepolstert bin, Verletzungen.

Unmittelbar nach diesen beiden Umkippern (hört sich lustig an, ist aber gar nicht lustig an Bord, nur gehen mir die Vokabeln aus), also unmittelbar danach stehe ich am Mast und reiße das Groß runter, zurre es zigmal fest und setze die O-Fock mit Reff. Das sind eineinhalb Quadratmeter. Damit will ich leicht ablaufen. Fotografiere noch etwas. Doch bin nicht bei der Sache. Es herrscht eine eindrucksvolle See. Ich will nur raus. Nochmals eine seitliche Kenterung. Diesmal fliegen einige Schapps auf, Papierbündel, Wäsche, Batterien schießen durch die Gegend. Decke und Schlafsack rutschen auf dem Boden rum. Die Aries hält Kurs. Erstaunlich. Gischt fliegt waagerecht. Die O-Fock steht wie ein Brett.

Ich gönne mir nach all dem Chaos zwei Scheiben Knäcke und einen Riegel Schokolade. Das ist das Leben, das ich mir gewünscht habe. Seltsam, jetzt daran zu denken. Sah mich in den letzten Jahren oft genug auf dem Quadratmeter Kajütboden, wo sich das Bordleben über Monate in Schrägstellung abspielen würde. Sah ganz klar die Anstrengungen, die Nässe, die Roll-, Stoß- und Stampfbewegungen. Nur: Jetzt bin ich mittendrin.

100. Tag – Dienstag, 21. November | Mir tut alles weh. *Alles.* Werde auch geschunden. Die Sehnsucht nach einer ruhigen Wetterphase ist riesengroß. Fühle mich wie in einer Waschmaschinentrommel im Waschsalon – also mit Aussicht.

Deprimierend auch das Abstecken meiner Position in der Seekarte. 60 Seemeilen in 24 Stunden sind gerade mal acht Millimeter. Befinden uns auf über 4000 Meter Wassertiefe. Das wirkt irgendwie befreiend.

In Anbetracht der raueren Wirklichkeit reiße ich eine Dose Bier auf. Hocke mich auf meinen angestammten Platz vor dem Kartentisch. Es träumt sich so schön mit einem Bier in der Hand. Kurs ist zwar seit Tagen mies und Wetter weiter stürmisch, aber Chay Blyth segelte hier im Sturm auch fern ab vom Direktkurs. Das legalisiert. Die Wellen haben irgendwas Lauerndes an sich, als wollten sie sich auf etwas stürzen. Ich rate mal, auf was und wen?

Die See hatte ich mir etwas „planer“ vorgestellt. Früher. Zuhause. Dauerschräglage und diese unter und über dem Schiff durchrasenden Wellen in dieser Häufigkeit habe ich nicht vermutet. Der wievielte Tag in Folge mit Sturm ist es schon? Und wie oft sind wir auf der

Seite an einem Wellenkamm entlanggeschrammt? Jedenfalls ein Vielfaches meiner Nonstopreise durch diese Gewässer.

Heute am 100. Tag halte ich einmal meinen Aufwand für ein Frühstück fest. Zögerlich entscheide ich mich am späten Vormittag für Haferflocken, Brot und Kaffee. Jedes Teil muss kippsicher gestellt sein. Erst ich. Also los geht's: See kommt Backbord ein. Kocher steht in Schwinghalterung an Backbord. Die Position wird justiert. Wasserkessel mit Wasser klar gestellt. Topf mit Wasser und Schuss Milch ebenfalls. In Kaffeekanne drei Teelöffel Kaffeepulver. Auf der Niedergangsanrichte Geschirrtuch ausgebreitet. Löffel, Tasse, Messer, Brotbrett werden dort deponiert. Dann geht's an den Kocher: Spiritus zum Vorheizen entzündet, währenddessen die Schnitte mit Schmalz und Marmelade geschmiert. Nachdem der Spiritus verbrannt ist, Brenner auf Druck gebracht und angezündet. Flamme muss blau sein. Milchtopf festgezurrt. Handvoll Rosinen und Löffel Honig mit hinein. Sobald die Milch heiß ist, neun Esslöffel Haferflocken 10 Sekunden aufkochen. In eine Schüssel schütten und kalte Milch drüber gießen. Derweil steht schon der Wasserkessel auf dem Feuer. Auch festgelascht. Ich hocke mich auf den Boden. Ein Geschirrtuch dient als Tischtuch und ich löffele in mich hinein. Rücken abgestützt gegen Kojenbrett und Füße gegenüber an Kojenverkleidung. Meist bin ich mit dem Porridge fertig, wenn das Wasser kocht, und ich hochschieße, um Kaffee aufzubrühen. Ein Löffel kaltes Wasser lässt das Pulver auf den Grund der Kanne sinken. Schlussendlich esse ich die Scheibe Brot ganz langsam zum schwarzen Kaffee. Eine Seite Zeitungslesen begleitet mich. Das war's dann. Ist das Wetter hart, wie heute, wird das Geschirr unmittelbar danach weggespült und gestaut. Alles geschieht mit langen Armen und gespreizten Beinen zwecks festkrallen und abstützen. Und im Kopf primär die Abläufe antizipieren.

Sonst noch was zum 100. Tag? Abstürze, aber man gewöhnt sich dran. Wenige Meilen voran. Mit solchen Wetterbedingungen muss ich segeln. Schreibe diesen Tag mit dem Buch auf der Leekoje als Auflage. Auf dem Kartentisch ist nichts machbar. Luke ist von innen dicht gezurrt. Die Pinne wird von der Aries bewegt. Seen kommen über … Ich habe alles getan. Nur verharren. Notizen mache ich weiter an dem Tag, an dem das Geschehen stattfindet. 18 Uhr. In den letzten Stunden sind wir mehrfach gegen eine Wasserwand gedonnert. Der mordsmäßige Aufprall lässt mich über den Boden rutschen. Es ist ein ewiges „Reinhauen".

Mit Lothar-Günther Buchheim in die Koje. „Die Festung". Wenn es drinnen und draußen grau ist, lese ich solche Bücher gerne. Den U-Bootfahrern ging es noch übler. Und bei Buchheim kann man manchmal lachen. Zum Beispiel 60 Buchseiten über die ureigenen menschlichen Bedürfnisse auf einem U-Boot. *„Habe ich daneben gesch...?"* Nie zuvor plastischer gelesen.

103. Tag – Freitag, 24. November | Schmerz lass nach. Stille. Wetter, eine unsagbare Freude. Mein Herz dankt. Bewege mich an Deck vorsichtig, bedächtig, überlegt. Trinke Tee im Cockpit. Achte es. Das heißt: Bedächtig schlürfe ich ihn aus. Umringt von Kleidung, die trocknet. Das waren vier schwere Fronten in sieben Tagen. Und jetzt habe ich meine gewünschten beiden ruhigen Tage. Direktkurs. Irreal, hier mit Vollzeug angenehm dahinzuschippern. Eine seglerische Idylle. Befinde mich in einer trügerischen Verfassung.

Denke an eine Viertelstunde im letzen schweren Sturm: schwimmende Augen, Furcht, mich an Deck zu bewegen, weil die Seen grausam übers Schiff schlugen. Hielt mich nach getaner Arbeit an einer leeren Tasse fest. Ich war in einer fürchterlichen Verfassung, aber nachdem ich getan hatte, was notwendig war, Mastkontrolle, Aries neu eingestellt, lebte ich auf. Vergessen mein Zaudern. Bücher zum Thema Sturmtaktik sind wenig hilfreich. Viel Theorie. Brecher aussegeln. So was ist nur in einem normalen und gleichmäßigen Sturm machbar und schwerlich in dunkler Nacht. Wenn es länger weht, ist alle Theorie Unsinn. Jeder muss in der jeweiligen Situation individuell reagieren. So ist ein Ablaufen vor dem Wind, wie ich es gemacht habe, mit einem handtuchgroßen Segel noch das Beste. Ganz nebenbei der Hinweis, dass alle paar Minuten ein Brecher erwartet werden muss. Hier unten kommen sie in Serien – drei oder vier – wobei die mittleren immer die gefährlicheren sind. Dann folgt Ruhe, bis periodisch die nächsten anrollen. Den Vorschlag, mit einer Sturmfock am Wind zu segeln, werde ich demnächst probieren. Hoffentlich kommt das „demnächst" nicht so bald.

Es gibt was zu feiern: 100 Grad Länge und 10 000 Meilen. Und das an einem Freitag. Gefühl wie Feierabend. Früher, lange ist es her, als ich noch im Beruf mit Stechkarte hantierte, waren die Stunden des Freitagabend die lockersten der Woche.

Kippe ein Glas Brandy. Zuvor bekommt die Aries einen Schuss, dann das Schiff, der Mast ... und zum Gott des Windes: „Bewahre sie vor deinen schweren Stürmen." In Ölzeug genieße ich die Stimmung an Deck. Der Himmel wolkig grau in Haufen und Schichten.

105. Tag – Sonntag, 26. November | Einsamkeit? Spüre keine. Wo wohl der nächste Mensch lebt. Vermutlich auf einem Schiff. Das nächstgelegene Land ist über 1000 Meilen entfernt – Chile. Sonntag und Eintönigkeit oder Langeweile sind an Land ein Thema. Letzte Nacht war ein verrückter Wind unterwegs. Eine Minute 5 Beaufort, zwei Minuten 1 Windstärke, dann wieder für Minuten 5 bis 6, und der Wind kam jedes Mal vom Geräusch her wie ein Hornissenschwarm angedüst.

Wie haben Robin Knox-Johnston und Chay Blyth das nur hingekriegt, mal eben eine halbe Flasche Whisky wegzukippen. Wohlgemerkt bei hartem Wetter – um sich zu beruhigen. Auch der alte Chichester hat allerhand weggesüffelt. Sein „beer tap" unterm Kartentisch an Bord der GIPSY MOTH konnte ich bei einem Besuch in Greenwich bewundern. Chay hatte 18 Flaschen Sprit gebunkert, plus 20 Dutzend Guinness Bier. Robin gar 24 Flaschen Hochprozentiges, plus Bier und Wein. Ich: 6 Flaschen Brandy, 7 Flaschen Rotwein und 96 Bier. Allesamt Geschenke vor der Abfahrt.

Grund, eine Flasche Rotwein zu öffnen. Jedoch: „Time for action on deck." Ölhaut. Gummistiefel. Südwester. Gurt. Sicherheitsleine. Das Segelmanöver klappt – mit Ruhe und Übersicht. Nochmals: Meine „Munition" – kleine Segel und Bindereffs – beglückt mich. Doch ein Glas Rotwein?

106. Tag – Montag, 27. November | Nordwest 8 und 9 – mein täglich Brot. Dazu verteufelt harte Kreuzseen, die Drachen der Kleinbootsegler. Eine Nacht mit Halbschlaf in komplettem Ölzeug. Sieben Segelmanöver halten mich in Gang. Dazu etliche Wenden, die meist Halsen sind. Schaffe es nie bei hohem Seegang mit dem Bug durch den Wind.

Fahre daher immer eine Halse, was nicht ungefährlich ist. Der Großbaum kommt nämlich jedes Mal mit Karacho über, obschon ich mit der Großschot schwer auf Zack bin. Schleiche über Deck. Bin trotz viel Brassel froh, dass das Material allem standhält. Karriolen bisschen rum. Kein Bug führt wesentlich zum Ziel.

Schöne, gleißende Gegenlichtbilder der See. Verliere mich im Anblick. Gischt kommt über und lässt ein Duschbild entstehen. Barometer steht auf 998 Millibar. Der Druckfall in der Nacht war schon enorm. Elf Millibar in acht Stunden ist auch hier unten nicht alltäglich. Ein Sprung von drei Millibar innerhalb einer Stunde war dabei. Mochte danach die Werte nicht mehr ablesen. Freier Druckfall ist die größte Quälerei an Bord.

Wie häufig nach dem Fall folgen die härtesten Winde mit gefährlichen Seen gegen das Schiff. Zudem noch aus zwei Richtungen, bedingt durch Winddrehung. In der Spüle schießen Fontänen durch das Abflussrohr. Armhoch. So hart waren die Sprünge des Schiffes. (Passiert immer wieder was Neues.) Schließe das Seeventil. Alles überstanden zu haben, animiert zu einer Kochorgie. Bin gierig. – Nachtrag: Es gab eine Handvoll Wellen, die den Rumpf vierkant trafen. Man denkt eher an einen Zusammenstoß als an eine Welle. Hart und laut, der Knall. Gerundete Aluminiumflächen halten viel aus. Aber ... Fußballtore sind auch aus Alu, und oft knallt der Ball mit 90 Sachen (km/h) drauf. Dort gibt der Ball nach. Hier – hoffentlich immer die Welle.

107. Tag – Dienstag, 28. November | Singe: „Morning has broken like the first morning." Die Melodie verlässt mich nicht. Heute nicht. Schade, dass ich nur die erste Zeile kenne. Der Text ist mir entfallen. Was soll's. Dafür habe ich die Sonne. Scheint genau durch die Niedergangsluke. Ich blinzele ihr entgegen und summe das melodische Lied. Alles meins. Das Meer arbeitet schwer. Kräftiger, sattblauer Himmel. Albatrosse, die einzeln unbeeindruckt ihre Kurven ums Boot ziehen. Alles. Heute. Morgen. Übermorgen. Mein Niemandsmeer.

Was muss das für ein Anblick sein. So ein winziges Boot zieht mit orangefarbenen Segeln durch die einsame, weite See. Tag um Tag. Sozusagen spurlos. Sein Kielwasser, eine schmale Schaumspur, ist Minuten später verschwunden.

108. Tag – Mittwoch, 29. November | Es geht mir miserabel. Ursache ist der chronische Schmerz in der Brust. Hole „Medizin auf See" wieder aus der Versenkung. Versuche nochmals damit und anhand meiner Symptome, die Ursache zu finden. Das Ergebnis ist bescheiden: Es kann durchaus das Herz sein. Aber auch die Milz. Oder ist es eine Rippenfellentzündung? Vielleicht doch nur eine starke Prellung ... Verwirrt resigniere ich.

Verlege mich aufs Essen. Reis mit einer Dose Gemüse wäre sicher was Feines. Ich freue mich darauf. Schnibbele zwei große Zwiebeln, zwei Knoblauchzehen ... dann eine dieser typischen Situationen: Es frischt während des Kochens mächtig auf. Die Essensfreude halbiert sich.

Das nächste heftige Wetter startet um 16 Uhr mit Regenböen. Erst ein pfeifender Ton mit urplötzlichem Windeinfall, zwei bis fünf Minuten später Regen mit nachlassender Windstärke. Reffvorgänge kommen allesamt zu spät. Ein dreifaches Wummern bringt mich an Deck. Aus Regenböen ist Normalsturm geworden. Auf dem Vordeck wird mir voll eingeschenkt – salzig das Wasser, davon kann ich mich überzeugen. Nichts geschieht im Stehen. Ich krieche, hocke und sitze beim Einbändseln der Segel. Das Tuch ist sperrig, die Hände steif. Es dauert, bis das Tuch gebändigt ist. Die Vorsegel werden an der Reling festgelascht.

10 | DER EINHUNDERTDREIZEHNTE TAG

„Was haben Sie KATHENA NUI nach der Ankunft geboten?" Gute Frage einer Journalistin. Sie macht mich verlegen. Wir sitzen zum Interview in der Kajüte, sie gegenüber und wartet mit Block und Bleistift auf eine Antwort. Mir fällt spontan nichts ein. Jedenfalls nichts, was ich ihr mitteilen möchte. Oder doch: die erste Nacht in Cuxhaven. Meine Frau Astrid und ich haben in der von Salz und Mief durchtränkten Kajüte übernachtet. Also das Schiff dem Viersterne-Hotel vorgezogen.

---

110. Tag – Freitag, 1. Dezember | Als ich auf dem Vordeck Klüver 2 vorheiße, denke ich: Diese Breitengrade sind verpacktes Leben. Tag und Nacht eingemummelt in Schichten von Kleidung. Alles mehrfach. Von den Füßen – zwei Paar Socken – bis zum Kopf, über den ich Sturmhaube und Südwester stülpe. Dazwischen Thermowäsche, Flanellhemd, Pullover, Fleecejacke. Über alles die Ölzeugkombination – dunkelblaue Hose, gelbe Jacke. Gut. Praktisch. Dicht. Erstaunlich dicht. Denn ich habe nicht nur in der Gischt zu tun, sondern während vieler Vorschiffmanöver muss das Ölzeug auch festes Wasser fernhalten. Manchmal gar Sturzseen. Was mir zusagt und nicht unwichtig ist: Ich fühle mich blendend darin. Das Material ist gefühlsstark.

Neulich hatte ich Probleme, in der dunklen Kajüte in die Ölhaut zu schlüpfen. Es musste schnell gehen, verdammt schnell. Draußen pfiff und krachte es, und ich kriegte die Beine nicht in die Hose. Verhaspelte mich dauernd im Innenfutter – während das eine Bein den Ausgang suchte, konnte das andere bei Schräglage den Körper nicht halten. Kopfüber landete ich in der Hundekoje. Das war überhaupt nicht komisch und amüsant, denn ich wurde schnellstens an Deck gebraucht. Probleme, ja große Schwierigkeiten habe ich in die Stiefel zu kommen; habe ich Damenstiefel erwischt? Total daneben stehe ich, wenn ich in der Dunkelheit herausfinden muss, welcher nun der Rechte und welcher der Linke ist. Wie das so ist. Meistens erwische ich den verkehrten. Mein Vorschlag für den Hersteller: einen weißen und einen dunkelblauen als Paar anzubieten.

Die Message in diesem Kapitel ist: Sturm. Um 15 Uhr kachelt es. Wieder. Zum wievielten Mal eigentlich in der letzten Woche? Ich weiß es nicht. Will es auch nicht wissen. Zurückblättern im Logbuch, Analyse oder Statistik findet an Bord nicht statt. Erster Gedanke: kann doch nicht gleich wieder die Tuche verkleinern. Und was passiert? Um Mitternacht sind wir runter auf vier Quadratmeter. Alles geschieht sehr zögerlich – Quadratmeter um Quadratmeter. Zum Ende hin stehe ich lange am Mast. Was tun? Groß weg oder besser Sturmfock? Entschließe dich ganz schnell, sagt der Kopf, sonst wird es kritisch. Und in der Tat, ein Brecher nimmt mir die Entscheidung ab. Er dreht das Boot breitseits, überspült Deck und Cockpit und legt uns bis zu 50 Grad auf die Seite. Ich stehe in Luv bereit. Löse eilig das Großfall, raffe das schlagende Tuch zusammen ... Schade, damit ist der gute Kurs hin.

111. Tag – Samstag, 2. Dezember | Sturmböen von Windstärke 10. Mit Handanemometer gemessen. Trocken die Notiz im Logtagebuch unter der Rubrik Bemerkungen. Windstärke 10, das sind immerhin 50 Knoten Wind und wird in der Beaufort-Skala mit „schwerer Sturm" bezeichnet. Hinzu kommt: Im Sturm mit Wellengang wird die Messung verzerrt. Ein Meter über Deck zeigt das Anemometer wesentlich weniger an als im Masttopp. Und immer noch steht ein Rest von drei Quadratmeter Sturmfock. Sie stabilisiert den Kurs, indem Wind und See nur fast (Betonung auf fast) quer von vorn einfallen. Fahrt voraus mache ich damit nicht. Das ist auch unwichtig, solange ich das Gefühl habe, alles richtig gemacht zu haben. Die Seen sehen zwar gefährlich aus, sind aber nicht richtig groß, genauer nicht so hoch und kraftvoll. Vor allem fehlt es ihnen an Steilheit.

Unter Deck wirds Niedergangsluk aus Aluminium mit einer Talje regelrecht verrammelt. Und schon bald halte ich eine Muck mit Kaffee & Kakao dicht unter die Nase und wärme die steifen Finger. Ganz langsam, mit kleinen Schlucken, schlürfe ich das heiße Getränk. Draußen, um das Rigg, heult der stürmische Wind. Er bringt ab und zu eine feste Schicht schaumiges Wasser an Deck. Die Plicht, einmal gefüllt, braucht drei bis fünf Minuten bis sie sich leert. Noch ergießt sich das Wasser darin nur wadentief.

Ach, bei aller Härte geht's mir noch gut. Das Boot ist absolut dicht. Aries steuert den vorgegebenen Kurs. Der Kocher funktioniert in allen Lagen. Bei solchem Wetter macht sich der tiefe Schwerpunkt nützlich. Jedoch: Als der Wind überhaupt nicht nachlässt, wird mir seltsam flau zumute. Blümerant von der See. Luftschaukeln würde ich unsere Bewegungen nennen. Abwarten, ausharren in kompletter Wetterkleidung fällt schwer. Einerseits muss ich versuchen, Position zu halten, zum anderen werden wir dadurch halt arg gebeutelt.

Westsüdwest 7. Nach 26 Stunden steht wieder das Groß. Zweifach gerefft. Boxen voll gegen die alte Sturmsee. Sandsackboxen. Also, nicht kritisch. Ein Kurs zum „Wegsegeln". Meine KATHENA kommt alle paar Minuten völlig zum Stillstand. Die enormen Wellen, die gegen uns stehen, nehmen die Fahrt aus dem Schiff. Das bohrt sich gar in die Welle, sodass sich das blanke Wasser über Deck und Aufbau ergießt. Schöne Bilder. Meilen bringt es allerdings nicht. Aufs Material geht's. Mir bleibt keine andere Wahl – außer vor dem Wind ablaufen, und das ist mir zuwider. Gestern ging's gut mit meiner „Zerrung", heute spüre ich sie verstärkt unter meinem dicken Pullover.

112. Tag – Sonntag, 3. Dezember | Ich fühle mich schlecht. Ich bin müde, stehe sozusagen neben mir. Meine Kajüte ist ein Chaos. Überall liegen Papier, Abfälle, Kleidung. Eine halbvolle Dose Pfirsiche hat den Kocher ertränkt. Diese Seeberge draußen deprimieren – und forcieren mein Dilemma: zu zögerlich mit Ausreffen.

Die Sonne scheint wenigstens etwas. Das Deck ist stellenweise trocken. Um etwas für meine Moral zu tun, fasse ich den Entschluss, mich erst mal zu ordnen. Sorgfältig Haare mit einem Restkamm kämmen. Die brechen weg wie Streichhölzer. Mein Haar ist lang, salzig und verfilzt. Mit einem Handtuch, das noch zu Hause gewaschen wurde, reibe ich heftig das Gesicht trocken. Schlussendlich finde ich noch trockene Wäsche, die in einer Plastiktüte verstaut ist, und los geht's. Ich fühle mich frisch und gut für ein Telefonat. Gewissenhaft baue ich mein Gerät auf. Die Antenne schnüre ich vorsichtshalber in Persenningtuch ein. Ich weiß nicht, welcher Teufel mich reitet, es bei

Ein übergroßer Albatros geht in die Luft. Bei ruhigem Wetter sind schwere Flügelschläge und gewaltige Beinbewegungen zum Auffliegen nötig.

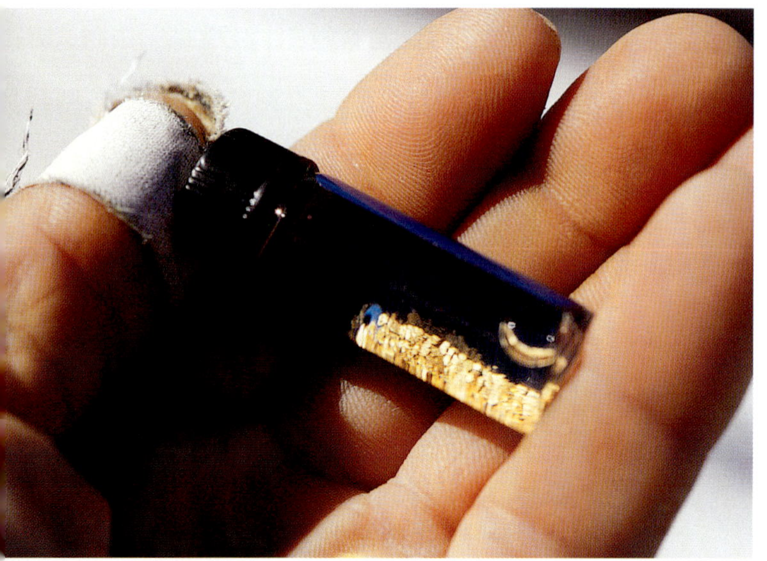

Links: Endlich die Kap-Hoorn-Insel in 30 Meilen Entfernung. – Die von Kym mitgegebenen Goldkörnchen finden hier ihren Grund. – Schwarze Flaggen an den Stagen zeigen mir auch in dunkler Nacht die Windrichtung an. – Rechts: Der Gurtbeschlag verursacht einen Rippenbruch. – Nächste Doppelseite: Grau und gischtig: der typische Gegenan-Kurs.

International
since 1960
Yachting Wear

Böenwetter, Sturmwetter, Chaos an Bord: Ruhe und Umsicht bringt immer eine heiße Pracht – Kakao oder wie hier eine Kanne aufgebrühten Pulverkaffee.

Heiligabend allein auf See. Eine Zigarette, vier Auftritte auf dem Vordeck. Das Lametta habe ich draußen: Sturmseen ziehen lange weiße Streifen.

diesem Wetter zu versuchen. Aber es geschieht zwanghaft. Die Verbindung steht dann auch immer nur für Sekunden.

Meine gute Laune kommt mir deswegen nicht abhanden. Bin sozusagen in Sonntagsstimmung. Gieße eine Tasse Pulverkaffee auf. Träume so vor mich hin ... unterstützt von Abba: „I have a dream". Verliere mich in einem Vakuum des Nichtstuns. Bis, ja, bis es wieder auffrischt. 16 Uhr: Nordwest 7 bis 8. Jeder Sturm beginnt in der Ecke. Mein erster Blick gilt dem Luftdruck: gefallen. Und der Druck fällt weiter, langsam, aber stetig. Ich kann das Barometer aus allen Lagen in der Kajüte sehen. Gut oder nicht so gut, Tatsache ist: Der nächste Tiefdruckwirbel ist im Anmarsch. Der Himmel vergraut. Einheitlich matschiggrau. Leiser Regen fällt. Mit einer Pütz schnappe ich nach jedem Tropfen Regenwasser, aber es lohnt sich nicht, das aufgefangene Wasser ist brackig. Es hängt zu viel Salz in der Luft. Ich habe nur noch 60 Liter im Tank.

Bald steht eine enorme Welle. Völlig irreal, meine Situation. Noch vor wenigen Stunden in die Wäsche mit „Hausgeruch", jetzt in Allwetterkleidung. Bis zum Südwester. Umgeben von einer graumilchigen See. Und schlechter Sicht. Aber Sicht brauche ich nicht. Hier ein Schiff zu treffen, wäre wie ein Volltreffer im Glücksspiel. Ein akzeptabler Kurs ist, was mich am meisten interessiert, doch nach drei Stunden ist auch der vorbei. Wie in den drei Tagen zuvor: Wind – vierkant von vorn. Also genau von vorn. Es ist zum Mäusemelken.

Als es dunkelt, sind die Segel entweder im Sack oder festgezurrt an Deck – bis auf die gereffte Sturmfock. KATHENA schlingert heftig, von Böen und Seen umgeben, in die Nacht hinein. Der Wind ist zum Sturm geworden. Der Druck steigt, womit der Wind auf Westsüdwest dreht und unser Kurs samt Abdrift glatt nach Süden zeigt.

113. Tag – Montag, 4. Dezember | Ich sollte meine Träume gelegentlich erzählen: Ein Buttermesser fällt mir aus der Hand aufs Teakdeck. Das befreundete Weltumseglerpaar, bei denen an Bord ich zum Frühstück eingeladen bin, stürzt sich darauf, als ob ein Feuer ausgebrochen wäre. Trotz aller Eile gelingt es ihnen nicht, den Fettfleck wegzubürsten. Hektisch greifen sie zu einem Wasserschlauch. Bald steht das gesamte Deck meterhoch in Schaum. Ich springe kopfüber ins Wasser.

Noch zum gestrigen Abend: Stand noch länger in der hoch aufgeworfenen Gischt am Mast. Fest die Wanten umklammernd. 10 Minuten, 20, vielleicht sogar länger. Das Bild nahm mich gefangen: graue, verquer laufende See. Lange, weiße Schaumschlieren ädern die Wasserfläche. In Lee des Bootes das Zusammenprallen von Wellen. Weiße Kämme, die wie Pulverschnee aufgestäubt und waagerecht vom Wind weggetragen wurden. Dieser enge Horizont – Wolkenmeer und Polarmeer – waren eins: bewegt und stumpfdunkel. Ich war in einer glückseligen Euphorie. Verrückt. Lass mich nicht verrückt werden. Ich fühlte mich in Ölhaut durchlässig – wie Luft.

Die letzten fünf Tage auf der Seekarte – zum Verrecken: ganze 125 Seemeilen vorangekommen. Und daran wird sich heute gar nichts ändern. Der Zickzackkurs hat was von rumkarriolen. Festgekrallt am Kartentisch, nehme ich zur Kenntnis, dass der Sturm uns unverändert beutelt. Eine Nacht im Stehen habe ich schon hinter mir. Wind und See durch die vielen Fenster beobachtend, das Holprige mit den Kniekehlen abfedernd. Tja, die Südpolarroute ist kein Zuckerschlecken. Puh.

Gegen Mittag fällt der Druck erneut. Zusammengekauert liege ich in meiner Koje im Schlafsack. Nehme zur Kenntnis: fällt wie verrückt. Liege furchtbar gern im Schlafsack. Hat mit meinem Willen und Denken auf eigene Faust zu tun. Lasse mich vom Geklapper der Fallen am Mast einlullen.

Um 14 Uhr ist es mit meiner Ruhe vorbei. Der Wind ums Boot legt mächtig zu. Seen legen uns bis 45 Grad auf die Backbordseite. Ich blicke durch die Fenster in Luv nach vorn. Es nutzt nichts. Ich muss was tun. Sturzseen landen hart und nass. Berge den Rest Sturmfock. Schlage O-Fock an, setze sie aber nicht, da die Aries gut den Kurs hält, ein bis zwei Strich achterlicher als querab. Verständlicher 70 bis 80 Grad von achtern. Bringe noch Gedanken und Kraft für die Kamera auf. Noch. Die sich brechenden Wellen sind erstmals auf dieser Polarroute laut. Brüllen. Urplötzlich greifen sie wie Tatzen eines Urtiers zum Schiff, schmeißen es förmlich in ein Tal. Alles geschieht ohne Vorwarnung. Nicht wie sonst, wo ein, zwei heftige Wellen einer Monsterwelle vorauslaufen. Es sind lange, sich überstürzende Wellenkämme mit steilen Abbrüchen, die mir Muffensausen bereiten.

15 Uhr: Löcher. Berge. Schaum. Ich habe es mit Gewalten zu tun wie nie zuvor, nie. Einige Seen laufen mit einer Wucht an, als wollten sie uns verschlingen. Wie gelähmt schaue ich durchs Bullauge, das nach achtern geht. Wie sieht die nächste Periode aus? Wird sie uns zuschütten? Wird vor allem die Aries Kurs halten? Sie segelt mich und das gut getrimmte Boot. Ich entwickle U-Boot-Gefühle. Hohle Wellen, die uns treffen, rumpeln unterm Schiff, wie nach einer Explosion. Sie schlagen gegen den Rumpf, dann dauert es eine kurze Weile, bis sie explodieren.

Dies hat mit Segeln nicht viel zu tun. Es stehen ja auch keine Segel. Nicht ein Fetzen Tuch. Die Aries hält den Bug ab vom Sturmwind – selbst das ist nicht immer möglich.

Das Leben in der Kajüte ist dunkel. Ein Petroleumlicht brennt vorsichtshalber nicht. Es könnte bei einer Kenterung Feuer verursachen. Ich denke ans Kentern. Das Leben ist aber auch ein einziges Abstemmen, Auffangen und Festhalten des Körpers. Irgendwann kann ich mich nicht mehr halten, die Knie schmerzen, meine Arme machen schlapp. Ich verhole mich auf den Boden, wo ich gleich zweifach mit dem Rücken gegen die Kanten pralle. Spüre schweres Ziehen und Stechen im Brustbereich. Ist es psychisch oder tatsächlich eine ernsthafte Krankheit? Ist es die Anspannung, der Kraftaufwand? Was immer. Ich muss raus. An Deck. Die See schlägt uns fürchterlich. Achtern bollert es wie bei einer Kopfsteinpflasterfahrt. Kann mich nicht überwinden, an Deck zu klettern und die Pinnensteuerung zu übernehmen. Essen? Durst? Interessiert nicht sonderlich. Hunger ist aber vorhanden. Ein Erdnussbutterbrot tut es. Und eine Flasche „Asgaard", das göttliche Bier der Wikinger. Das Bier schmeckt – und betäubt etwas.

Mit der Dunkelheit ist es orkanartiger STURM (in Versalien, weil's ein kritischer ist). Unterm Achterschiff explodiert wieder eine von diesen Seen, als hätten sie Luft, zu viel Luft geschluckt. Was meines Wissens die härteste Form eines Seegangs ist. Gang? Hier geht keine See, sie rollen und laufen an. Man könnte von Seelauf sprechen. Als wollten sie uns vernichten. Der Aufprall ist härter und lauter, als ich es je erlebt habe. So müssen sich die Wasserbomben im U-Boot-Krieg angehört haben. Man wartet auf die Einschläge – mit der Hoffnung, dass nichts passiert.

Das Wundersame: KATHENA kommt nicht ab vom Kurs. Ich stehe und schaue nach oben. Kein Stern, keine einzelne Wolke, nichts als eine Einheit über mir. Stehe und bewundere mein Schiff. Es arbeitet und kämpft, während ich in der Kajüte der Dinge harre – allerdings in Ölzeug, Gummistiefel und Sicherheitsgurt. Bereit wie schon den ganzen Tag, falls erforderlich einzugreifen.

Eine Breitseite legt uns über, bis die Fenster wegtauchen. Der gesamte Aufbau wird beim Aufrichten überspült. Denke sofort an meine Fenster ringsum: 46 mal 14 Zentimeter sind in dieser Situation groß, 12 Millimeter dickes Acrylglas dünn. Stelle aber fest, dass die brechende See nie die Glasfläche im rechten Winkel trifft. Das Schandeck fängt vorher einen Teil der Wucht ab.

Die O-Fock liegt klar an Deck. Natürlich liegt sie nicht, sie ist festgezurrt an Stag und Reling. Ans Setzen denke ich nicht, aber an einen anderen Segler, der dieses Meer vor dem Wind durchsegelte: Bernard Moitessier schrieb: *„Gott behüte mich davor, es zu wagen, hier gegen den Wind zu segeln“.* Das fällt mir in diesem Getose ein. Sein Schiff, ein Stahlbau von zwölf Meter Länge, ist viele Male auf die Seite geklatscht worden. JOSHUA hatte eine Innensteuerung.

Mit Sturmhaube und Südwester fest auf dem Kopf, versuche ich, den kreischenden Wind ums Rigg einzudämmen. Am liebsten würde ich noch Watte in die Ohren tun. Dadurch das Dröhnen und die trostlose Wasserwelt um mich herum vergessen.

Es ist verdammt schwer festzuhalten, was man fühlt, wenn man zusehen muss, wie das Boot geschleudert wird. Und sich selbst dabei in alle Richtungen abstützen muss. Erstarrt und ermattet vom Ganzen, verharre ich weiter auf dem Kajütboden. Der Kopf liegt auf einem Segelsack. Meine Hände umschließen einander. Ich kneife die Augen zusammen und horche. Wind jault und stöhnt unverändert. Das Atmen macht mir Mühe. Moitessier kommt mir wieder in den Sinn. Er hat mir eine Möglichkeit der Astronavigation beigebracht, die Breiten- und Längenberechnung mit Hilfe der Sonne. Ganz einfach und reduziert auf das Wesentliche, wie seine gesamte Auffassung vom Segeln und Leben. Das war 1966 in Alicante. Ich war dort mit meinem ersten Boot, der hölzernen KATHENA. Konnte weder segeln noch navigieren, und er, ein Weltumsegler und Buchautor, nahm sich meiner an.

Ich fühlte mich großartig. Innerhalb von zwei Stunden an Deck seiner JOSHUA war es passiert. Die Sonne schien. Der Sextant pendelte in meiner Hand. Wieder und wieder musste ich die Sonne auf den Horizont holen, die Werte ablesen und berechnen. Gegen das Vergessen notierte er mir noch ein Beispiel auf einer DIN-A4-Seite. Segeln lernen dauerte länger. Das brachte ich mir selbst bei.

Einige Jahre später traf ich Bernard Moitessier in Tahiti wieder. Er war dort nach seiner legendären Nonstopfahrt von 312 Tagen um die Erde vor Anker gegangen. Anlässlich des 14. Juli, dem Nationalfeiertag der Franzosen, warfen wir auf dem Rummelplatz am Kai von Papeete mit Bällen auf gestapelte Blechdosen. Immer wieder. Er konnte nicht verlieren. Eine 10-Franc-Note nach der anderen wanderte aus seinen Shorts auf den Tresen. Er ahnte nicht, dass ich mit Steine- und Bällewerfen sehr gut umgehen konnte. Bin ich doch in einem Wald groß geworden. Die Gedanken an jene Tahiti-Zeit lenken ein wenig ab. Ich schüttle den Kopf. Zwei gestandene Männer werfen in der polynesischen Südsee mit Bällen auf Blechbüchsen.

Hier werfen die Seen Wassermassen auf und gegen meine „Aluminiumbüchse". Sie können aber auch nicht ahnen, dass das Blech sechs Millimeter dick und auf Rahmenspanten geschweißt ist. Von Bootsbauern, die noch Zeit hatten, zwischen den einzelnen Arbeitsabläufen zu überlegen. Die Werft war nämlich überhaupt nicht organisiert. Sie war auch nicht desorganisiert. Nur, den einzelnen Handwerkern wurde durch unkoordinierte Arbeitswege Zeit zum Nachdenken gegeben.

Trotz allen Vertrauens, Sturm macht mir immer Angst. Sicher, mal mehr – mal weniger. Es hat nichts mit Todesangst zu tun. Es ist die Furcht um den Mast, um die Segel, um eine brechende Pinne. Meine Blase fleht um Erleichterung. Immer wieder, dabei habe ich kaum was getrunken. Ist es doch die Angst ums Leben? Aber ich fühle mich eingepackt wie in einem Panzer und liege so schön auf dem Boden. Alles schiebt sich uns entgegen: Luft, Wasser, Krach. Es kracht in meinem Kopf. Erbarmungslos.

Eine vollverschweißte Aluminiumkonstruktion eignet sich für diesen Kreuzkurs durch den „Southern Ocean" besser als alles andere Material. Durch Spanten im Abstand von etwa 35 Zentimeter und vier verschweißten Schotts, davon zwei wasserdicht, wird eine schwer zu überbietende Festigkeit erreicht. Der Mittelkieler mit einem Skeg vor dem Ruderblatt schützt das Ruderblatt. Eine kleine und klare Cockpitaufteilung dient der Sicherheit. Die Plicht hat armdicke Lenzrohre, um Sturzseen schnell rauszulassen. Alle Luken sind aus Metall und zuschraubbar. Ich kann wirklich behaupten, mein Schiff ist dicht wie eine Tupperdose.

Die Vorteile gehen mir nicht aus. Der niedrige Kajütaufbau bietet überkommenden Seen wenig Angriffsfläche. Und jetzt drei wesentliche Punkte, die mich beruhigen sollen. Erstens: Der Bug wurde voller, das Heck schmaler gefertigt als damals in der Werft auf Norderney üblich. Das verbessert die Selbststeuereigenschaften. Zweitens: Ich achtete beim Bau auf die aufrichtenden Eigenschaften – keine übermäßige Breite, tiefer Bleiballast (2,50 Tonnen bei 1,80 Meter Tiefgang). So besitzt das Boot einen niedrigen Schwerpunkt und die nötige Stabilität für die Stürme der Hohen Breiten. Und drittens: KATHENA hat eine Bugform, die im Unterwasserschiff tiefer gezogen ist. So setzt sie weich in die Wellen ein und ist modernen Konstruktionen gegenüber im Vorteil.

Ich will das nicht weiter ausmalen. Es ist dunkel. Einschlafen wäre nicht schlecht. Doch mein Kopf stößt gegen die Vermöblung. Einige Wellenberge haben die Wucht eines mittleren Wasserfalls. Sie überspülen das Achterschiff völlig. Drücken das Heck unweigerlich nach unten, sodass die nächste Welle ebenfalls einsteigt. Im Cockpit gurgelt nach solchen Schlägen das ablaufende Wasser lange nach. Immerhin weht der Wind weiter aus derselben Richtung. Und das bedeutet mit der vorherrschenden Meeresströmung. Die See ist schlimm. Glücklicherweise kann ich die Höhe der anrollenden Wellen nicht sehen. Hier im Südpolarmeer ist die See deshalb so gefährlich, weil kein Land sie bricht.

Der Sturm weht weiter. Wütet mit 10 Beaufort. Direkt aus West. Heißt, direkt von vorn. Erst wenn er auf Südwest dreht, wird er schwächer, das Tief durch sein, der Wind abnehmen. Wann wird das sein? Es ist Mitternacht vorbei. Und noch steht jede Bö, die aus der Ferne mit Geheul anrauscht, bis sie uns trifft, 10 Minuten, 15 Minuten. Das geht mächtig aufs Gemüt.

Mein Kopf schmerzt. Meine Zunge ist trocken. Die See schmeißt mich hin und her. Selbst im Liegen muss ich mich an den Kojenbrettern festhalten. Vereinzelt werfen uns Wellen einfach aus dem Kurs, legen uns breitseits zur anrollenden See. Der Mast klatscht dabei fast aufs Wasser. Ich bin nervös. Hangele mich irgendwann zum Niedergang und beobachte das Meer von dort. Bisweilen prallen See und Boot hart aufeinander. Schleudern das Wasser hoch in die Luft. Eine gefährliche Lage. Das Schiff schmiert dabei unrhythmisch ab. Verkrampft halte ich mich an den Haltegriffen fest. Versuche breitbeinig die Balance zu halten. Ich weiß, ich muss was tun. So kann ich das Schiff nicht der wütenden See ausliefern. Puh, bei dieser rauen See ist es riskant zu steuern. Ich befühle meine Fingernägel, sofern sie nicht abgebrochen sind. Verwundert stelle ich fest, dass sie an Bord schneller, viel schneller wachsen als an Land. Hat es was mit der sauerstoffreichen Meeresluft zu tun? Seltsame Gedanken. Entdeckung: Die hölzerne Windfahne ist abgebrochen. Einfach weg. Das geht nicht. Ohne ist das Schiff nicht steuerbar. Mir graust vor dem da draußen. KATHENA liegt in einer weißgeschäumten See. Mir bleibt keine andere Möglichkeit. Los, raus. Es ist nicht einfach, sich selber Befehle zu geben.

In einer böenfreien Phase schiebe ich mich durchs Luk und picke meinen Karabiner der Sicherheitsleine ein. Lasse mich auf die Bank sacken, kuppele die Kette der Aries von der Pinne und steuere selbst. Die Pinne fühlt sich eigenartig dick an. Sind es die Handschuhe, die das verursachen? Es ist grauenhaft. Das Cockpit erscheint mir so exponiert. Das Spritzschutztuch ist schon lange festgezurrt. Dazu ist es dunkel. Die Luft von Nässe zerstäubt. Von Deck wird das Wasser weggepeitscht. Reste aus Vertiefungen reißt der heulende Wind hinaus. Das liegt in meinem Blickfeld. Den Kompass kann ich nicht ablesen. Ich steuere nach Gefühl. Einen Südostkurs. Etwa. Die See darf nicht quer einfallen, das ist meine Aufgabe. Ich kann einzelne Wellen nicht aussteuern, sie laufen völlig uneinheitlich. Außerdem muss ich mich ducken, damit mich die überhängenden Wellenkämme, die das Boot treffen und in Gischt hüllen, nicht direkt erwischen.

Die Seen fallen von Backbord ein. Ich sitze in Luv. Eine Hand umschlingt die Pinne, die andere dient der Sicherheit. Damit halte ich mich fest, an einer Klampe oder der Schot, wenn es zu stürzenden

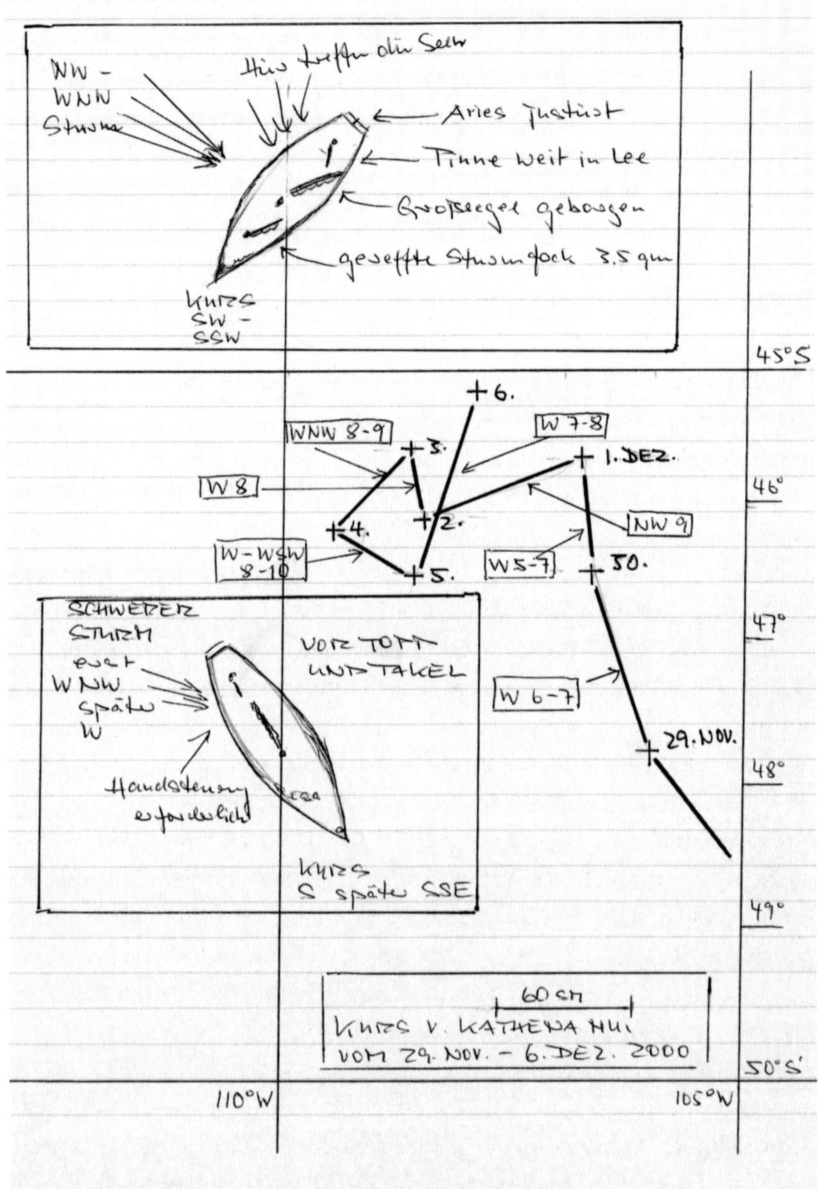

Zu Hause zwar eingeplant, aber als Zetteldokument ziemlich ernüchternd: Eine Woche gesegelt und kaum 55 Seemeilen gutgemacht. Es heißt Haltung bewahren.

Krängungen kommt. Was sich reduziert, dank meines Einsatzes, sind die übers Heck und breitseits einsteigenden Brecher. Von Wellen kann ich nicht mehr sprechen. Nur vom Schlingern, wenn die Wellen aufs Aluminium einschlagen. Die Segel sind Gott sei Dank festgezurrt. Die Atmosphäre ein Rauschen, ein Pfeifen, ein Brüllen ums Rigg. Böse Gedanken von einem kahlen Deck nehmen von mir Besitz. Eine merkwürdige Richtung. Selbstverständlich segle ich KATHENA mit einem stärkeren Rigg als üblich. Angefangen vom Mastprofil über die Wanten und Stagen. Alles acht und zehn Millimeter dicke Drähte. Die Kuttertaklung bietet dem Mast zusätzlich Halt. Beide Backstagen sind über die Winden durchgesetzt. Zwei Achterstage. Da kann die See noch so holprig sein, es sollte nichts passieren – kann aber doch. Da ich Stagreitervorsegel fahre, bietet das Rigg nicht den Windwiderstand wie Rollsegel, die einer Takelage in schwerem Wetter zu schaffen machen können. Aufgerollt zerren sie unter anderem heftig an den Beschlägen und verursachen oft Defekte am Rigg.

Ich zwinge mich an etwas Anderes zu denken. An die wunderschönen Linien meines Schiffes. Aber der aufgepeitschte Wind, das Dröhnen, kann mich nicht von trüben Gedanken abbringen. Obschon ich mich überhaupt nicht bewege, fühle ich mich aufgepumpt wie ein Fußball.

Das Schiff krängt manchmal bis zu 50 Grad, 60 Grad. Es ist stockdunkel. In der Plicht gurgelt ablaufendes Wasser. An Backbord, zwischen Aries und Mast, prallt die anlaufende See. Nicht immer, aber meist. Ein ungutes Feeling, wenn sie direkt von achtern kommt. Dann entwickelt sich eine Schnelligkeit, die mir unangenehm ist. Kopfüber kann dieser Kurs zum Verhängnis werden. Festgekrallt an irgendwelchen Tauen und Beschlägen erwarte ich den Morgen. Das Schiff bekommt viele Schläge, aber nicht mehr so gewaltige wie mithilfe der Selbststeuerung.

Mit der Dämmerung wird es heller, doch Gischt und Wellentürme – 10 Meter, 12 Meter (alle Höhenangaben ohne Gewähr) – machen die Sicht unsichtig. Ich kann nur vereinzelt Wellenkämme erkennen. Weit überhängende. Sie stürmen an, schlucken sich, fressen sich höher und höher. Wenn ich Glück habe, stürzen sie neben uns ab. Meistens habe ich Glück.

114. Tag – Dienstag, 5. Dezember | Endlich, gegen Mittag wird der stürmische Wind unstet. Ich gebe meine Ruderwache auf. Steif bin ich. Und ausgekühlt. Und pitschnass. Die Anstrengungen haben mich geschwächt. Ich bin nur ein Klumpen Salz – innen wie außen. Bewege mich wie ein verletztes Tier. Es wird Zeit, Ruhe zu finden. Ich hole noch schnell (schnell geht nichts mehr) die über Bord gespülten Schoten und andere Enden ein. Setze das dreifach gereffte Groß und riskiere einen Nordkurs. Ich will nicht weiter nach Osten abdriften. Sonst muss ich später alles wieder aufkreuzen. Die Aries bekommt eine neue Windfahne. Eine kleine, dem Wind und Wetter entsprechend. Beim Rundumblick auf dem Kajütdach stelle ich fest: Es haben sich kolossale Wellenberge gebildet. Nur: Mit dem nachlassenden Sturm brechen sie nicht mehr gefährlich.

Ich klappe das Luk auf, steige in die Kajüte und befinde mich in einer Wuhling von Decken, Seekarten und Küchengeschirr. Was für ein Glück, dass die Tupperwarebehälter für Lebensmittel aus Kunststoff und dicht geblieben sind. Aber wenigstens ist es trocken. Die Bilge auch. Ich schaue in den Spiegel. Alt, zerfurcht sehe ich aus. Um frisch zu werden, reibe ich mein Gesicht mit den blanken Händen. Sie sind voller Salz und schrumpelig.

Es war das Härteste an Wetter bisher. Die urplötzliche Gewalt der Schläge war die Überraschung. In den orkanartigen Böen flog das Wasser waagerecht übers Boot. Resultat: Segeln ist etwas, was bei mir im Unterbewusstsein geschieht. Zumindest habe ich über meine Entscheidungen nicht nachgedacht. Als ich es für notwendig hielt zu steuern, habe ich gesteuert und das war gut so. Der Krach war eigentlich das Schlimmste. Der Aufprall der Brecher. Der heulende Wind um den Mast. Ein schlagendes Fall. Der Spinnakerbaum, der immer wieder gegen eine Relingstütze schlug.

Zumindest ist es wärmer, und ich fühle eine angenehme Müdigkeit, eine Geschafftmüdigkeit und ein Gutgegangengefühl. Augenblicklich interessiert mich nicht einmal die Abdrift nach Osten. Sind es 60 oder 100 Meilen? Egal. Zuhause habe ich solche Situation eingeplant.

Mag nicht auf die Seekarte gucken. Das Vorankommen missfällt doch – sehr. Sage mir aber auch, man muss sich den herrschenden

Bedingungen anpassen. Es ist wie im täglichen Leben an Land, da läuft auch einiges schief. Um die Karte mit dem abgesegelten Kurs nicht ständig vor Augen zu haben, decke ich sie mit einer alten Seekarte ab.

Müde von der Nachtwache, von der Nacht zuvor, von der Gesamtsituation, strecke ich mich auf den Boden aus. In Ölzeug. Schlafen, endlich schlafen. Der Wind: West 7.

115. Tag – Mittwoch, 6. Dezember | Es wird Zeit, dass ich endlich wieder West mache. Nach einer Nacht mit kleinen Unterbrechungen verursacht der Kurs Bauchschmerzen. Mit Groß und gereffter Sturmfock segle ich Nord, der andere Bug würde Süd ergeben. Nach Süden will ich absolut nicht. Ich brauche Wärme für mich und Trockenheit fürs Schiff. Das Fürchterliche: Seen rollen weiter aus West. Der Wind weht weiter mit konstanten 7 aus West. Legen uns wie in Zeitlupe seitwärts und werden überschüttet mit festem Wasser. Das erscheint nicht gefährlich, es sind schließlich keine Sturzseen, machen das Leben aber weiterhin hart und in der Kajüte sauerstoffarm. Die Luken bleiben nämlich geschlossen.

92 Seemeilen Etmal. Nur wohin? Rund 50 Meilen östlich von der heutigen Position war ich schon am 1. Dezember. Ein Alptraum, sich das auf der Karte reinzuziehen. Das kommt dabei heraus, wenn man sich den großen Wind- und Wellensystemen entgegenzustellen versucht. Das war mir klar. Vorher, unterwegs und heute. Aber es so plastisch auf der Karte eingezeichnet zu sehen, ist bedrückend (Oh, wieder eine volle Breitseite übers Boot. Blick durchs Bullauge: Plicht kaum halb gefüllt.) Mag's eigentlich nicht mehr notieren. Geduld, Geduld. Erwin Strittmatter fällt mir ein: „Eine zu wenig gerühmte Tugend scheint mir die Ausdauer zu sein." Jetzt brauche ich Engelsgeduld und Humor: Schöne Nikolausbescherung – ich habe auch einen Stiefel rausgestellt, aber nur 50 Meilen drin gefunden – Ergebnis der letzten sechs Tage – und Nächte.

Das glaubt mir kein Mensch, Segler sowieso nicht. Ich bin selig. Seit über 24 Stunden nur Windstärke 7 und Seen von nur acht Meter Höhe. Nur viertelstündlich zeigen die Wellen Härte, ohne dass der Wind zugenommen hat. Abends habe ich von dem Kurs die Nase endgültig voll und wende (wie üblich via Halse). Der neue Kurs ist zwar eine Idee besser, 230 Grad, aber die bewegte Wellenlandschaft bringt uns regelmäßig zum Stehen. Wir bleiben, plastisch gesagt, mit dem Bug in der Welle stecken.

Das erste Logtagebuch ist mit Seite 181 vollgeschrieben. Gönne mir ein Logbuch-Ende-Essen:

Buitoni Penne Lisce aus Italien; Gerull-Gulasch aus Süderbrarup; Zwiebeln aus Cuxhaven; Parmesan aus Italien; Dose Creme Dessert Chocolat aus Frankreich; Cappuccino aus Bremen. Den dritten Nachtisch genieße ich auf dem Boden. Ellbogen und Hintern mit Kissen abgepolstert. Die Hände auf den Bauch übern Wollpullover gelegt. Entspannt lausche ich Suzanne Vega „Tom's Dinner". Ich lache, frage mich kopfschüttelnd selbst: „Abbrechen? Nein." Mein Kurs hat wieder 30000 Seemeilen.

Die Sonne zeigt sich. Sie geht exakt in Kursrichtung unter. Das fahle Sonnenlicht gleißt übers Meer wie ein zerknittertes gelbschwarzes Bettlaken.

11 | LAMETTA

Herbst. Es regnet, wie ich es lange nicht erlebt habe. Als fiele eine zweite Schlei vom Himmel. Dazu ist laut Norddeutschem Rundfunk ein „schneller" Wind unterwegs. Und am Himmel stehen „dicke" Wolken. Seewetterberichte höre ich hier unterm Dach nicht. Warum auch? Unterwegs habe ich, mit Ausnahme von Europa, nirgendwo Wetterberichte empfangen können. Das hat mir gefallen. Kaltfronten hätte ich ohnehin nie ausweichen können, dafür war KATHENA zu langsam. Schlimmer: Ich hätte mir schon vorher Sorgen gemacht. So war das Wetter einfach da. Vorbereitet war ich sowieso. Selbst die stärksten Böen, die überfallartigen, hatte ich meist im Griff. Grundsätzlich fuhr ich die Segel in Erwartung schlechten Wetters nie vorher schon gekürzt, sondern passte mich direkt der Situation an. Nicht zu vergessen das Barometer. Das meistgehasste Gerät an Bord half mir das Wetter zu erkennen.

---

117. Tag – Freitag, 8. Dezember | Ich mache auf munter. Sage mir, Willibald, es geht weiter. Vergiss den Sturm, das Wummern der Brecher gegen den Rumpf, die schweren Regenböen, die Momente des Stillstandes, wenn der Bug in die Wellenberge prallte. Vergiss die 43 Stunden gegen die aufgetürmten Seen, von deren Kämmen man uns kippen wollte. Nun, gekippt haben sie uns, aber nicht umgestülpt.

Damit das Wasser an Deck schneller abfließen kann, bohre ich mit meiner Handleier zwei ordentliche Löcher ins Schandeck. Stelle fest, dass Titanbohrer gut schneiden, aber schnell abbrechen. Am Ende sind alle mittleren Größen hin. Ich schaue zum Mast hoch, denke, hoffentlich brauche ich fürs Rigg keine Bohrer.

Mit Mühe zwei Liter Regen aufgefangen. Mit Fangtüchern ging nichts. Wind und leichte Gischt ließen es nicht zu, so blieb mir nur der Eimer am Ende des Großbaums. Aber der Regen muss das Segel erst entsalzen. Das dauert. Übrigens, mein Salzfass ist weggestaut, in meiner Küche wird alles mit Meerwasser gesalzen.

Es entwickelt sich wieder was. Was? West 8, später 9. Keine Bange, ich werde es nicht notieren, zumindest das Wetter nicht unter Hinzunahme persönlicher Begebenheiten ausbreiten. Nicht nach der Periode von Stürmen, die ich gerade im Kielwasser habe und deren Nässe sich noch im Boot breit macht. Inzwischen hat die „Sälze" Kojen und Schlafsack im Griff. Nur noch diese Mitteilung: Das Ölzeug ist außen zwar absolut dicht, aber bei Arbeiten wie Bohren, Wasserfangen, Segelmanöver schwitze ich es von innen nass.

Fühle mich ausgepowert. Erklärungen dafür habe ich nicht. Klar ahnte ich, dass dieses pazifische Stück Südpolarmeer ein feindlicher Ozean ist. Trotzdem solche Kringel zu drehen, ist physisch wie psychisch eine Anstrengung – auch wenn man sie im Vorfeld eingeplant hat. Merke heimlich an: Jetzt könnte der Wind doch mal günstig für mich stehen. Oh, wie sehne ich mich danach. Endlich ein Stück durchsegeln.

Wellenknaller aus dem Nichts. Ohne jede Vorwarnung stehen sie breitseits. Katapultieren sich meterhoch über die Bordwand.

Was tun? Zum Durchhalten brauche ich Ironie. Ich lese im Börsenblatt (Fachblatt für den Buchhandel) vom 28. Juli unter Titelschutz: *„Am Riesenbaume keine Pflaume."* – *„Fallen ist keine Schande, aber liegen bleiben."* – *„Hauptsache Mädchen."* – *„Mutter Ozean, Tochter See."* – *„Insel im Wind."* Ja, wir sind eine Insel, KATHENA und ich, allerdings im Sturm. Es rumpelt und pumpelt. Das Boot wird in alle (unterstrichen) Richtungen geschmissen (doppelt unterstrichen).

118. Tag – Samstag, 9. Dezember | Der Kurs gegen die brüllenden Vierziger hat was von Sisyphussegeln: zwei Meilen voraus, eine Meile zurück. Südwest um 6. Kein Tag ohne Schaumköpfe. Komisches Karree, in dem ich seit dem 1. Dezember segle. Der Kurs, 290 Grad, bringt mich weiter nach Norden, als ich es überhaupt jemals wollte. Hatte vor, um den 45. Breitengrad Richtung Snares aufzukreuzen.

Um 17 Uhr habe ich endlich ein lang gewünschtes und ersehntes Ziel auf dem GPS-Display: den 110. Längengrad. Das zu erreichen, war Sorge und Qual zugleich. Das derzeitige Windquadrat in meiner Monatskarte sieht verlockend aus, verheißungsvoll gar. Vier Prozent die Sturmquote für Dezember. Werde sehen, wie zuverlässig die „Pilot

Charts" diesmal sind. In den Wochen zuvor gab's mächtige Reinfälle, so viel Sturm, wie ich antraf, gibt's gar nicht. Die Karrees um und bei Kap Hoorn verzeichneten 20 bis 25 Prozent Sturmhäufigkeit. Die „Pilots" sind statistisch erfasste Monatskarten für jeden Teil des Ozeans und jeden Monat des Jahres. Alles in Planquadrate – fünf Breitengarde mal fünf Längengrade – aufgeteilt. Darin sind enthalten: die mittleren Wind- und Stromverhältnisse, Flaute, Sturm, Temperaturen, Missweisung, Wellenhöhe, Wirbelstürme, Eisberggrenzen, Nebelgebiete, Schifffahrtsrouten undsoweiter. Aber das wirklich Faszinierende sind die Angaben zu den vorherrschenden Winden. Ich habe mit diesen Karten schon ganze Nachmittage zugebracht. Sie sind voller Informationen – die zugegeben nicht immer zutreffen und deshalb schon manchen Fluch aushalten mussten.

Das Fangtuch für Regenwasser. Leider ist das Wasser häufig brackig, da Gischt mit hineinsprüht. Besser und effektiver geht es mit einer Pütz unterm Großsegel.

119. Tag – Sonntag, 10. Dezember | Heute lese ich die „Bild"-Zeitung vom Abfahrtstag. In Erwartung, dass ich mit meinem Vorhaben drin stehe, hatte ich sie gekauft. Doch nichts. Das Hamburger Blatt erinnert mich spontan an Uwe und Ines aus Lindauhof an der Schlei. Wo die wohl mit ihrem schmucken Katamaran sind? Karibik? Sie sind Monate vor mir zu einem Atlantiktörn aufgebrochen. Ihre ZOE, einen 18 Meter langen Neubau aus Aluminium, habe ich für die „Yacht" gesegelt und ausführlich vorgestellt. Leider ist mein Text- und Bildbericht bisher nicht erschienen. Als ich dies vor Tagen dem Redakteur am Satellitentelefon mitteilte, hat er vermutlich an alles gedacht, aber bestimmt nicht, dass sich ein Autor aus dem tiefsten Südpolarmeer darüber mokiert, dass sein Bericht noch nicht erschienen ist. Das amüsiert mich köstlich.

Weiter miserabler bis sauschlechter (Pardon) Kurs. Nichts Neues, ich weiß. Dazu starke Abdrift, Strömung, alles versetzt uns nach Nordnordwest. Kurs schwankt um 30 Grad. Was soll ich tun – wenden? Südsüdwest bringt vielleicht weniger, da alter Seegang gegen steht. Fühle mich wie ein Elfmeterschütze beim Fußball: Rechts oder links vom Torwart zielen? Dieser Gedanke ist nicht neu, schon in den Stürmen haderte ich mit dem vermeintlich richtigen Bug. Meistens nehme ich eine Auszeit (mit Kakao) und löse währenddessen das Problem. – Ach, ich bleibe jetzt einfach auf 320 plus Abdrift. Mein Hunger beschäftigt mich weit mehr. Könnte ununterbrochen essen. Freue mich nach dem Mittagessen schon aufs Frühstück.

121. Tag – Dienstag, 12. Dezember | „Ich fahre West. Danke." Stehe am Niedergang, als ich dies kundtue. Leise, um den Kurs nicht zu verschrecken. Das Gefühl ist großartig, 4-5 Knoten, Stille, Licht, Balance, alles stimmt. Auch das innere Gleichgewicht. Es beflügelt, sich zu bewegen ohne sich festhalten zu müssen. Der Bauch dankt, nichts ist eingequetscht. Das Gesicht hergerichtet mit Wasser und Schere: habe nämlich meinen Bart radikal runtergeschnitten. Er juckte, nicht zum Aushalten. Astrid soll mir nach Cuxhaven einen Rasierer mitbringen – für die Barthaare am Hals, wo ich mit der großen Schere nicht rankomme. Der Gedanke führt zu einem ungekünstelten lauten Lacher. Mensch, das sind noch über 20 000 Meilen.

Die stabile Lage führt zum Trocknen von Kleidung, Frotteetüchern, Teppichen und anderen Dingen. Mitten in dieser Cockpit-Wuhling liege ich bei zehn Grad in der Sonne. Nicht lange, denn mit der Sonne brennt der leichte Nebel weg und damit die Windrichtung Nord. Es steht bald wieder eine Nordwestbrise. Ärgerlich, aber irgendwann wird mich eine Anliegerstrecke erwischen. Nervös? Etwas schon. Unendlich lange will ich nicht segeln. Eine gute Zeit ist schon aus Gründen der Proviantfrage notwendig. Das Essenthema geistert täglich durch meinen Kopf. Ein frisches Weißbrot mit Butter, Salatblättern und Emmentaler, dazu ein Glas frische Milch. Hm, Butterkuchengedanken verdrängen Geschlechtsdrang. Oder „anstatt" schaue ich stundenlang auf die mächtige Südwestdünung. Zeitweise erscheinen mir die Wellen im Dunst wie weiche Berge, wie eine Endmoränenlandschaft. Nie gleichförmig, nie im Rhythmus. Es verhält sich genau wie bei Schwerwetter. Alle paar Minuten eine heftige Dreierserie. Die ist mit bloßem Auge zu erkennen. Im Dunst ohne Horizont, denn sonst würde ich nicht den Eindruck haben, es wären wandernde Landschaften. Ein starkes Bild vom Urelement Meer. Wieder ein Bild, das ich mitnehmen werde.

122. Tag – Mittwoch, 13. Dezember | Startete die vergangene Nacht mit einem schönen 260-Grad-Kurs. Doch mit jeder Kontrolle sackte er: 250, 240, 230 ... Merde alors, mer de l'eau, heißt das eigentlich Scheiß Wasser? Wenn ja, meine ich die Windrichtung.

Noch zum gestrigen Tag: Als ich auf den blanken Teakleisten lag mit Blick in die Wiederholungen der Wellenlandschaft, die dennoch verschieden waren, zwang mich dieses Bild förmlich in die Meditation, und in mich selbst hineinzusehen. Meilenmäßig und aus sportlicher Sicht frustriert, aber in mir leicht und glücklich zugleich.

123. Tag – Donnerstag, 14. Dezember | Bin nicht ganz beieinander. Müde. Übermüdet? Allemal starke Schmerzen. Habe mir rechte Seite dritte oder vierte Rippe von oben gebrochen. Nachts um 2 Uhr, beim Verkürzen des Großsegels, knallt mich eine abrupte Welle in Verbindung mit heulender Sturmbö hart gegen die Klampe des Großbaumes. Dummerweise hat sich der Metallbeschlag meines Sicherheitsgurtes vierkant gestellt und die Punktbelastung verschlimmert. Ich sacke am Mast zusammen wie ein Boxer nach einem K.-o.-Schlag. Minuten verharre ich, während die Segel killen und festes Wasser über mir zusammenschlägt. Nur langsam rappel ich mich auf, kürze hauptsächlich mit der linken Hand die Segelfläche: fieren, dichtholen, knoten – Kreuzknoten, um das lose Tuch einzubinden. Für diesen Knoten brauche ich beide Hände. Eigentlich.

Glücklicherweise verletzte der Bruch nicht die Lunge. Trotzdem blöd. Dauert bestimmt Wochen. Bin schmerzensmüde: Der aufgeschnittene Handrücken kurz vor Feuerland, die Knöchel sind wundgescheuert, Hände aufgerissen, Knie und Ellbogen entzündet vom Abstemmen. Fortan muss ich alle Tätigkeiten möglichst mit links erledigen. Winden, Festhalten, Kochen ... durchs enge Luk hangeln aber ist schmerzhaft, ebenso in der Koje liegen. Muss meine Bewegungen völlig neu koordinieren. Selbst bei meinen Notizen hier am Kartentisch. Auch singen und vor allem lachen fällt in Zukunft aus. Das Leben in „Zeitlupe" kostet natürlich Meilen, fahre die Segel gekürzt. Im Vordergrund steht das Gelingen.

124. Tag – Freitag, 15. Dezember | Wäre ich nicht übermüdet gewesen, hätte ich jetzt nicht den verdammten Rippenbruch. Schmerzhaft bei jeder Bewegung und schlimmer als gestern. Bandagiere den Brustkorb, ein langwieriges, qualvolles Unterfangen, denn ich kann mir die Rolle auf dem Rücken schlecht übergeben. Leider hält der Verband nur kurzfristig.

Die Welt draußen bereitet mir Sorge. Seen, Seen ... aus Nordwest und West. Und das zwölf Stunden nach einem 35-Knoten-Sturm – Windstärke 8. Unheimlich. Ganz düstere Roller. Ungezähmt und gigantisch, dieses Meer. Eine Wildnis, eine Meereswildnis. Und es geht rechtwinklig in und auf die alte Sturmsee. In der Gischt steckt eine urgewaltige Kraft – nur kein Vorankommen. Und das darf nicht sein. Segelwechsel von der Sturmfock zum Klüver 2 wird zum Geschicklichkeitsspiel. Ich krieche zum Bug, gebückt oder im Sitzen, bändige auf dem Vordeck die flatternden Segel und ... Die Mühe hat sich gelohnt, das neue Segel hat unheimlich viel Biss, ich kann höher an den Wind und schaffe 6 Knoten.

Segelwechsel bringe ich zustande, zum Glas Rotwein reicht die Kraft nicht. Kriege den Korken nicht aus dem Flaschenhals gezogen. Sitze vor der Flasche und stiere sie lange an.

Wie sieht der Himmel aus, wenn die See schwer rollt und blaugrau oder bleigrau je nach Lichteinfall ist? Vormittags wie verbranntes Buchenholz. Ziemlich hell mit kleinen dunklen Schattierungen. Die Sicht ist eng. Im Laufe des Tages vereinzelt blaue Flecken. Hohe Kumuli. Ändert sich alles sehr schnell – typisch 40er Breitengrade und dramatisch. Grautöne stehen zeitweise gegen total blaue Flecken. Das Grau steht für Dunst. Als die Sonne um 21.30 Uhr (Bordzeit) untergeht, hebt sich der Dunststreifen, der auf dem Horizont liegt, für einen Augenblick und färbt diesen Streifen rotglühend ein. Darauf folgt ein Violettgelb.

126. Tag – Sonntag, 17. Dezember | Erstmals seit der brasilianischen Küste schwimmen meine Augen wieder nach einem Telefongespräch. Allein mit der Schwere im Körper. Ich glaube, ich weiß jetzt, was Augenblicke der Einsamkeit bedeuten. Dort werden Plätzchen gebacken – und hier? Komme kaum aus der Koje übers Schlingerbrett, so schmerzhaft ist die Rippe. Erfahre von meiner Frau, dass die British-Telecom-Racer (Regatta um die Welt) auf meinem Kurs sind. Wegen eventueller Kollisionsgefahr kann ich mir jetzt eine Skizze machen und versuchen zu planen, wo wir aufeinandertreffen. Bei Gott, das wäre für mich eine angenehme Abwechslung. Einem Dutzend Menschen zuzuwinken, wie schön. Ich übe schon mal mit der englischen Flagge am Bootshaken. Die BT-Schiffe, alle zwölf identisch, sind aus Stahl und 22 Meter lang. Sie sind schnell. Beim Vorsegelwechsel werden 25 Prozent der Crew eingesetzt. Höchstens. Bei mir 100 Prozent.

Ich muss mich mehr auf meine Langsamkeit und das Positive besinnen. Sage mir: Belebe den Seeraum und durchquere ihn nicht nur. Sinn meines Unternehmens ist Rückbesinnung auf das Ursprüngliche, also gegen den Zwang, immer auf der Höhe der Zeit und Technik zu sein. Obschon: Eine Rollfock am Kutterstag oder eine Windlupe wären nützlich. Gerade mit meiner Verletzung wäre auch eine selbstholende Großfallwinde eine große Hilfe. Ich könnte alles außer Knoten mit einer Hand erledigen: Öse der Reffreihe in den Reffhaken pieken, umgreifen, kurbeln, belegen.

Das Telefonat hat mir nicht gefallen. Unkonzentriert. Satelliten verloren. Wiederholungen. Was interessiert mich das Wetter in Goltoft. Vergessen. Kurs stimmt, Wind stimmt. Ich sitze im Windschutz und bin einfach der Situation erlegen. Bin wie betäubt. Es läuft fantastisch. Schon acht Stunden auf Kurs! Der gesamte Dezember hat bisher 22 Stunden Direktkurs beschert. Dazu stehen die beiden orangefarbenen Segel, Fock und Klüver, im Gegenlicht wie Schilder. Einmalig. Sie signalisieren alles: Weite, Freiheit, Sport, Stärke, Handwerk, Technik.

127. Tag – Montag, 18. Dezember | Es herrscht Flaute auf 42 Grad Süd und 119 Grad West. KATHENA rollt und schlingert bei völliger Windstille in einer langen Südwest-Dünung. Segel liegen wie fallengelassen an Deck. Der Mast zieht Kreise in den blauen Himmel. Das Ruder der Aries ächzt und knallt. Die Anlage wird bei torkelnden Schiffsbewegungen härter rangenommen als bei Höchstfahrt. Das Schlimmste ist aber der nicht zu bändigende Großbaum, er zerrt und schlägt hart und laut in seinen Beschlägen. Der Luftdruck steht hoch und fest auf 1015 Millibar.

Beste Gelegenheit, sich einen Schwips anzutrinken. Es reicht (leider nur) zu einer Flasche Bier. Ich brauche zum Trinken eine freudige Grundeinstellung, und die habe ich heute nicht.

128. Tag – Dienstag, 19. Dezember | Wie schnell der Mensch sich umgewöhnen kann. Kurbele inzwischen automatisch die Winden „linker Hand". Mit der anderen halte ich die Schoten und Fallen nur auf Zug.

„Die Lichtung" von Jean Hegland so weggelesen. 300 Buchseiten in drei Tagen. Ungestört, rücklings auf der Koje. Ein spannend ergreifender, amerikanischer Roman. Er handelt von zwei Schwestern, die in ihrem Haus mit Garten auf einer Waldlichtung überleben, nachdem die Versorgung aufgrund einer Katastrophe (Erdbeben, Atomkraftwerk) in den Staaten zusammengebrochen ist. Kein Telefon funktioniert, kein Strom fließt, kein Flugzeug fliegt. Benzin, Lebensmittel, all das gibt's nicht mehr zu kaufen. Die Mädchen hungern sich durch die Zeit. Bei der Schilderung der Süße getrockneter, selbstgezogener Tomaten läuft mir das Wasser im Mund zusammen.

Dass ich ausgerechnet Essen in den Mittelpunkt rücke, ärgert und beschäftigt mich. Versuche zu analysieren, warum es so ist. Es kann nicht nur die dauernde Bewegung sein oder das kalte Klima. Womöglich war ich von Beginn an ausgehungert.

Weiter mit meinem Lesestoff. Nach Kap Hoorn habe ich Böll verschlungen. „Die Hoffnung ist wie ein wildes Tier." Ein jahrelanger Briefwechsel mit einem Freund. Als Lektüre für jemanden, der mit Proviant haushalten muss, das ideale Lesewerk. Besonders in den Jahren 1945 bis 1950 ging es Heinrich Böll wirklich mies. Beide Briefeschreiber erzählen von Hungergefühlen, beengten Wohnverhältnissen, Krankheiten und der Mühe, Texte bei Zeitungen und Verlagen zu platzieren. Einzigartig die Bedeutung von Tabak, Kaffee und Klamotten in dieser Zeit. Das Buch sollte Kym mal lesen. Ich liebe Böll sowieso. Habe sogar ein signiertes Buch von ihm. Er hat mich mit seinem Roman „Haus ohne Hüter" aus der Welt der Heftchenromane in die der dicken Bücher katapultiert.

Und weiter? Goethe: „Ewige Gespräche". Auch ein Buch, das ich in den kalten Breiten lese. Was der alles wusste. Bewundernswert. *„Ein wenig unordentlich ordentlich, ein wenig zigeunerhaft, ist für mich das rechte; es lässt meiner inneren Natur volle Freiheit, tätig zu sein und an mir selber zu schaffen."* Oder diese Bemerkung *„… aber die Natur versteht gar keinen Spaß, sie ist immer wahr, immer ernst, immer streng, sie hat immer recht, und die Fehler und Irrtümer sind immer des Menschen."* Johann Wolfgang von Goethe konnte bei hohem Barometerstand leichter arbeiten als bei tiefem.

Gegen Böll und Goethe sehen doch unsere derzeitigen Schriftsteller, inklusive Grass und Walser, blass aus.

Drei Wochen habe ich in Buchheims „Die Festung" gelesen. 1470 Seiten. Ein Text, der die Schrecken der letzten Kriegsmonate deutlich macht. Ein Buch für Seetage, wenn an Bord Katzenjammer herrscht, denn den Figuren darin geht es noch schlechter. Oder sie sind „abgesoffen". Die meisten in den letzten Kriegsmonaten. Jung und kaum ausgebildet wurden sie in die U-Boote geworfen. Boote, die sich nur mit Improvisationen über und unter Wasser halten konnten. Dieses Buch ist geeignet für junge Leser, die schon die Krise kriegen, wenn die Bundesbahn nicht pünktlich fährt.

Weitere Titel nach Kap Hoorn waren: Jan Kjaerstad „Der Verführer" und „Geborgene Momente" von Erik Fosnes Hansen, beides norwegische Autoren. Ganz informativ. Vergnüglich. Immer gut erzählt. Offenbar bringen die langen Winternächte in Skandinavien gute Autoren hervor. Auf Anhieb kann ich ein Dutzend norwegische Autoren nennen, was mir für Österreich nicht gelingt. Kjaerstad bietet viele herrliche norwegische Einblicke. Ein kleines Beispiel aus dem Roman: Kein Restaurant hantiert mit Knoblauch, Olivenöl oder Basilikum. Das erinnert mich an meine Zeit auf norwegischen Handelsschiffen. Ich habe die gleiche Erfahrung gemacht. Fisch war das Hauptgericht. Gekocht, gebraten, roh, eingelegt. Morgens, mittags, abends. Für mich als Nichtfischesser eine magere Zeit. Teigwaren waren damals ein exotisches Lebensmittel. Äpfel gar Südfrüchte. Damals, in der armen, in der Vor-Öl-Zeit. Die Löhne an Bord jedoch waren hoch. Ich habe innerhalb von drei Jahren das Geld für mein erstes Segelboot inklusive Ausrüstung und Kosten für meine erste Weltumseglung zusammengespart.

Nach dem Rippenbruch hole ich wieder „Medizin auf See" hervor: *„... während einfache Brüche einzelner Rippen innerhalb von vier Wochen ausgeheilt sind, könnten schwere Rippenbrüche die Lunge verletzen."* Dies ist nicht passiert. Symptome eines einfachen Bruches: *„Äußerliche Prellmarke"* – vorhanden, rechts neben Brustwarze. *„Druckschmerz"* – ganz deutlich und *„Schmerz bei tiefem Ein- und Ausatmen und beim Zusammendrücken des Brustkorbes"* – trifft ebenfalls zu. Der Aufprall war ungewöhnlich schnell und hart. Mir ist noch ganz bewusst, wie ich zusammenzuckte vor Schmerz und mir Gischt, Wind, See, Segel völlig egal waren. Das ist bei mir selten. Erste Hilfe, laut Buch: *„Schmerzstillende Mittel"* und *„Brustwickelbandagen"*. Beides bringt nichts. Meine Mittel: vorsichtig bewegen, ruhen, möglichst wenig belasten.

Mit der Belastung sieht es momentan günstig aus: Kobaltblau der Himmel. Stahlblau das Meer – hier und da mit kleinen, weißen Kämmen getupft. Wind: Südost. Unglaublich.

Um 19 Uhr Feierabendgefühle. Der Wind. Dieser Kurs. Bin aufgedreht. Putze sogar Kocher und Pantry – komplett – mit Ata und Akupads. Weihnachten kann kommen. Sollten dann etwa zwei Feiern für mich zusammenfallen? Heilige Nacht und halbe Distanz zwischen Hoorn und Snares. Das wäre ein Fest. Habe ich doch vom 100. bis 115. Längengrad einiges ausgestanden. Geducktes Segeln könnte man es nennen.

Es ist nicht so, dass mich das langsame Vorankommen bedrückt. Schließlich war es mein Bedürfnis, lange Strecke zu segeln. Ich habe alles getan, diese Reise in Gang zu bringen, und jetzt, unterwegs, möchte ich so schnell wie möglich durch? So ist es nicht. Aber ich will eine gute Zeit ersegeln. Hat nichts mit Ehrgeiz und Frust zu tun. Tief im Herzen bin ich Sportler. Und trotzdem: je schneller, je weniger Stürme. Logisch.

20.15 Uhr: Liege zwei Stunden quer im Cockpit. Eingepackt mit doppelt Wollsocken und langen Hosen. Doppelt Unterwäsche, Flanellhemd, Troyer, Fleecejacke, Öljacke, Wollmütze. Oh, wie langweilig? Hatten wir das nicht gerade? Ergänzend: alles von Jeantex. Leider produzieren sie keine Schlafanzüge. Sonst wäre ich komplett. Augenblicklich schwere, schwarze, tief hängende Wolken – wie verbrauchte Topflappen über den Himmel verteilt. Selten ein Stern.

Dann ist da noch mein Trinkwasser. Gehe äußerst abwägend damit um. Strecke das Wasser, indem Kaffee, Kakao und anderes einen Schuss Seewasser bekommen. Trinken findet erst gegen Abend statt.

129. Tag – Mittwoch, 20. Dezember | Ein Morgen, wie für feines Wetter erschaffen: dick bewölkt. Später reißen die Wolkenschichten auf. Sonne und grauschwarze Kumuluswolken vermischen sich. Ringsum blinken Schaumkronen. Und wir jagen ausgebaumt (Groß an Steuerbord, Klüver an Backbord) mit 6 und 7 Knoten dahin. Noch ein Tag mit Feiertagsstimmung? Fester Luftdruck, stetiger Südost, paradiesischer Kurs.

Und in Deutschland? Kein Frost, kein Schnee – ein Matschwetter mit der üblichen Weihnachtshektik. Scharen hastiger Weihnachtseinkäufer beleben sicher das Straßenbild der Städte. Meine Gedanken dazu: zwanghaft wird gekauft. Es steht ein Muss dahinter. Ich gehöre auch zu denen, die die Einkaufsstraße auf und ab hasten, meistens an den allerletzten Tagen. Nun, diese Sorge mit den Geschenken habe ich diesmal nicht.

130. Tag – Donnerstag, 21. Dezember | Surfen mit 10 bis 14 Knoten über die Seen. Ein unwirkliches Bild nach all den Wochen mit Gegenwind. Klüver mit 16 Quadratmeter könnte gefährlich werden. Ich beobachte. Doch so einen Überraschungswind darf ich mir nicht entgehen lassen.

Was tut der Gegenwind-Segler, wenn er zu viel Tuch bei Rückenwind führt? Zögerlich ans Reffen denken, sehr zögerlich, zur Ablenkung Zeitung lesen. Die „Zeit“ vom 13. Juli ist besonders unterhaltsam. Die Ausgabe bietet ein ganzseitiges Interview mit Christoph Daum: „Das hab' ich von den Indianern!“ der Titel. Auf die Frage, was ihn so stark mache, antwortet der künftige Fußball-Bundestrainer: „Meine beiden Kinder, wenn ich mit ihnen zusammen bin, hüpft mein Herz.“ Und zwei Zeilen tiefer. „Vielleicht sitzt auch tief in mir ein Perpetuum mobile.“ Das Gespräch ist inzwischen Geschichte, denn Herr Daum hatte offenbar gesundheitliche Probleme und wurde nicht zum Nationaltrainer berufen. Amüsant, dass er wie die Indianer Wind und Erde reden hören konnte.

Ganz anders mein Lieblingsthema zur Zeit – der Himmel. Schwammige Wolkenschichten, alle Dunkel- und Grautöne vor einem lichten Himmel, so in etwa wenn meine Frau Wäsche an einem hellen, aber bedeckten Tag aufhängt.

131. Tag – Freitag, 22. Dezember | Stürmischer Ostwind. Ich schüttle meine Gedanken. Bin ich im falschen Film?

Mordsarbeit auf dem Vordeck in stockdunkler Nacht. Buchheim würde sagen: dunkel wie im Bärenarsch. Der Klüver fällt ins Wasser, die Schot verhakt sich mit dem Paddel der Aries, das Sturmfockfall rauscht aus. Alles eigentlich, weil ich nur mit einer Hand zulangen kann. Mittendrin noch Wasser fangen, wieder Segel- und Kurskontrolle, Toilettengang in voller Kluft.

Die Insel Pitcairn liegt heute genau 1120 Seemeilen in Nord. Damit habe ich die Hälfte der Strecke nach Neuseeland auf der Karte geschafft. Ein knochenschindendes Stück im Kielwasser. Nächstes großes Ziel ist die Datumslinie – 50 Längengrade weiter, und dann Snares, eine Distanz von 2800 Meilen, also so viel wie von den Kanarischen Inseln in die Karibik.

Heiligabend 2000 – Fortsetzung v. Logbuchseite 36

Neue Kleidung: Helle Cordhose; weißes Hemd; dicker Woll=pullover; Hiddensee-Socken. Bootsschuhe. – Nach Telefonat (07^00h) Kajüte weihnachtlich dekoriert: 2 kleine Kerzen; Spi=tuchstreifen (2/3 grüne – 1/3 weiße) ~~ab~~ ans Fenster gebändselt. Sieht gut aus. Lied: Stille Nacht, heilige Nacht, alles ...

NW: Stimmung will nicht aufkommen. Bis Mittag schon 3 Auftritte an Deck. Dazu Schräglage + Luftdruckfall. Gegen Nachmittag heult es im Rigg. Dieser besondere Ton deutet nichts an. Das große (geplante) Weihnachtsessen fällt aus. Dabei hatte ich vor Tagen von Oliven bis Rotwein alles schön ge=listet. – 14h: Kaum Lichtveränderung am Himmel. Ja, Himmel + Wasser unterscheiden sich kaum. Kimm ist nicht auszumachen. Nur, daß ein einheitlich gar helles Grau für den Himmel steht und ein dunkles mit weißen Schlieren für das schwere Element: Meer. Eine düster blickende Natur. – Hier unten dicht, samt Talje – an der Sohle Kaminholz, lodernd. 18h: Beim Reffen der Sturm=fock (Vordeck) bekomme ich nicht nur salzhaltige Luft in den Hals. Ein kritischer Brecher (inzwischen 9) schleudert mich hin an den Mast – reffte an Steuerbord und stehe nun plötzlich an Backbord-hinten Brust.

HEILIGABEND 133. TAG

N

PITCAIRN ISL.
1200 SM

44°03'S

135°23'W

EINSAMSTE WEIHNACHTEN ALLER ZEITEN. UMKREIS VON ÜBER 1200 SEEMEILEN KEINE MENSCHENSEELE. NÄCHSTE ANSIEDLUNG IST PITCAIRN ISL., NÄCHSTE STADT IST PAPEETE -TAHITI / POLYNESIEN – 1800 SEEMEILEN.

153 Seemeilen! Fulminant. Was ein „hole in one“ für den Golfer, ist dieses Etmal für mich in den Vierzigern. Mein Weihnachtsgeschenk. Hiermit geht es sich herrlich in die Koje. Liege entspannt, summe Weihnachtslieder. Stille Nacht, heilige Nacht … meist habe ich nur die erste Strophe drauf. Schade.

132. Tag – Samstag, 23. Dezember | Heute könnte Weihnachten sein. Wind, Kurs, Gefühl. Toppen tut das alles ein dichter anhaltender Nebel. Sicht um 100 Meter. Auf den Luken dicke Tropfen. Schlagartig wieder kalt. Eisberge? Keine Befürchtung. Sitze in Öl an Deck und starre ins Nichts, das mehr für mich ist. Denke: Genieße es, Wilfried! So eine Weihnacht, fernab von allem, erlebst du nie wieder. Keine Karten schreiben und auf der Liste abhaken. War manchmal viel Zwang dabei. Mein Herz ist sehr weit, trotz Nebel ist der Anblick der Ferne unendlich. Nebel ist schon toll, man fühlt sich innerlich einfach gut, so elementar, schon allein durch das Geräusch der Bugwelle. Sie scheint mit mir sprechen zu wollen (Daum-Effekt).

Der gestrige Sturm war stärker als notiert. Er hatte drei bösartige Roller. Einer ließ das Schiff förmlich abheben. Überspülte darauf das Vordeck kniehoch. Ich trank gerade Kakao, als die See die Fenster verdunkelte, und ich trotz rauschender Ankündigung und Balancieren mit der Tasse einiges von dem köstlichen Inhalt auf den Teppich schüttete.

133. Tag – Heiligabend | Heiligabend auf weiter See. Mutterseelenallein. Stille Nacht, heilige Nacht. Mein „Christbaum“ besteht aus weißem und mehr noch grünem in Streifen gerissenem Spinnakertuch. Das Lametta habe ich draußen. Die Seen ziehen weiße Streifen. Im Gegenlicht sehen sie mit etwas Phantasie silbrig glänzend aus. Das Barometer fällt. Und es heult im Rigg. Diesen Ton kenne ich schon, er deutet Zugabe an.

Bevor es so weit ist, vor allem mehr Lage gibt, baue ich mein Telefon auf: Kabelanschlüsse direkt auf die 12-Volt-Batterie geklemmt. Antenne an Deck ausgerichtet und los geht’s. Gute Verbindung. Sehr gut. Was erzählt sich eine Familie, wenn sie so extrem getrennt ist? Zunächst wie üblich die Fakten und dass die BT-Racer mit mir Kontakt aufnehmen wollen. Sie stehen rund 1000 Meilen südöstlich von mir. Wie schön. Dann geht's ums Essen: dort Fisch, hier Gulasch. Dort hat der Baum 17 Kerzen, hier zwei. Ich habe 8 Uhr, dort ist es bereits 15 Uhr. Zum Ende wird es wieder ziemlich traurig. Eine Überraschung teilt mir Kym mit. Er will nach Neuseeland fliegen und mich aus einem Charterflugzeug vor den Snares fotografieren. „Das ist doch ultrastark, oder?" Überzeugt ist er nicht, dass ich zustimme, aber ich solle es mir gut überlegen.

Dazu ist noch Zeit. Erst mal fällt der Druck weiter, ein Millibar pro Stunde. Ich werde unruhig, ziehe Heiligabend auf den Morgen vor. Ich mache mich schick: weißes Hemd, irischer Wollpullover, helle Cordhose.

Kym hat mich auch auf das große Weihnachtspaket neugierig gemacht – im August gepackt. Auf dem Boden, die Beine gespreizt, um mich abzustemmen, reiße ich hastig die Verpackung auf, denke schon all die Tage, hoffentlich ist auch was Richtiges zu essen drin. Es ist nicht. Immerhin finde ich fein eingewickelt: Zigaretten, ein Glas

Weihnachten 2000 ist vorbei. Das Fläschchen Aquavit inmitten meiner Schreibstiftleiste erinnert, dass ein Alleinsegler nicht viel braucht, um beschwipst zu sein.

Oliven, ein Fotoalbum, zwei Feuerzeuge (sehr willkommen), ein Flanellhemd (für die Ankunft?), Tonkassette mit Musik von Reinhard Mey („Einhandsegler auf dem Ozean", trifft es). Die anderen Geschenkpäckchen beinhalten: Von Marlene einen Kracht „Der gelbe Bleistift." Wolfgang hat Mankells „Mittsommermord" eingewickelt. Wahnsinnig komisch ist das eingeklebte Foto auf der Innenseite des Buches. Wolfgang posiert mit Schürze in der Küche seines Blockhauses – in der einen Hand einen gefüllten Bierseidel, in der anderen balanciert er eine Platte mit Brathuhn. Darauf gönne ich mir einen Schluck aus dem 0,2-Liter-Fläschchen Jubi-Akvavit von Marion und Jürgen aus Gütersloh. Prost Weihnachten. Eine Marlboro noch. Woher weiß Kym, dass das früher meine Sorte war? Berauscht von meinem Dasein – im Zusammenhang mit dem Rauschen an der Bordwand. 7 Knoten. Ja, das ist zu viel. Zwei Reffs im Groß folgen. Die Fahrt verringert sich unmerklich.

14 Uhr. Der Weihnachtstisch ist abgeräumt. Meine Beiden sitzen jetzt sicher am festlich gedeckten Tisch vor gefüllten Tellern, und ich habe hier inzwischen vier Auftritte an Deck. Jedes Mal werde ich mit Salzwasser aufgefüllt. Unter Deck geht's ebenfalls zur Sache. Nicht nur schräg und holprig, sondern lärmig. Das große Weihnachtsessen wird verschoben. Gebe mich mit Pasta, Gulasch und Schokolade zufrieden.

16 Uhr. Hatte morgens die Leichtigkeit, die man an Feiertagen produziert. Jetzt denke ich an Sturmsegel. Die orangerote Fock passt herrlich zum Lametta zwischen den Kämmen. Klingt witzig, aber im Augenblick des Aufschreibens bin ich sehr enttäuscht. Mir ist schon klar, dass das Wetter hier furchtbar schnell kentert. Nichts ist mehr vorhanden von Ferne, auch wenn der Horizont eng ist und das Empfinden dabei, das man an solch einem Tag hat. Nichts. Stattdessen rein ins Öl, raus ... Bedenken, Unruhe, Anspannung.

18 Uhr: Keine „Deutsche Welle" mit Glockengeläut. Kein Glas Rotwein. Keine schweifenden Gedanken an meine Beiden. Keine Lichtveränderungen am Himmel. Dafür Nordnordwest 9. Himmel und Wasser unterscheiden sich kaum. Eine Kimm ist nicht auszumachen. Nur ein einheitliches helles Grau für Himmel und ein dunkles mit weißen Schlieren für das schwere Element: Meer. Eine düster blickende Natur.

134. Tag – Montag, 25. Dezember | Back to normal: Nordwest. Weihnachten muss verschoben werden. Seegang chaotisch. Kreuzseen. Woher kommen die so rasch? KATHENA bewegt sich wie ein bockender Gaul. Drei Dörrpflaumen sind mein Weihnachtsschmaus.

Lange betrachte ich das Foto am Schott, es ist das mit dem riesigen Stein. Kym und ich haben ihn an einem Weihnachten mithilfe einer Talje und Rundhölzern für eine seiner Landart-Fotoreihen im Wald 20 Meter verholt. Anstrengend war es. Und kalt. Der Waldboden schneeig gefroren. Die Aktion hat mir gefallen, ansonsten geht man sich an Festtagen (nur essen, nur trinken) leicht auf die Nerven. Wer kennt das nicht.

135. Tag – Dienstag, 26. Dezember | Mit Elan unterwegs. Wende. Halse, Wende. Kein Kurs bringt was. Rollen in einer welligen See so dahin. Windstärke 2 bis 3 ist nach einem harten Wetter hier unten schon Flautensegeln. Es knallen die Segel, es poltern die Blöcke. Bisschen schwarzgrau, bisschen milchiggrau, bisschen sonnengrau.

Auch Weihnachten ist die Rentenreform ein Thema der „Deutschen Welle". Versuche, noch ein wenig Stimmung vom Heiligabend rüberzuholen – gelingt nicht sonderlich. Trotz Kleidung, Drink, Musikkassette ... Kerze. Sehe gebannt zu, wie die blaue Kerze niederbrennt. Schweigend. Ungerührt, bis mich die Erinnerung ans letzte Fest mit Heftigkeit überkommt. Baum im Garten selbst gefällt, aufgestellt und geschmückt, Kaminwärme, ein Buch ... Die Kerze brennt zweieinviertel Stunden, bis die Flamme zischt, lodert, in sich zusammenfällt. Wachs sammelt sich auf dem Teakholzbrett, auf dem sie stand. Weihnachten ist vorbei.

12 | ES IST NOCH SO WEIT

Donnerstag. Der „Stern" ist erschienen. Mein „Stern" mit Text und Bildern von meiner Fahrt. Es sind die ersten gedruckten Fotos von unterwegs. Neugierig blättere ich vor und zurück. Das bin ich. Das soll ein Sturm sein. Ich bin mal wieder überrascht, wie wenig Sturmfotos hergeben von einer Periode, wo es ums Überstehen ging. Die See ist weiß, hoch, und es spritzt, aber zugleich wirkt doch alles sehr statisch.

---

137. Tag – Donnerstag, 28. Dezember | In meiner Tasse schwappt ein Rest Kaffeegrund. Gischt hält mich fern vom Draußensein. Stehe vorm Kartentisch. Der Tag ist im Logbuch fällig: Eine Nacht mit einreffen, ausreffen, halsen, wenden, Böen, Regenschauern, Wasser fangen. Von vier Nächten waren drei mit Brassel. Es weht ein strammer Wind. Westsüdwest 8. See acht Meter. Windsprünge brachten uns mehrfach vom Kurs ab. Einmal erwischte ich KATHENA ziemlich auf Gegenkurs. Halbstündlich zischt eine XL-Bö über uns hinweg.

Nüchternheit überwiegt im Logtagebuch. Soll ich, soll ich nicht. Oftmals frage ich mich, sind nicht Banalitäten später nützlich, machen sie den Stoff nicht bekömmlich? So wechsle ich heute meine Pudelmütze. Rot gegen Orange. Die leuchtend orangefarbene soll mir Wetterglück bringen. Sie kommt nämlich direkt aus Punxsutawney – der Wetterhauptstadt der Welt, wo das Murmeltier einmal im Jahr, im Februar, voraussagt, ob der Winter noch bleibt oder der Frühling erwartet werden kann.

Die Gedanken an die noch verbleibende Distanz kann ich heute nicht wegfiltern. Wie soll ich das bloß durchstehen? Diese Strecke bis zum Kap der Guten Hoffnung. Einreffen, ausreffen. Tag und Nacht. Es ist noch so weit. Ich bin müde, auch innerlich. Mein Herz ist nicht in Ordnung, wird derzeit übertüncht von Rippenschmerzen. Noch zum gestrigen Tag: Weihnachten nachzufeiern klappte nicht. Stimmung war hin. Vorbei ist vorbei. Mit diesem Vorhaben verhält es sich ebenso:

Hätte ich die Fahrt um ein weiteres Jahr verschoben, wäre der Absprung nie gelungen – und ich würde das Jahr für Jahr bedauern.

138. Tag – Freitag, 29. Dezember | Ein Gewürge. Das Boot schiebt sich wie ein Korkenzieher durch die Seen. Oder sagt man, wie ein Korkenzieher sich in den Flaschenhals schiebt? Egal. Um Satzbau kümmere ich mich nicht sonderlich. Täte ich es, käme es nur zu kümmerlichen Eintragungen. Manchmal ist es wichtiger, Haltung zu bewahren, meine hier, mich festzukrallen beim Notieren am Tisch oder in der Kojenecke. Langatmige Geschichten ersticken oftmals mittendrin, weil's an Deck knallt. Wichtig für heute: kommen nur zaghaft voran. Wenn das so weiter geht, hm, aber es geht nicht so weiter.

139. Tag – Samstag, 30. Dezember | Druck steigt, Wind mit. Typisch. Berge Klüver 1, setze Klüver 2, dabei werde ich von zwei Wellen gemangelt, so dass ich mich nicht mehr zu waschen brauche. Ich liege auf dem Segel und schaue nach oben. Der Himmel über mir grau.

Novembergrau. Genauer betrachtet – und dazu habe ich Zeit (Lust? nein) – tief und grau mit schwachen Lichtstellen über einer rollenden See. Hört das denn nie auf – mit den Seen, die knallen und Nässe bringen und veranlassen, dass ich breitbeinig lebe. Probleme verursachen die Stopper, Wellenstopper. Wenn überlagerte Seen, die nicht periodisch laufen, das Schiff treffen, denke ich, „du bist gegen ein Hindernis gesegelt", so plötzlich steht das Boot. Mich beeindruckt, dass die Schotschienen und Schotschlitten bei diesen Blockern nicht aus dem Deck reißen. Mehrfach fällt der Bug auch im freien Fall über den Kamm hinaus ins Wellental.

Ich resigniere nicht, stagniere aber. Fühle mich verlassen.

Vermisse Astrid. Hoffentlich klappt es mit einem Gespräch. Werde sie bitten, mich aufzumuntern, irgendetwas Nettes, Amüsantes zu erzählen. Danach sehne ich mich.

140. Tag – Sonntag, 31. Dezember | Das Jahr 2000 geht zu Ende. Im Bann der magischen Zahl haben wir viel erreicht. Das muss ich mir noch einmal vor Augen führen: Astrid hat ein gemauertes Haus gebaut. Kym sein Grafik-Design-Diplom gemacht, ich startete gegen Strom und Wind. Aber 2001 liest sich auch sehr gut. Und sollte mir diese Fahrt gelingen, wäre es eine echte Millennium-Weltumseglung – mit Jahrtausendwechsel auf dem Meer. Stark.

Ich spendiere eine Flasche. Die Aries bekommt einen Schluck, warum sie immer zuerst? – instinktiv (bin verdammt abhängig von ihr), dann Rasmus, Äolus, der Mast, das Boot. Keine Bange, mir bleibt ein Glas. Draußen Dunst und Nebelfelder. Weißgrau geht es in die echte Millennium-Nacht. Dies zum letzten Tag des Jahres. Und jetzt? Ist noch eine halbe Seite leer in meinem Buch. So viel Weißfläche stört mich. Weiter: Letzte Woche hatte ich ein Gefühl von Eingesperrtsein. Unsicherheit. Unruhe. Mit diesem Kurs tut man sich weh. Selbstverletzung. Dafür gibt's ein Fremdwort, komme nicht drauf. Komme im Kopf nicht vor und zurück. Astrid hat mich zwar aufgemuntert: „Bist doch gut vorangekommen". Und: „Wieder Hunderte von positiven, überwältigenden E-Mails." Doch das ist nicht, was ich hören will, einfach drauflosplaudern, ohne analytische Gedanken, danach sehne ich mich. Via Satellit ist das womöglich nicht machbar. Die Zeitverzögerung verhindert dies. Man darf sich nicht gegenseitig ins Wort fallen, sonst versteht jeder nur Bahnhof. Ich gebe zu Kyms Neuseelandplänen mein OK. Die BT-Racer bekomme ich ohnehin nicht zu Gesicht – sind 200 Meilen südlich von mir vorbeigesegelt.

141. Tag – Montag, 1. Januar | Beginne das neue Jahr mit einem kleinen Gebet und einem Satz aus dem Lukasevangelium (18,11): „Gott, ich danke dir, dass ich nicht wie die anderen Menschen bin."

Der Bardolino (Rotwein) ist gut. Keine Kopfschmerzen. Schlummerte ins neue Jahr. Selig. Habe den Wechsel ins neue Jahrtausend nicht „erlebt".

Könnte vor Wut mein Bootsmesser ins Schott stechen. Ursache: Der bescheidene Kurs und schlappe 4 bis 4,5 Knoten. Der Wind weht auch im neuen Jahrtausend von vorn, das heißt um West.

Die „Deutsche Welle" sendet eine halbe Stunde „Porgy and Bess" von Gershwin. Der Empfang ausnahmsweise perfekt. „Summertime and the living is easy, fish out jumping and the cotton is high ..." Irgendwie werde ich dadurch an ein Mädchen erinnert, das ich auf einem norwegischen Tanker 1962 kennen gelernt habe. Sie musterte mit Schallplattenspieler und drei Scheiben an. Wir befreundeten uns, mit dem Resultat, dass wir jeden Samstag auf See eine Nacht mit „Porgy and Bess“ durchmachten. Auf dem Rücken liegend, mit Blick auf die Sterne, die durchs Bullauge schimmerten. „Summertime and the living is easy.“ Neun Monate ging das. Sie mochte Gin Tonic, damals sehr in Mode, und drehte Zigaretten. Das rechte Bein angewinkelt, hockte sie dabei auf der Koje, Unterarm auf dem Knie abgestützt und drehte ihren Smoke. „My boy Lollipop“, die andere Platte, war nicht so romantisch.

Das war schon komisch. Zwei junge Heimatlose auf einem 80 000-Tonnen-Tanker. Beide hatten wir eigentlich niemanden an Land, der auf uns wartete. Sie nicht in Hamburg, ich nirgendwo. Bei der norwegischen Handelsmarine fuhren damals häufig Mädchen als Messepiken. Wie die Tankerliebe endete? Ich war besessen von der Idee, die Welt allein zu umsegeln.

Die Welt dreht sich auch im neuen Jahr. Albatrosse kreisen weiter um KATHENA. Begleiten uns schon seit Wochen. Immer habe ich zwei bis fünf im Blickfeld. Meistens sind es Wanderalbatrosse. Schön anzusehen bei viel Wind, bei richtig schwerem Wetter scheinen sie von der Meereslandschaft verschwunden. Heute ist es ein Kurzschwanzalbatros (oben und unten vorwiegend weiß), der ganz dicht am Heck seine Kreise zieht und immer wieder im Aufwind der Segel ganz lange unbeweglich stehen bleibt. Den fleischfarbenen Schnabel zu mir wendet. Die Sonne ist rausgekommen, das Licht mildklar, ideal für Fotos.

Hat nicht Gerd Engel vor einem Jahr, genau am 1. Januar, mitten im Südatlantik seinen Mast verloren? Das muss schlimm sein. Einen 28 Meter langen Mast querab ins Meer stürzen zu sehen. Und sich dann unbedingt vom längsseits treibenden Rigg befreien zu müssen. Er befand sich mit seinem Katamaran SPOSMOKER auf meinem Kurs von 1984. Ebenfalls nonstop und allein. Weit ist er nicht gekommen. Beides zusammen muss weh getan haben. In seinen „Mails“ hat er Schmerz nicht kundgetan. Seinen Büchern nach ist er eine Frohnatur. Ein Hans-Albers-Typ, leicht, locker, nie verlegen. Probleme sind dazu da, gemeistert zu werden. Ja, Gerd Engel und seine Masten. Das war wohl der dritte, der von seiner SPOSMOKER kippte.

142. Tag – Dienstag, 2. Januar | Muss mächtig lachen, nachdem ich einer festen Gischt im Cockpit gerade noch entwischen konnte. Solche kleinen Episoden entzücken mich. Muss selbst jetzt, beim Notieren, noch schmunzeln. Es hängt damit zusammen, dass ich meistens erwischt werde – auf der Flucht vor der kalten, salzigen Wäsche – beim Kurseinstellen der Aries, beim Segeltrimmen. Die Kajüte ist salzig wie ein Salzbergwerk.

Lesen ist etwas Wunderbares. Sofern die Geschichte stimmig ist. Spüre *hier,* nach fünf Monaten an Bord, was ich brauche: mehr Unterhaltungsliteratur, so genannte Wohlfühlprosa. Ich habe zu viele komplizierte Romane eingepackt, deutlicher: Mist-Romane mit steril aneinandergereihten Sätzen. Gute Literatur, bestimmt, aber: „Wo ist die Geschichte?"

Was werden die Segler in diesem Jahrtausend lesen? Werden sie überhaupt weiterhin fleißig kaufen, was andere erlebt, gelebt und gelitten haben? Ich bin davon überzeugt, da der Alltag kälter wird, die Menschen, bedingt durch Technik und Aufgaben (die Arbeit wird konzentrierter), fliehen möchten. Und ein Buch lesen, in der Koje liegend beim Segeln, vor Anker oder im Hafen, allemal im Bett zu Hause, lässt vieles vergessen. Meine Einschätzung auf 41 Grad Süd und 145 Grad West. Doch was wird überleben in der Seglerszene? Moitessier: „Der verschenkte Sieg." Ein Buch voller Sanftheit. Dann Lindemann, „Allein über den Ozean." Hat immerhin 40 Jahre auf dem Buchmarkt überstanden. „Rätsel der Sandbank" von Erskin Childers, ebenfalls ein Überlebertitel, und wahrscheinlich Koch mit „Hundeleben in Herrlichkeit". Ich hoffe, „Mein grenzenloses Seestück", meine Jollenreise durch Mecklenburg-Vorpommern im Jahre eins nach dem Mauerfall, behauptet sich noch lange.

144. Tag – Donnerstag, 4. Januar | Mittags zeichne ich wie üblich die Position, ein kleines Bleistiftkreuz, in die Seekarte. 60 Meilen das heutige Etmal. An die zwei Monate markiere ich jetzt schon die Mittagsposition auf Karte 4007. Teilweise wirkt die Zickzacklinie der aneinandergereihten Mittagspositionen abschreckend. Tage mit 20 Meilen sind dabei, also mit wenigen Millimetern Abstand voneinander. Lange schaue ich mir das nicht an. Da kommt man leicht ins

Grübeln. Schnell wird die Eintragung wie üblich mit einer veralteten Seekarte „versteckt".

Letzte Nacht überraschte mich eine Schauerbö, die gleich zwei Reffs ins Groß erforderlich machte. Im Nu waren die Fallen gelöst, und wie der Name es schon ausdrückt, war alles am Fallen. Ich in der Eile ohne Öljacke und Gurt. Alles ging zügiger als mit Gurt und Leine, die sich doch immer irgendwo an Decksbeschlägen verheddern. Nun, während ich zog und bändselte und zwischen Mast und Cockpit hin und her flitzte, dachte ich wahrhaftig ans Überbordfallen, und ob ich dann im Wasser wohl sagen würde „my last swim".

So ist das Segeln in diesen Breiten, nachmittags herrlichstes Wetter in totaler Flaute, gegen Mitternacht Reißen und Zerren, um die Segel in Sturmböen zu bändigen, anderntags wieder Flaute.

Ich nutze die Windstille in einer hohen Dünung, um freiwillig ins Wasser zu gehen. Brrr, 13 Grad. Der Bewuchs am Unterwasserschiff erfordert es. Handlange, fette, gesunde Entenmuscheln überwuchern Kiel und Achterschiff. Steche sie wie zuvor mit einem Spachtel ab, muss dabei aber höllisch aufpassen, dass ich das klatschende Heck nicht auf den Kopf kriege. Um der Kälte entgegenzuwirken, habe ich einen Pullover übergestreift. Er hält mich zudem gewichtsmäßig gut unter Wasser. Motto: Aufgabe ist Aufgabe. Ich halte es eine halbe Stunde aus. Gierig verschlinge ich danach eine ganze Stange Butterkeks auf einmal. Am ganzen Körper zitternd. Eingekuschelt im Schlafsack rieche ich nach Algen. Gut.

146. Tag – Samstag, 6. Januar | West 4 bis 8. Seltsame Windstärken, schlimmerweise noch mit Windsprüngen verbunden. Egal, welchen Bug ich wähle, beide sind gleich schlecht: entweder fast Süd oder fast Nord. Und was soll ich für Segel setzen? Wie viel Quadratmeter? Mal ist es zu viel, dann wieder zu wenig Fläche. Zum Verzweifeln, diese Kurse. Tag um Tag geht das schon so. Von den Kursen bekomme ich Heimweh. Wohl eine typische Begleiterscheinung bei Langstreckenseglern. Sonderbar: Gestern schaute ich mir die Bauzeichnungen für unser Haus an. Lange. Zu lange? Ich bin zu alt für solche Reisen. Obwohl, eine Reise ist es nicht. Nein, nicht wenn man nur alle zwei Wochen einmal nachts durchschlafen kann.

Was mir nicht gelingt, ist tagsüber zu schlafen. Dabei wäre es unbedingt erforderlich. Zu wenig und dazu dauernd gestörter Schlaf führt zu Trübsal und schlimmer, zu Unsicherheit. Komme mir manchmal vor wie ein Moderator im Fernsehen, der immer, wenn er nicht weiter weiß, schnell einen Blick auf seine Karteikarten wirft.

Trübsal. Innen und außen. Sinnfragen. Nach dem Sinn meines Vorhabens. Die Frage stelle ich mir besser nicht. Gleichzeitig müsste ich mich fragen, welchen Sinn das Leben überhaupt hat: Arbeit, Essen, Trinken, Liebe. Ist das genug? Die letzten Jahre zeigten es mir. Das beste Essen, gute Weine, Atmosphäre, Freunde, Landschaft. Alles wurde als normal empfunden. Keinerlei Verzicht, will damit sagen, ist doch langweilig. So bietet das Leben wenig Überraschungen, Spannungen ... Es plätschert dahin. Geld war ausreichend vorhanden, Freiheit und Natur sowieso. Nur auf Dauer ...? Irgendwann wird Rasenmähen zum Lebensinhalt.

Bin momentan zerbrechlich wie ein Spinnaker im Sturm. Folge: Beim Ausreffen reißt der Reffhaken ein Loch ins Großsegel und wegen meiner Lethargie gleich sechs Mastrutscher vom Liek ab. Berge das schwere Tuch, nehme die Rutscher aus der Keep und nähe sie sofort an. Das Anstrengendste ist dabei, die Balance auf dem Kajütaufbau zu halten. Das Tuch näht sich leicht. Alt und mürbe von der UV-Strahlung. Mürbe wie ich. Völlig desinteressiert lege ich mich ins Cockpit. Gischt, die regelmäßig überkommt, stört mich nicht. Wie in Trance nehme ich wahr, wie Wasser von der Spritzschutzkante direkt in mein Gesicht tropft. Anfangs wie eine lecke Dusche, langsam weniger, bis eine neue Welle sich übers Deck zerstäubt. Es ist bald Vollmond.

147. Tag – Sonntag, 7. Januar | Phone mit A. und K. Was soll ich ihnen berichten – und was nicht. Anschließend ratlos. Fragen oder Mitteilungen, die ich vergessen habe, schwirren durch den Kopf. Kym fliegt in einer Woche nach Neuseeland, um klar zu sein für Invercargill, von wo er mich aus einem Charterflieger fotografieren will. Hoffentlich

Ein junger Wanderalbatros – Flügelspannweite gut drei Meter. Beeindruckend zu beobachten, wie diese großen Vögel dicht über den Wellen schweben.

erreicht mich mal für einige Tage ein günstiger Wind, sonst muss er sich auf langes Warten einstellen.

Ach, telefonieren bringt einiges durcheinander. In mir eine Gepresstheit – im Gesicht, in der Brust, im Körper. Gut und schön Familie zu haben. Miteinander verbunden, aber auf ungewöhnliche Weise getrennt.

150. Tag – Mittwoch, 10. Januar | Die Sonne geht in einer Wolkenwand auf. Eine blasse, gelbe Kugel über einer kurvenreichen Kimm. Einmal unter, einmal über dem Horizont, das bedeutet eine lang und hoch laufende Dünungssee. Die Nacht war wieder radikal. Ansonsten Routine bei einem leichten Gegenwind: Riggkontrolle. Segeltrimm. Ich kürze Schoten und Fallen, um Druckpunkte zu versetzen. Frühstück mit Kaffee. Eine Seite Buchlesen. Polster und Kleidung kommen zum Trocknen an Deck. Kleinwäsche mit Meerwasser. Mittags schlagen die Segel. Null Wind. Mache mein Kreuzchen in der Seekarte: 1800 Meilen noch bis Snares. Bin unruhig wegen Langsamkeit. Fast mein Ritual: drei Stück Dörrobst nach Eintragung aller Logbuchdaten. Dazu eine Muck kalten Kaffee – noch vom Frühstück. Sonne mich einen Augenblick. Lese den „Spiegel" vom 14. August zum dritten Mal.

Wind, stelle die Segel neu. Bummele an Deck rum – hocke mich hier und da hin und schaue über Bord. Was für eine Tiefe – 5000 bis 7000 Meter. Starre auf die Seekarte. Bora Bora, die schönste Insel der Welt, liegt genau in Nord – 1420 Meilen entfernt. Da war ich auch schon. Denke ich. Kurz. Denke an Essen und Meilen. Lang.

152. Tag – Freitag, 12. Januar | Regenböen schütten KATHENA zu. Meine Pützen baumeln unterm Großbaum. Doch jedes Mal, wenn ich Wasser in der Pütz habe, deckt uns ein sprühender Schwall Salzwasser ein. Eine mühsame Rumturnerei, Regen einzusammeln. Muss dran bleiben. Mein Vorrat im Tank liegt bei 60 bis 70 Liter.

Stampfen, stoßen, schütteln uns durch die Seen. Es ist wieder frisch, und der Reim bewahrheitet sich: Kommt Regen vor dem Wind, dann Seemann nimm die Segel weg geschwind. Um 18 Uhr stehen die Sturmsegel. Um 20 Uhr trifft mich eine wilde Bö und eine Meereswelle, als ich die O-Fock setzen will. Volle Kante steigt sie kniehoch an Deck und schleudert mich nach Lee mit den Beinen zwischen die Relingstützen. Das tut weh.

153. Tag – Samstag, 13. Januar | Womit wir gestern aufgehört haben, setzt sich heute fort. Da die See sich entwickelt hat, stampfen wir uns fest. Nichts Neues. Für diejenigen, die sporadisch in meinem Text blättern: Hätte ich nur noch 1000 Meilen gegen den Wind vor dem Bug, würde ich riskanter segeln, mehr Tuch setzen, auch in der jetzigen Situation, wo eine weiße See gegen uns läuft. Aber ich habe noch 9000 Seemeilen Gegenwind vor mir, da muss ich zunächst schonend mit meinem Material umgehen.

Meine Rippe brauche ich nicht mehr zu schonen, vor drei Tagen habe ich mich gesund geschrieben. Liege momentan fast auf dem Kartentisch und spüre die Druckstelle kaum. Dabei rumst es mächtig. Der Klüver 2 zieht den Bug rein, raus, rein. Dafür auf Kurs. Auf Kurs! Das macht mich musikalisch: „I am what I am ...“, schmettere ich in den Wind und „I am sailing“. „Yellow Submarine“ trifft meine Segelei eigentlich noch besser. Es gischtet uns total ein. Der Klüver zieht so stark, dass er anlaufende Wellen pulverisiert. Spaßig, sofern es nur für ein paar Tage wäre.

Als ich mir diesen Pulverkurs reinziehe, geht mir durch den Sinn, ob ich normal aus dieser Sache rauskomme. Komischer Gedanke, aber er ist jäh aufgetaucht. Mein Dasein ist doch sehr eingeschränkt. Segel ein. Segel aus. Segel hoch. Segel fallen. Kurs einstellen mit Hilfe der Aries. Kleidung. Nahrung. Schlaf. Lesen und Rundfunk sekundär. Stelle fest, ich lebe sehr rhythmisiert. Lesen, Frühstück, Reparaturen. Position, Logbuch, Dörrobst, Kaffee, Lesen, Hauptgang, Kakao. Vielleicht sollte ich diesen monatelangen Ablauf verändern. Der Tag verläuft schematisiert. Ab sofort werde ich in meinen Tagesablauf wieder Gymnastik und Stretching (Liegestütze) aufnehmen. Habe das Gefühl, mein Oberkörper ist zu mickrig.

Ein Tag mit Weiß auf dem Meer, aber auch hellen Flecken am Himmel. Und vor allem moderatem „Kurswind“ – so will ich ihn mal nennen. Noch bis in die Nacht ist er gnädig und günstig. Dazu an einem Samstag. Grund genug, sich einen spanischen Brandy ins Glas zu füllen. Zufällig las ich vor Stunden im Buch von Gudrun Calligaro: *„Bei mir gibt es keinen Alkohol an Bord. Auch kein Bier."* Die Ärmste. Die Schwäbin segelt allein um die Welt und gönnt sich nicht einen einzigen Schluck Wein. Wenig später stieß ich in einer Fachzeitschrift auf dasselbe Thema: *„Alkoholische Getränke sind bei mir absolut tabu auf See."* Auch einer, mit dem sich auf See schlecht feiern lässt. Vermutlich scheuen sich Segler zu diesem Bekenntnis. Auf Langfahrt trägt ab und zu ein Glas zur Gesundheit bei. Bier sowieso. Außerdem lasse ich mir auf See solcherart nicht vorschreiben. Wer gegen den Wind segelt, schwimmt nicht auf Trendwellen. Warum eigentlich keine Dose Bier auf See? Wenn Stimmung, Anlass und Wetter zusammenspielen. Ich kann damit umgehen, weil ich zudem als Alleinsegler ein Verantwortungsgefühl dafür entwickelt habe.

154. Tag – Sonntag, 14. Januar | Gudrun Calligaro. Ihr Buch liegt länger in meiner Koje (Bücher müssen bei mir viel aushalten). Sie ist die erste Deutsche, die allein um die Erde segelte. MÄDCHEN, ihr Boot, leckte – von unten und von oben. Täglich war die Bilge zu lenzen.

Vor Topp und Takel im Südmeer. Bei schwerem Sturm wähle ich diese Taktik. Allein der Winddruck auf die Takelage verursacht eine Dauerschräglage von 45 Grad.

Speziell die Strecke Kapstadt – Sydney war hart und nass. Verständlich, wenn man bedenkt: mit einem neun Meter langen Kunststoffkreuzer vom Typ Arpège ums Kap der Guten Hoffnung und Tasmanien. Allen Respekt vor dem Mut der Einhandfrau. Was mir so nie aufgefallen ist, dass ein/e Segler/in förmlich verknallt in sein/ihr segelndes Schiff ist. Bei Gudrun hat man den Eindruck, sie habe ein fast sexuelles Verhältnis zu ihrem Boot.

„Abgeschwingelt.“ Kaum vorstellbar, mein Glück liegt auf dem Brückendeck. Unterm Kopf ein blaues Sitzkissen, unterm Hintern das schöne dicke Stabdeck. Blick aufs verdrängte Wasser, Horizont, Wolken, Aries und wieder und wieder dasselbe. Bei 6 und 7 Knoten und einem 250-Grad-Kurs, ein Rausch, ein Drogenrausch. Erhitztes Heroin bitte. Ich fühle mich wie in einer Hängematte zwischen Palmen auf einem Südseeatoll. Nur, dass ich längs und quer zugleich schwinge. Rhythmisch und ohne mein Zutun. Ja, mein Brückendeck ist ein Gottesgeschenk. Hat die richtige Länge, kann mich bei der Dauerlage gut mit den Beinen abstützen. Und mit 50 Zentimetern die ideale Breite. Aber das allergrößte Geschenk ist, wenn die Sonne mitspielt. Vormittags. Die Sonne geht im Osten auf. Träumt sich gut. Lasse mich fallen in alle Richtungen. Habe dann so ein archaisches Urvertrauen, dass nur nach Kurs und Wind verlangt. Ich schwebe abgeschwingelt zwischen Himmel und Ozean. Völlig frei von Sturmgedanken, Ernährungsproblemen, Meilen. Frei von Einsamkeit. Zeit spielt keine Rolle. Ich lass mich einfach hängen. Alles ist klar, machbar. Die Hände auf dem Bauch. Kurzum, es ist mein derzeitiges Paradies. Auf dem Brückendeck querschiffs abhängen lassen. Alles Wollen und Wünschen fällt für diese Zeit ab. Heute immerhin zwei Stunden. Gedanken? Wie oft man wohl täglich in Schuhe oder Stiefel steigt. Warum ist meine Mutter an meinem Geburtstag gestorben.

156. Tag – Dienstag, 16. Januar | Die Kreuzkurse bei Seegang bringen mit meinem Boot nichts an Fahrt, nichts an Höhe. Es ist zum Verzweifeln. Merde, sag ich's mal auf Französisch. Gekocht wird aber deutsch: eine Gemüsesuppe. Stück Speck im Topf angebraten, dann vier große Zwiebeln grob gehackt, drei Knoblauchzehen, Dose Erbsen und Möhren, Gewürze.

Schokoladenbestand sieben 100-Gramm-Tafeln. Nach Bestandsaufnahme sechs.

Am Rande: Als ich auf dem Weg zum Reffen war, wurde mir in Masthöhe voll eingeschenkt. Ein Brecher zischte senkrecht die Bordwand hoch. Höher als ich es bin. Das ärgert mich furchtbar, auch der schnelle Windumschwung. Erst Sonne und Körperwäsche und Brückendeck-Atmosphäre, und dann gleich volle Kante festes Wasser über den frisch gewaschenen Kopf. Ich sollte es als gegeben hinnehmen. So ist es in diesem Ozean eben. Punkt. Kopf hoch und nicht missmutig in die anrollenden Wellen gucken. Überhaupt, wo kommt die See so schnell her? Kreuz und quer. Ich brauche neue Vokabeln für die Darstellung der See. Also, die alte See stand vor dem Starkwind schon 5 bis 6 Meter hoch. Ganz sicher. Mehr genießen das *Gegenan,* sonst hältst du nicht durch. Dies mit Bleistift und Taschenlampe um 22.45 Uhr notiert.

Von Dunkelheit umhüllt. Das Niedergangsschott steckt. Mein „Schloss" ist die Talje. Fühle mich wasserdicht verpackt – sicher, gelöst. Das Schiff springt derweil über und gegen die Wellen. Und von seitlich werden wir geboxt. Ölpellen liegen in der Pantry auf dem Boden. Triefend nass tropfen sie auf saugendes Zeitungspapier. Ich mache mich auf dem Boden lang und lausche. Leicht und unregelmäßig schlägt ein Fall den Mast. Wohl die Dirk. Bei starken Querwellen klatscht die lose Schot aufs Vordeck. Angenehm auch das stetige rhythmische Rauschen der verdrängten See. Der Wind? Ein stetes Auf und Ab in Sekunden. Ein normaler Sturm, schwache 8 Beaufort. Der Wassersturz in Wantenhöhe amüsiert mich im Nachhinein. Schaute mir noch seelenruhig das Wellenbild an, soll ich, soll ich nicht. Reffen. Schon war es passiert. Ohne Ankündigung und genau dort wo ich stand, schoss das Meer hoch – bis über die schwarze Flagge am Want, die mir als Windanzeige dient. Wie ein Kaskade, die himmelwärts stürzt.

13 | NEUN TAGE – FÜNF STÜRME

Draußen scheint die Sonne. Auf meinem Bildschirmschoner skrollt der Spruch: „Geschafft. Wieder eine Seite mehr. Also weiter, denn auch der modernste Computer schreibt nicht von allein." Ich weiß, jedoch mir fällt nichts ein, bin lustlos. Ein Grund, endlich unseren Dorfwald zu besuchen. Ein schmaler Weg schlängelt sich an Feldern, Knicks und Brennnesseln vorbei bis zu einem Gatter, das verschlossen, aber für mich leicht zu überklettern ist. Wenige Schritte weiter und schon stehe ich im tiefsten Buchenwald, wate durch einen Blätterteppich, springe über Gräben, die den Wald durchziehen. Ist das herrlich, umgeben vom Geruch der Blätter, von Moos und modriger Erde. Er ist nicht groß, eher ein Wäldchen, aber einmal mittendrin, ist kein Acker zu sehen. Ich lege mich rücklings auf eine Grassode, lange war ich nicht so glücklich wie in diesem Augenblick. Der Blick in die Baumkronen, die die Sonnenstrahlen filtern, ist wunderschön: Willkommen im Wald, der Himmel ist blau.

---

159. Tag – Freitag, 19. Januar | Der Tag, an dem ich eigentlich vor Snares stehen wollte. Warum es nicht so ist, zeigen die vergangenen Tage beispielhaft im Logbuch. Entweder stark bis stürmisch oder schwachwindig bis flau. Nichts dazwischen.

Jetzt sind es noch 1200 Seemeilen. Und ich stecke fest in einem Wind, wie man ihn nie gern hat: Dümpeln mit schlagenden Segeln in einem hohen Schwell. Segeln kann man das nicht nennen, obschon die Schönwettersegel stehen.

Schön ist das Wetter. Ich fühle mich trotzdem nass und kalt, trage auf dem Kopf eine dicke Wollmütze, über meinen Körper dunkle Woll- und Fleecekleidung. Liege in der prallen Sonne, friere vor mich hin. Glücklich, überglücklich. Wie das? Ich habe mich gerade wieder mit dem Unterwasserschiff abgeplagt, eimerweise Muscheln „abgeerntet". Das Abstechen der Hälse war furchtbar schwer, zum einen haben die Entenmuscheln große Füße, und das Auf und Ab des Schiffes in der Dünung machte mir Angst. Eine Viertelstunde habe ich ausgehalten. Zitterte schon unter Wasser, als ich einen ziemlich großen Hai kreisen sah. Verdammt nah. Zu nah. Verblüfft nahm ich das zur Kenntnis, im Nu war ich an meiner Strickleiter und mit Schwung schob ich mich aufs Deck. Das war knapp. Auf 42 Grad südlicher Breite habe ich keinen Hai erwartet, demzufolge mich nicht sonderlich um eventuellen „Besuch" gekümmert. Ahnte nicht im Entferntesten, dass sich Haie in 13 Grad kalten Gewässern tummeln. Aus Erfahrung weiß ich, dass sie nur gefährlich sind, wenn sie alt oder verletzt sind und daher nicht ausreichend natürliche Nahrung erjagen können. Vielleicht war das ein alter. Wie groß? Durch die Taucherbrille erschien er mir riesig, war aber wohl nur drei Meter. Er zeigte sich danach in großem Abstand vom Schiff.

Wenig später, mit der Dämmerung, überrascht mich ein Fischerboot. Habe auch das nicht kommen gesehen. Fährt dicht an Backbord vorbei. Ein Neuseeländer, schwarz der Rumpf mit einer NZ-Kennung. Spreche ihn per Handfunke an, sind leider wenig gesprächig. Dummerweise frage ich nach dem Wetter für morgen. Nord 30 Knoten, also Windstärke 7, seine Antwort. Meine Freude ist groß. Solchen Wind kann ich gebrauchen. Zack ist eine Dose aufgemacht. Gibt es doch gleich zwei Topereignisse zu begießen.

160. Tag – Samstag, 20. Januar | Nun hole ich mir nach 160 Tagen zum ersten Mal die Wetteraussichten an Bord, schon sind sie völlig daneben. Nix da mit avisiertem Nord 30 Knoten – Südwest 60 habe ich. In Böen. Das ist Windstärke 11.

Das am Eröffnungstag der größten Bootsmesse der Welt in Düsseldorf. Während sich Segler dort neue Schiffe aussuchen, habe ich hier alle Hände voll zu tun. Nachdem die Segel geborgen, also festgezurrt oder im Sack und unter Deck verstaut sind, hänge ich in der Kajüte vor den Fenstern. Beobachte. Wir liegen ungefährdet in den noch nicht so hohen und langen Seen. Irgendwann lege ich mich hin und lese eine Seite in einem Schmöker, weiß aber nicht, was ich gelesen habe. Zappelig, obschon nicht nötig. Sollte eigentlich den Wetterfronten gefestigter entgegensehen. Zusätzlich nervös. Eimersystem und schwerer Sturm sind nicht kompatibel.

12.30 Uhr: Böen, die bis unten durchhämmern. Vier Minuten, kleine Pause, 15 Minuten. Die Seen werden höher. Ich muss was tun. Sorgfältig bändsele ich die Bänder des Südwesters unterm Kinn fest, bevor ich raus an die Pinne klettere. Ändere den Kurs auf raumschots, 110 Grad vom Idealkurs. Schlecht fürs Ziel, aber gut fürs Schiff.

Segeln ist eindimensional? In den Brüllenden Vierzigern bestimmt nicht. Gestern Flaute und jetzt fliegendes Weiß. Bin innerlich verletzt. Es ist qualvoll. Handgemessene 10 Beaufort. Müde, matt, weich – in meinen Bewegungen. Bewege mich abgerundet wie ein Affe. Liege wie üblich auf dem Boden und lausche dem Wetter. Kein Mensch wird je erahnen, wie viel Muskelkraft und Kopfkraft es erfordert, gegen den Wind zu segeln. Monatelang Gischt, festes Wasser über Deck. Niemand kann sich ein Bild machen, was es heißt, bei Vollsturm gegenan zu halten, oder wie jetzt unter kahlen Masten vor dem Wind abzulaufen. Braucht auch niemand. Bin ja freiwillig unterwegs. Dieser Kurs hat schon was von Selbstverstümmelung. Ich möchte weinen, es erleichtert so schön, doch ich kriege schon lange keine Träne mehr raus. Um mich zu puschen, ziehe ich eine frische Hose über und koche Kakao. Mein Wochenendgefühl bleibt trotzdem glibberig. Blicke zur See entfallen. Es brodelt und schäumt. Knallen Wellen und Schiff gegeneinander, schrecke ich zusammen. KATHENA schafft es immer wieder, mit allen Wellen klarzukommen. Ich bewundere mein Boot. Manchmal hängt das halbe Schiff in der Luft, bleibt aber trotzdem auf Kurs. Es kommt besser klar als ich.

161. Tag – Sonntag, 21. Januar | Das macht Spaß. Voll in die alte See. Es platscht und kracht. 58 Seemeilen verdriftet – innerhalb der 21 Stunden ohne Segel. Das ist eine Verdoppelung des Selbstschmerzes. Erst die Anspannung während des Sturmes, dann die abgetriebenen Meilen wieder einsegeln.

Habe eine Schüssel Porridge intus. Liebe es mehr denn je. Verzögere manchmal das Frühstück, um diesen Brei doppelt zu genießen. Dazu Kaffee. Zwei Becher. Schwarz. Über Kaffee an Bord sollte man schreiben. Er dient mir als Wachmacher, Muntermacher, Kopfklarmacher, Zeittotmacher. Einfach ein Genuss und hat therapeutische Wirkung, wenn das Wetter nervt.

Druckfall. Das Hirn rast. Nicht schon wieder. Bitte. Gut, dass ich den Riss am Achterliek im Großsegel im Morgengrauen geflickt habe. Nicht zu verhindern, gelegentlich „fressen" die Smeerreeps Löcher ins Tuch.

Lenzen auch heute wieder vor dem Wind. Wer hätte das gedacht. Um 8 Uhr nähe ich noch fein am Großsegel. Mittags muss ich alles Tuch wegnehmen. Handgemessene 25 m/s. Die Anzeige steht fest auf meinem Anemometer. Das sind wiederum 10 Windstärken.

Ich verkrieche mich unter Deck. Doch zuvor klemme ich meine Haare in der Luke. Großes Reißen, großes Gelächter. Schnitt ist unbedingt fällig.

Der Wind hat Löcher. Windstärke 8 nur, auf West gedreht. Kenne ich schon – die alte Geschichte. Dann folgt noch der Südwest, der meist wieder zulegt. Wellen schlagen achtern, seitwärts und am Bug ein, ohne dass wir vom Kurs Süd allzu viel abweichen. Geschätzte Höhe der Seen: acht Meter. Aber es bleiben nur Schätzungen. Fassungslos starre ich aufs Barometer. Es fällt Millibar um Millibar. Die Kraft des Windes gestern hat mich getroffen. Die Messung aus dem Luk heraus hat mich zucken lassen. Was würde es erst freistehend an Deck anzeigen – oder im Masttopp, wenn ich dort ein Schalenkreuz montiert hätte. Bei aller ozeanischen Logik – jetzt ist aber bald ein moderater Süd oder Nord oder gar Ost fällig. Kap Hoorn – wann war das? Erscheint mir unendlich weit zurück.

Summe Porgy und Bess Melodie „Summertime". Himmelsgewölbe: grau und hell gefleckt. So wie ein hellgrundiger Pareo. In West eine total dunkle Front, die bis auf den Horizont reicht. Ein Bild, das andeutet, dass die Bö beim Näherkommen auf Südwest dreht und kräftig zulegt. Hoffe irgendwie auf eine Ausnahme. Große Dose Pils gibt mir Mut, an diese Ausnahme zu glauben.

Schiet, nein. Mitternacht vorbei, und es stürmt wieder ohne Unterlass. Nehme meine Grenzen wahr. Deutlich. Neben meinen eigenen Sorgen habe ich noch die Probleme Zeitplan und Kocher im Kopf. Der Petroleumkocher rußt gewaltig. Eine Reparatur kann ich aber nur bei platter See ins Auge fassen. Die Düsen sind so filigran, dass ich schon zu viele versehentlich abgebrochen habe. Die Reserve ist auf zwei Düsen geschrumpft.

162. Tag – Montag, 22. Januar | Südwest. Dritter Tag mit Sturm von vorn. Paradoxerweise legt jede Nacht, na fast jede, zwischen 2 und 3 Uhr der Wind zu, oder er springt um in Verbindung mit harschen Böen. Die Zeit, in der ich fast nächtlich meinen Auftritt an Deck habe.

Dritter Tag und kein Ende in Sicht. Kym wartet in Neuseeland. Ich befinde mich in der Grauzone. Hässliche Gedanken wirbeln in meinem Kopf. Notiere sie nicht. Vergesse sie ohnehin niemals.

Sturm schwächelt. Endlich. Wird schon dunkel. Für die Sturmfock ist es noch zu früh, auch gerefft. Rollen erbärmlich. Eine Breitseite drückt mich mit der Schulter in die Fenster. Das ist Schräglage.

163. Tag – Dienstag, 23. Januar | O Gott, der 23. Januar. Schon. Katzenwäsche mit trockenem Handtuch. Ausgiebiges Kämmen. Zähne werden mit Seewasser gebürstet. Das auch noch kalt. Kurs leidlich mit Groß und Sturmfock. Frühstück in einer Ecke. Sonne schimmert durchs Luk. Friedlich. Blick in den Spiegel veranlasst mich sofort, den Bart mit meiner Papierschere zu kappen.

Zirruskumulus ziehen rasch auf, verdichten sich, gleichzeitig Barometerfall. Die nächste Front kündigt sich an. Verdammter Mist. Ich fluche, geht es doch wieder von vorn los. Im doppelten Sinne.

Über Manches kann ich nur schwer schreiben. Dann greife ich zum Bleistift anstelle des Kugelschreibers. Gegebenenfalls könnte ich ja das Geschriebene irgendwann wegradieren. So schreibe ich die Wahrheit und nicht wie ich es gern hätte. Folgendes musste ich heute einfach zu Papier bringen.

Um 15 Uhr bin ich nieder. Niedergeschlagen wie nie zuvor auf diesem Trip. Sieht nicht gut aus – drinnen und draußen. Grauer Himmel, grauweiß anrollende Wellen mit tückisch hohen Kämmen. Nicht gucken, nicht filmen, nicht fotografieren. Nichts interessiert. Doch, der hackige Sound des Windes. 60 Jahre alt, 35 davon Segler und immer noch Angst. Hasse mich deswegen. Beatles Song begleitet mich: „Let it be" – lass es sein.

Denke verstärkt an die beiden jungen Männer, die von den Kanarischen Inseln aus über den Atlantik rudern wollten. Westlich der Inseln, bereits am zweiten Tag, brach der eine psychisch total zusammen. Er hatte Angst vor der Weite des Atlantiks. Ich habe sein Tagebuch lesen dürfen. Weinte ununterbrochen und war nicht fähig, die Ruder durchzuziehen. Die beiden gaben auf und kehrten um. Der Junge war 25, groß, muskulös, kantig. Hatte die Figur eines Modellathleten. Ich habe sie kennen gelernt, als sie für die Atlantiküberquerung im Wattenmeer trainierten.

Nach dreieinhalb Tagen Sturm mit kurzen Unterbrechungen wieder schlechte Aussichten. Breakdown. Komplett von der Rolle. Feuchte Hände. Es ist nicht nur Angst. Große Enttäuschung. Bin verwundet, weil es nicht weitergeht. In den letzten zwei Wochen ganze 14 Längengrade. Der Niederschlag hängt auch mit der vor mir liegenden Distanz zusammen, und dass wir nicht vorwärts segeln – im Gegenteil. Mit Zurücktreiben habe ich zwar gerechnet, aber die Wirklichkeit demotiviert. Dies ist heute kein Jammern und Klagen. Dies ist ein Verlust in Verbindung mit Furcht. Es ging bisher immer gut. Irgendwann ist auch mein Glück aufgebraucht. Das Schiff ist meine einzige Hoffnung, dass ich weitermachen kann. Es zeigt keine gravierenden Schwächen. Der Körper ist von den Fußsohlen bis zu den Augen schwer wie Blei. Gott beschütze uns. Wann spürt man, dass man verrückt wird? Nicht klar denken tut. Nimmt man es überhaupt wahr? Egal was passiert, zunächst verharre ich, das hat in allen brenzligen Situationen geholfen. Nichts tun, nachdenken und dann entscheiden. Ich habe auch Angst vor der Zeit. Dieser Berg an Zeit, der vor mir liegt. Nicht einmal die Hälfte ist achteraus. Ich bin nicht depressiv. Ausgebrannt, ausgesegelt eher. Nach dieser Fahrt werde ich zum einsamen Waldläufer mutieren.

164. Tag – Mittwoch, 24. Januar | Segel hoch. Wende. Das heißt: Schoten dicht, Backstagen umsetzen. Kurs einstellen. Der Sturm hat sich ausgeweht. Voller Zuversicht.

Ich bin zäh, noch kann ich Schwächen verkraften. Eine knappe Stunde, nachdem ich Segel gesetzt habe, schwimmen Scones in Olivenöl in der Pfanne. Scones sind Brötchen, deren Teig aus Mehl, Milch, Öl, Backpulver und Salz bestehen. Kross gebacken, mit Marmelade, sind sie zum Reinbeißen. Meine Lebensgeister kehren zurück, still und langsam, aber sie kehren. Schweißperlen auf dem Hand-

Nonstop-Blicke im Südpolarmeer: Allein die Kimm zu beobachten, ist Meditation. Noch schöner ist das bewegte Meer im Gegenlicht. Es erweckt ein Gefühl der Zugehörigkeit.

Abwechslung für Augenblicke: ein Fischtrawler südlich der Chatham-Inseln. Abwechslungsreich auch das unstetige Wetter. – Nach einem Tauchgang, um die langhälsigen Entenmuscheln abzukratzen, erschreckt mich ein Hai. – Nächste Doppelseite: KATHENA NUI nach 185 Tagen südlich von Neuseeland.

Die Freude ist riesengroß: Mein Sohn Kym fliegt ein, um mich und Kathena zu sehen und zu fotografieren. Danach ist er ebenso wie ich furchtbar traurig, so stark hat uns das Treffen berührt.

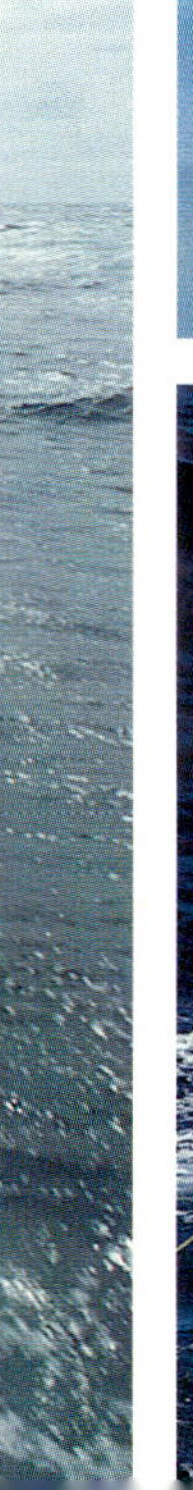

In Ölzeug und Wolle, in Gischt und Gräue. So sind wir, das Schiff und ich, die meiste Zeit unterwegs. – Kompass und Niedergangsbügel sind die tragenden Säulen dieser Fahrt.

rücken. So was hatte ich noch nie. Aufhören? Dann werde ich nie aufhören, mir zu sagen, ich hätte es nicht tun sollen. Zu einem verrückten Kurs gehört Angst (ich Klugscheißer), und Angst gehört zur Natur.

Das Etmal ist wie in den Tagen zuvor – mehr zurück als voraus. Insgesamt 117 Meilen abgetrieben. Die Position: 44 Grad Süd – 168 Grad West. Weiter nördlich als geplant. Und jetzt ist der Kurs Nordwest der eine Bug, Süd der andere. Beide gleich schlecht. Erst als ich den Klüver 2 zur Nacht hin setze, kommt wieder Fahrt ins Schiff. Segeln tatsächlich in diesem Hin und Her regelrecht bergauf und bergab.

165. Tag – Donnerstag, 25. Januar | Zweieinhalb Millibar in zwei Stunden. Guten Morgen. Druck fällt ruckartig. Soeben – 10.30 Uhr – ein Millibar in 20 Minuten. Steht schon auf 997. Begleitet von stürzenden Schauern. Fange Regen. Beruhigt zweifach. Mache mich deckklar. Stauen. Zurren. Checken. Dieses dauernde Barometergucken macht mich zum Sklaven. Gehe dazu über, mir Fristen zu setzen. Jede halbe Stunde muss reichen. Sturmfock steht neben mir im Sack. See sieht konfus aus. Besser, das Tuch bietet keinen Widerstand, wenn's los geht. Und es geht bald los. Und wie. Meine Kehle ist total ausgetrocknet. Bin schlapp und zittrig. Der vierte Tiefdruckwirbel in so kurzer Folge. Esse eine Handvoll Kürbiskerne. Stück für Stück. Lasse mich dabei von Wind und See (Getose) tragen. Wann wird es – hoffentlich bald – für mich den richtigen Wind geben?

19 Uhr: Barosprung. Die grobe See wird weiß. Aus West wird ein Südwest. Aus 8 bis 9 Beaufort ein 9 bis 10. Der Rumpf vibriert. Dreifach gerefftes Groß steht. Bete – ohne dass mir eine Zeile einfällt. (Nicht weil ich keine parat habe). Eine halbe Stunde nach dieser Notiz steht mein Herz still. Fast. Ohrenbetäubender Schlag an Steuerbord. Nicht zu beschreiben, also lassen wir es bei diesem Klischee – betäubend. Ich flog dabei von der Pantry, wo ich Ausguck hielt, schräg nach vorn aufs Bücherbord. Eine See hat uns mehr als flach gelegt. Der Mast hat die See gepflügt. Schäumende Wassergeräusche aus allen Richtungen. Meine Wetterkleidung verhindert zwar keine Prellungen, aber größere Verletzungen. Rasch bin ich an Deck, berge das killende Groß. Es hat was abbekommen, das Achterliek schlackert mächtig.

Laufe raumschots ab. Die Aries bleibt auch bei diesem Unwetter mein Steuermann, besser Steuerfrau.

Wenn ich das Kap der Guten Hoffnung achteraus sehe, habe ich Schaden an Leib und Seele genommen. 350 Tage, wenn es so weitergeht. 350 Tage allein auf See.

166. Tag – Freitag, 26. Januar | Ein Traum im Morgengrauen: Auf der gegenüberliegenden Koje sitzt ein Mann in gelbem Ölzeug mit Wollmütze. Eine Pistole auf mich gerichtet. Ich springe auf. Mit einem Handkantenschlag auf die Handwurzel habe ich sie ihm weggeschlagen. Danach kippt er vornüber auf den Boden. Ich beuge mich über ihn. Er ist tot. Werde wach. Schnelle hoch und sehe, dass ich in gelbem Ölzeug in der Koje liege.

Verrückt. Mein Zustand. Wie soll das bloß weitergehen? Wenden, halsen, reffen, Ölzeug, Gurtweste ... Mein Blick fällt auf die Weltkarte. Und weiter nach oben an die Decke. Leisten und Schraubenkopfschlitze in unregelmäßigen Abständen. Meine Schraubenkajüte. Rechts und links neben den Fenstern die aufgeklebten Fotos. Vor mir das großformatige Bild von unserem Knick.

In der Spüle poltert ein Topf. Das Geräusch passt nicht in meine Welt. Instinktiv greife ich nach einem Hammer und mache den Kochtopf nieder. Stehe kurz davor, dem Luftdruckmesser Gleiches anzutun. Zum Glück ist der Ausbruch vorher vorbei. Was ich primär brauche und mir mehr als alles andere helfen würde, sind ein paar Meilen „geradeaus" – bei trockenem Deck.

Ich stecke nichts mehr einfach weg. Der Knall der letzten Nacht ist noch deutlich in mir. Hätte ich was mit dem Herzen, wäre ich vor Schreck umgefallen. Ja, es gibt immer noch eine Steigerung – positiv wie negativ. „Der Mast pflügt das Meer." Wie konnte ich das gestern im Logbuch festhalten? Einfach blöd formuliert. Thekenvokabular.

Fallend. Was wohl? Das ist ernüchternd. Das ist brutal. Mir wird schlecht. Schatten.

Aber noch ist KATHENA auf Kurs, wie seit dem Abflauen des Sturms mit dem ersten Lichtschimmer in Ost. Auf Kurs. Ich grinse vor mich hin, als ich den Kompass kontrolliere, und ich grinse über mich selbst, dass ich so schnell die Fronten wechsle. Die Stimmungsfronten.

Unbesehen (Barometer), nicht für lange. Wir kämpfen gegen eine lange und hohe See. Richtig Fahrt ins Boot kommt nicht, knapp 4 Knoten, und der Wind weht in Sekundenschüben zwischen 3 und 6 Beaufort.

Schneide gebrochene Fingernägel. Kurz, bis aufs Nagelbett, damit sie bei Segelmanövern nicht gleich wieder einreißen. Ich mache ein wenig Ordnung in der Kajüte. Eine Dwarssee hat gestern Nacht sogar zwei flach liegende, feuchte Frotteetücher weggefetzt – ausgebreitet auf dem Polster flogen sie von der einen Hundekoje in die gegenüberliegende. Manchmal glaubt man nicht, wo sich einige Dinge wiederfinden.

Doch bald sind wir weg vom guten Kurs. Ich messe mich an der Stütze am Kartentisch: 171 Zentimeter. Bin ich kleiner geworden? Hat doch am Vormittag noch eine See die Plicht gefüllt. Gestern in der Nacht sowieso. Sehe den Wasserfall vor den Fenstern, höre den Aufprall, das Rauschen über Deck. Ein Schock. Nur zögerlich gehe ich ans Segelsetzen.

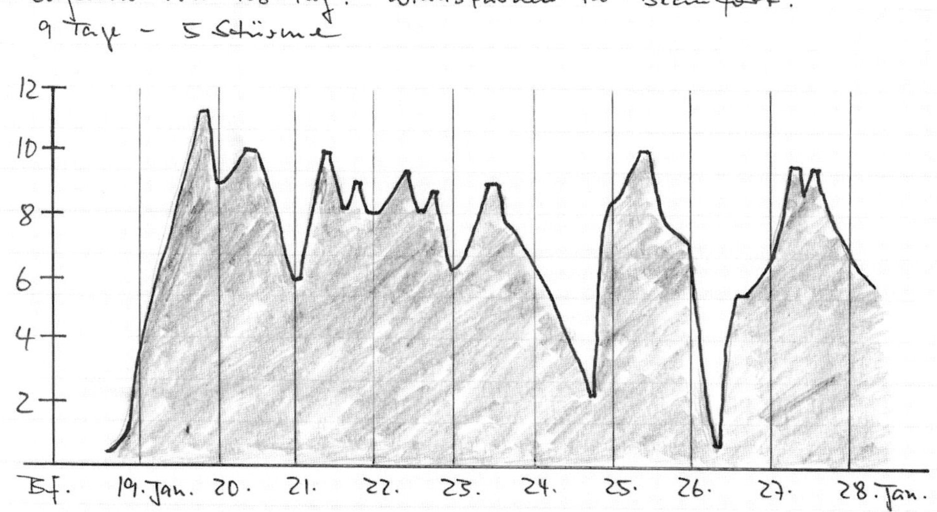

|83

167. Tag – Samstag, 27. Januar | Grottenschlecht. Schwarze Böenfelder. Wind variiert ständig in Richtung und Stärke. Alle Kurse liegen mit Abdrift im Nirgendwo. Mein Ablauf: rein und raus aus Ölpelle und Kajüte. Wind 3, 5, dann 7, halbstündlich 8 mit Zulage. Was tun? Mittags habe ich alle Reffs eingebunden. Abwarten und weiterdackeln. Noch 1020 Seemeilen bis Snares. Eine Hagelbö in der Nacht mit geschätzten ... hm, egal. Und ich kam nicht in die Ölkombination. Das muss man sich vorstellen. An Deck ein Knattern und Prasseln (Hagel), und ich sitze in der Kajüte und stochere in der Kleidung rum. Der Klüver ließ sich nur mit Gewalt und aller Kraft runterholen. Ich musste mich drauflegen, um das Tuch zu bändigen. Wie habe ich das bloß geschafft mit der Rippe. Die Bö riss meinen Spritzschutz runter. Pechschwarz. Handrücken, Gesicht brannten danach von den Hagelkörnern. Angenehm. An die Kälte habe ich mich gewöhnt. Obschon die Temperatur nie über 10 Grad Celsius liegt, empfinde ich die nasse Kälte als gegeben.

Frische Kleidung gleich frische neue Windgegebenheiten. Geschieht ein Wunder?

Nein, um 14 Uhr wechsle ich das normale Fahnenblatt der Aries gegen ein kleines aus. Die Nässe an Deck staubt leicht hoch. Wir stehen in der fünften Front. Sie startet mit einem schwarzen Ungetüm über uns, das heißt zehn bis fünfzehn Minuten Pressing. Erschrecke mich, als sie sichtbar aus West anstürmt. Neu für mich: Ich höre Stimmen. Führe zu viele ungewollte Selbstgespräche.

168. Tag – Sonntag, 28. Januar | Magenkoliken überschmerzen in der Nacht die knallharten Böen. Kommt von der sauer und klumpig gewordenen H-Milch. Drei Monate über die Zeit, da ist sie selbst in Pudding nicht genießbar.

Die Segelfläche für die Nacht hat gepasst. Nur zweimal in die Tücher greifen müssen. Gegen Mittag Klageschrei an meinem Pfosten. Ich überschreite meine Grenzen. Gegen den Wind und selbst auferlegt. Genug. Blicke von innen nach außen: Diese Bewegungen beim Kleiden, Kochen, Segelreffen, ja und auch beim Schlafen. Alles in Kniehöhe: Meine Knie sind wund. Schütze sie gelegentlich mit einem Verband.

Eine Reihe Flecken im Großsegel. Diagonal übers ganze Segel. Braun wie Schmierfett. Von der Menge kann es nur ein fliegender Albatros gewesen sein, der mir ins Segel geschissen hat. Danke. Das ist lustig. Dieser Witzbold.

Mache mich endlich mit dem Abflauen des fünften Sturms innerhalb von neun Tagen an den Kocher. Mir reicht das Geflacker, das die Pantry verrußt hat. Wechsele anstelle der Düsen gleich den kompletten Brenner. Kochen macht wieder Spaß. Ich bekomme Flügel. Aber da ist Chatham, eine Inselgruppe, die ich nie eingeplant hatte. Kommt sie mir tatsächlich durch diese abwegigen Kurse der letzten zehn Tage in die Quere. Nicht zu glauben. Die Chatham-Inseln wollte ich wirklich nie und nimmer sehen.

Von Schönwetter kann nicht die Rede sein, aber eine weitere Front wird es nicht geben. Trotz finsterer Anmutung. Mehr schwarze und grauschwarze Flecken am Himmel als helle. Ein Gespräch mit Astrid wäre jetzt genau das Richtige, aber da ist die See, wir stampfen und segeln nass. Ob das bei solcher See klappt?

Es funktioniert. Über die Landstation Perth, Vorwahl 222. Schöne Unterhaltung. Gebe Daten durch. Auch dass ich saunieder war, verschweige ich nicht. Sie hat offenbar mit den Handwerkern am Hausbau mehr zu tun, als ich vermute. Treppe (ähnlich einer Schiffstreppe) wird gerade eingebaut. Einzug soll am 3. Februar sein. Mein Vorankommen ist erbärmlich, sagt meine Frau zwar nicht, wird aber mit der Anmerkung „noch nicht die Datumslinie“ deutlich. Wie sie nach einem Gespräch empfindet, wollte sie mir nicht sagen. Ich trinke noch ein Glas Wasser mit Aspirin. Baue mein Satellitentelefon ab und verhole mich in die Koje. Schlafe lange nicht ein. Fünf in Folge und nicht auf Kurs.

169. Tag – Montag, 29. Januar | So ein schöner, leichter Wind – und so von vorn. Bleibt mir: abwarten und entspannen. Im herrlichen Sonnenschein. Und Trocknen von Decken, Kissen, Schlafsack, Kleidung. Und im Schmieren und Checken: Aries, Wantenspanner, Schäkel, Blöcke. Abwarten in einer der Wohlfühl-Jacken, und bis Mitternacht im Cockpit sich die Seele aus dem Leib denken. Aufgeben? Wo? Wie lange bin ich eigentlich schon unterwegs? Nur wenige Sterne. Kreuz des Südens, wann habe ich das zuletzt gesehen? Wolken ziehen, aber kein Windhauch. Komische Verhältnisse, normale Verhältnisse. Auf Sturm folgt wie üblich eine Flaute. Windstille mit einer sechs Meter hohen Dünung.

170. Tag – Dienstag, 30. Januar | Nord 3. Nord 3 bis 4. Kurs und Wind optimal. Ich mag's nicht beschwören. Atme anders. Flappt ein Segel, stockt mein Herz. Hole die Genua aus dem Sack, doch damit habe ich's überzogen. Im Windumdrehen frischt es auf, also Segel runter, kleine Tücher sind wieder gefragt. Nichts hält hier für einen Tag. Keine Flaute, kein Nord. Auch kein Nordwest. Da kann man nur laut schreien. Zeitweise zu viel Tuch, aber ... Stehe am Niedergang, schüttle den Kopf. Das gibt's doch nicht. Ich bin alt geworden. Stellte es vorhin fest, als ich mir mal wieder die Haare geschnitten habe. Solche Wind-Situationen tragen dazu bei.

Hatte vor einer Woche mein Tief. Was bin ich für einer. Ein Ozean gegenan hätte doch gereicht. Inzwischen stampfen wir in einer sprudelnden See. Albatrosse zuhauf, immer 30 bis 40 Stück in Sichtweite. Filmen ist unmöglich. Bekomme die Vögel bei diesem Seegang mit der kleinen Sony nicht in den Sucher. Fotografieren ginge. Doch ich bin lustlos, meine Reise im Bild festzuhalten.

Es ist Oktober geworden. Der einzige Bauer, der uns im Dorf geblieben ist, treibt noch einmal Kühe auf unsere Koppel. Sechs braune Prachtexemplare. Es sind Angeliter, die Rasse der Region. Sie stapfen wild durchs hohe, feuchte Gras. Fressen hier und da, stieren zu unserem Haus. Blöken. Irgendwann zeigen die Rindviecher Vernunft und legen sich in zwei Gruppen im Schutz des hohen Knicks nieder. Ich sehe ihnen beim Wiederkäuen zu. Wie schön, sie haben mit ihren vier Mägen einen doppelten Genuss. Dank meines opulenten Bordtagebuches habe auch ich ein doppeltes Erleben.

---

172. Tag – Donnerstag, 1. Februar | Chatham-Inseln. Insel für Insel sichtbar. Vom Pyramid Rock im Süden bis zu den Sisters im Norden. Das ganze Panorama bei blendender Sicht in über 50 Meilen Entfernung. Ergriffen stehe ich hoch an Deck, schaue minutenlang hin. Das erste Land seit den paar Felsbrocken Ramirez. Zu einem Hurra kann ich mich nicht aufraffen. Dieser Landfall führt ja zu keinem Landfall. Leider. Ich will und muss weiter. „Strecke machen", muntere ich mich laut auf.

Die Chathams sind 200 Meter hoch und haben stumpfe beziehungsweise abgeflachte Kuppen. Will sie noch fürs Logbuch skizzieren, sind dann jedoch schnell „verdunstet". Obschon ich monatelang in den grauen Breiten segle, bin ich stets aufs Neue überrascht, wie blitzartig das Wetter von blau auf grau und schwarz wechselt. Die Chathams haben als Millenniuminsel Berühmtheit erlangt. Dort ist auf eine Wiese, die zu horrenden Preisen vermietet wurde, das erste Licht des vermeintlich neuen Jahrtausends gefallen.

Bei meinem Kurs wird auch der sanftmütigste Mensch bedrückt. Seegang, Wind und Lage. Es hat sich nichts verändert. Alles verquer. Als ich mal wieder am Einkürzen der Segel bin, sehe ich vom Mast aus ein Schiff. Ziemlich dicht und auf Gegenkurs. Freudig erregt, hole ich meine Funke hervor, spreche den Steuermann an und stürze mich auf ihn mit der Wetterfrage. Sie interessiert mich brennend. Seine Auskunft: Nordwest, 24 Knoten. Das bedeutet 6 bis 7. Nicht schlecht, was der Fischer-Wettermann mir da verspricht. Habe nämlich Südwest und zu tun, den Inseln nicht zu nahe zu kommen. „It's very seldom to see a sailingboat in these stormy waters." Aufgeregt, so dicht einem Schiff zu begegnen, habe ich vergessen, nach dem Schiffsnamen zu fragen. Ärgerlich, vorbei.

Danach stecke ich meine Nase ganz tief in die Kakaotasse. Gedanken: Es dreht sich alles um Kurs, Wind, Meilen, Essen, Trinken. Eine heiße Tasse zwischen den Händen, bequem abgestützt im Sitzen, ist immer ein Höhepunkt. Muss es zelebrieren, sonst verliere ich mich. Sollte all die so genannten Kleinigkeiten des Bordlebens unbedingt beibehalten: Kämmen, frische Kleidung zum Wochenende, Drink, Dörrobst, Tonkassette. Das war ein schöner Anblick: Ein rotes Fischerboot im Spiel der Sonnensplitter auf den Wellen – also fast genau im Gegenlicht kam es auf uns zu. Ein Blue-Cod-Fischer. Ein Dorsch-Fischer. Hoffentlich hält sein Wetterbericht.

173. Tag – Freitag, 2. Februar | Nein, nur noch Nächte mit viel Unruhe und in voller Kleidung. Resigniere. Wohl eine Folge der Übermüdung. Jetzt halte ich mal fest: Allmählich beginnt mich das Wetter zu langweilen. Es bietet keine Überraschungen: Boot, Meer, Luft, Wolken, alles ist in ständiger Bewegung. Es reißt auf, es bezieht sich, Böen erreichen uns, kurz eine Stille, dann die selbe Chose von vorn. Wolkenbilder sind schrecklich düster und zerfleddert (wie mein Inneres). Dies nur nebenbei, es ist normal und wird zur Routine. Bei Tolstoi erinnere ich mich, sinngemäß gelesen zu haben, dass man nur im Leiden individuell und interessant ist. Nur, meine Dauermisere mit dem Stift festhalten, führt dazu, dass es mir lästig wird, wenn ich unermüdlich über das Unabänderliche, nämlich den Gegenwind, klage. Viele Vokabeln um die „Gegenan-Situation" zu beschreiben, sind aufgebraucht. Nun, es bringt mich zum Räuspern. Drehe mich um und widme mich der Pantry, die sich ja gegenüber vom Kartentisch befindet. Spucke in die Hände und beginne mit einem Festschmaus: Penne und Gulasch. Fleisch, das meine Frau eingekocht hat. Eine Dose Pudding zum Nachtisch. Diese Dose bekam ich in Brunsbüttel von einem Kieler-Förde-Segler, der gerade aus der Karibik zurückkam. Großen Dank überhaupt allen, die mir etwas zum Essen mitgegeben haben.

174. Tag – Samstag, 3. Februar | Meine Mitternachtsaktion, drei Segelmanöver, nehme ich gelassen. Stecke gar den Kopf ins Bugnetz, damit mir die Nässe ins Gesicht spritzt. Es hat mit gestern zu tun: Das war nicht mein Tag. Zweifel an der Durchführbarkeit nagten. Der Sturmwind heulte besonders bedrohlich und schwingend. Stöpselte meine Ohren mit Mull zu. Hatte was von Versteckenspielen als Kind.

Zum Meer: Es ist wieder tiefblau bis dunkelblau. Neulich auf der Bank, östlich der Chathams, 200 bis 1000 Meter nur, war das Wasser leicht ins Grünliche getönt. Und bewegter als dem Wind entsprechend. Aber das ist seit Monaten so. Es weht einen halben Tag, und der Seegang steht lang und hoch und dauerhaft. Daher mein spätes Segelsetzen. Gestern ging ich zügig ran, prompt hatten wir einen, mit Betonung auf einen, Hammer. Puh, es knallte, als ob ich gegen Neuseeland gesegelt wäre. Frage mich, setze ich generell nach einem Sturm zu spät mehr Tuch? Hin und wieder ganz bestimmt. Einwendung: Ich fürchte ums Rigg, um Segel und Beschläge. Immer dreht der Wind nach einem Sturm so, dass der Bug in die alte Sturmsee zeigt. Den genauen Zeitpunkt zu erwischen, wann man die Tücher setzt oder Reffs ausschüttet ist das Problem – oder eine Aufgabe. Jedenfalls ist der Grad sehr schmal.

Noch ein Absatz zu den Wolken: blauer Himmel, wolkenlos. Dann Zirren, dazu Kumulus, dann schwarze, ja pechschwarze und großflächige Wolkenberge aus der Windrichtung. Jetzt zum Abend hin Grauzone in allen Richtungen. Das Boot zieht gut durch. Ich fühle mich normal. Das heißt, die Gedanken gehören meinem Schiff.

175. Tag – Sonntag, 4. Februar | Die Bordzeit wird eine Stunde zurückgestellt. Astrid ist mir jetzt zwölf Stunden voraus. Im Leben ist sie mir immer eine Stunde voraus. Mensch, ich bin ja noch lebendig. Oder bin ich wegen der Datumslinie obenauf? Ich habe sie gequert. Ich stehe östlich von Greenwich – 179 Grad 39 Minuten Ost. Ab heute findet ein Umdenken statt – in der Länge. Waren gestern die zunehmenden Zahlen auf der GPS-Anzeige wichtig, ist es ab sofort entgegengesetzt. Die Linie bringt mich in Stimmung. Ich pfeife mein Lied aus Porgy and Bess: „Summertime, and the living is easy …“ Es sind ebenfalls ein paar rhythmische Tanzschritte fällig. Nein, sie fallen ins Unrhythmische. Es herrscht Flaute. Auf 46 Grad Süd. Und alles fliegt koppheister. Ich müsste mal die Flautentage und -stunden seit Kap Hoorn addieren. Wir rollen so heftig, dass ich schwerlich eine Stelle an Deck finde, um risikolos über Bord zu pinkeln. Zum Gotterbarmen diese Bewegungen von KATHENA NUI in vier Richtungen.

177. Tag – Dienstag, 6. Februar | „Komm Wind, bisschen nach rechts“, einer meiner Selbstkommentare, mittellaut am Niedergang. Ich bin meinem Ziel, Snares, 10 Seemeilen näher gekommen. Das Resultat der letzen beiden Tage. Anzeichen von Ungeduld. Nur was mich voranbringt, macht Freude. Muss und will mich von solchen Gedanken frei machen. Dann werden eben aus 315 Tagen 350. Motto: Konzentrierte Gelassenheit – gestern, vorgestern und der Tag davor waren schon gute Tage. Beschäftige mich auf der Wache mit drei Monaten Aufenthalt im Pazifik. Das hätte ich nie erwartet. Ich habe mir ausgerechnet, dass bei einviertel Knoten mehr Speed wir Neuseeland bereits achteraus hätten. Anmerkungen meines anderen Ichs: Da war die Rippe, die Furcht, das defekte Log und da waren die Pilot-Charts. Sie haben mich auf dieser Strecke total im Stich gelassen.

Am Rande: Das Deck ist scharf wie eine Kartoffelreibe. Astrid hat es mit Ostseesand und Farbe rutschfest gemacht. Vorsegel muss ich immer hochbinden oder in den Sack stecken, auch wenn sie nur eine Stunde an Deck liegen bleiben, die Tücher schamfilen auf dem rauen Sand. Meinem „Stehvermögen“ jedoch bekommt die Oberfläche. Höchst selten gerate ich ins Rutschen. Sie gibt mir die Basis-Sicherheit, die ich mit Gurt und Leine nicht habe. Wenn ich denke, in Ölzeug, Gummistiefeln und Wollpullover über Bord zu fallen und an einer Leine … bei 6 Knoten … im Kielwasser … komme ich in Panik.

179. Tag – Freitag, 9. Februar | Die Datumslinie zwar vor einigen Tagen überquert, aber heute erst überschlage ich den Tag im Kalender. Ich habe Lust dazu. Die Linie liegt genau 180 Längengrade von Greenwich. Überhaupt: Wer von Ost nach West um die Erde segelt, muss diesen Tag im Kalender überschlagen. Das heißt, er verliert einen Tag, nicht schön für einen 60-Jährigen.

Schönstes Wetter ist nicht automatisch Segelwetter. Trotz Beaufort 3 heftiges Segelschlagen. Eine südwestliche Dünung rollt mit fünf bis sieben Meter an. Immerhin so hoch wie ein Ostseesturm. Ich versuche, locker zu sein. Ruhe mich an Deck aus. Innerlich jedoch chaotisch (400 Meilen bis Neuseeland), seemännisch allerdings noch diszipliniert. Batterie wird mit dem Honda geladen, Segelstellung im Auge behalten, nachts wache ich über Kurs und Segel.

Meine allererste Weltumseglung 1966 war doch mehr Spiel als Ernst; unbekümmert segelte ich über die Ozeane und war glücklich, überhaupt unterwegs zu sein. 1984/85 gab's lange Perioden von spielerischer Leichtigkeit. Hier brauche ich von Zeit zu Zeit Aufmunterung. Ich hole Chay Blyth, das Buch, ins Cockpit. Er hatte in diesem Karree sieben Tage Windstille. *„Ich konnte mich endlich einmal so richtig entspannen und empfand es wie eine Halbzeitpause vor der zweiten Hälfte der Reise."* Solche Stellen sowie seine Positionen und krassen Wettersituationen habe ich mit Bleistift im Buch markiert. Besonders amüsant und typisch englisch sein Zusammentreffen mit Journalisten an der Südküste Neuseelands: *„Eine Gruppe von Fernsehleuten lief aus, um sich mit mir zu treffen; ihr Boot hieß SEA WITCH. Ich verbrachte die halbe Nacht, um mit ihnen in Funkverbindung zu kommen und einen Treffpunkt zu vereinbaren. Bis Mittag konnten sie mich nicht finden, aber dann interviewten sie mich für das Fernsehen. Es tat mir gut, wieder mit Menschen zusammenzukommen. Wir veranstalteten eine regelrechte Party, obwohl natürlich niemand zu mir an Bord kam. Die Fernsehleute hatten nur Schnaps mit, deshalb reichte ich ihnen etwas von meinem Bier hinüber. Gewöhnlich sind es ja die Leute von Fernsehen und Presse, die einen mit Bier bewirten. So war es jetzt eine nette Abwechslung, dass ich mich auf der Spendierseite befand, und zwar mit Bierdosen, die ich selbst halb um die Welt transportiert hatte."*

Die geselligen Kontakte ermüdeten Blyth bald, und er sehnte sich danach, weiterzukommen. Ich auch! Erst mal brüte ich über dem Logbuch. Wer es mal lesen sollte, könnte leicht zu der Annahme tendieren, der Tag an Bord beginne um zirka 9 Uhr und ende mit der Abenddämmerung. So ist es sehr selten. Gerade bei diesem Sturm-und-

Flaute-Wetter sind Manöver rund um die Uhr erforderlich. Manchmal weiß ich anderntags nicht, habe ich nachts dies und jenes gemacht, so verschlafen erledige ich die Aufgaben an Deck. Meistens schlafe ich danach gleich weiter.

Ich lebe weiterhin rationiert. Esse nur zweimal täglich. Und es fällt mir schwer, hungrig in die Koje zu gehen. Oh, schrecklich. Nachmittags gibt es Pfannkuchen. Der Teig besteht aus Mehl, Backpulver und Eipulver. Ein beliebtes und schmackhaftes Langstreckengericht. Eigentlich ein Sonntagsessen. Mit Ausfallschritt stehe ich vor dem Kocher, in der einen Hand die Pfanne, in der anderen den Holzschieber, mit dem ich die leckeren gelbbraunen Pfannkuchen wende. Stück um Stück. Ach, geht es mir gut. Auf den Lippen „Summertime ...“ – der Song verfolgt mich. Und Gedanken an Regattaseesegler, die mit Tütennahrung leben. Die Ärmsten. Eigentlich fast Flaute. Großflächige Zirren kündigen ein Ende des Schönwetters an, also Regen und Wind. Aber Meteorologen haben das Sprichwort parat: In Frauen und Zirren kann man sich irren.

Alle zehn Tage baue ich das Satellitentelefon für Gespräche mit daheim auf. Mithilfe der Kofferantenne, oben auf der Luke, werden die Satelliten eingepeilt.

Der Mondaufgang beschert mir Einblicke in die Ferne. Es ist eben nicht alles beschreibbar. Daher in Kurzform: Wie ein glühendes Stück Eisen im Feuer steigt der Mond aus dem Meer. Irre glutrot. Dachte zunächst an ein beleuchtetes Schiff. Ein weiteres Kopfbild, das ich an Land mitnehmen werde – in die Zivilisation. Jedoch: Fürs erste habe ich noch eine Weile auf dem Meer zu tun.

180. Tag – Samstag, 10. Februar | Sechs Monate. Puh, ein halbes Jahr. Und alles im grünen Bereich. Ich habe die grünweiße Genua gesetzt. Jetzt, um 16.30 Uhr, läuft es schwach mit halbem Wind. Vergessen die Qualen der letzten Wochen. Ich mache allemal weiter. Wenn der Wind einigermaßen günstig ist, bin ich grenzenlos optimistisch.

Ein Haibesuch bringt Abwechslung. Er bleibt eine viertel Stunde in meiner Nähe. Begleitet uns mal steuerbords, dann backbords längsseits. Versucht, Bewuchs vom Rumpf abzubeißen. Dafür muss er sich erst halbwegs in Rückenlage drehen. Interessant, das zu beobachten. Habe aber doch Gänsehaut, als ich mich tief über die Bordwand beuge, um ihn zu filmen. Der Hai ist drei Meter, eher dreieinhalb Meter lang. Faszinierend seine Bewegungen, wie er durchs Meer gleitet. Imposant. Ein edles Design.

Die „Deutsche Welle" hat Boris Becker am Wickel und den „Spiegel". Der Kölner Auslandssender mokiert sich, dass sich das Magazin als Titelthema die Trennung des Tennisspielers ausgesucht hat. Zusammengefasst: Das sei doch was für „Bunte", „Bild", „Focus". Auch dass die „Spiegel"-Redaktion zu dritt, inklusive Chefredakteur Aust, zum Interview nach München gereist ist, wird spöttisch erwähnt. Ebenso der Gesprächsort, das Restaurant Käfer. Köstlich, der Beitrag. Das Amüsanteste der „Deutschen Welle" seit Christoph Daum. Was die sonst zu trocken sind, bin ich zu nass.

181. Tag – Sonntag, 11. Februar | Kein Lufthauch. Wilfried, erfreue dich eines solchen Tages. Endlich keine störende Dünung. Und Sonne. Nach Segelnähen – Groß flicken und Klüvernaht nachnähen – mache ich Proviant-Inventur. Mensch, ist das Arbeit. Alle Backskisten, Bilgen, Schränke werden sorgfältig durchstöbert und der Inhalt gelistet. Soweit zufriedenstellend – außer Brot. Es fehlen sechs Dosen und

Gemüse, davon sind zehn Dosen nicht auffindbar und auch Obstkonserven, zirka ein Dutzend hatte ich mehr auf der Proviantliste. Erfreulich dagegen: Knäcke, Saft, Suppen, Haferflocken und eingekochtes Fleisch habe ich mehr als erwartet. Es sollte für 170 Tage reichen – sofern ich bei zwei Essen täglich bleibe und abends nicht mehr als zwei Knäcke oder zwei Löffel Müsli verkoste. Es wird karg – ein Hungertörn. Komme abends vor Sorge um die fehlenden Brotdosen nicht in den Schlaf. Immerhin 17 Scheiben pro Dose, macht 102 Scheiben. Mir fehlt fast eine Scheibe täglich. Entspricht einem Drittel meines Frühstücks. Wo sind sie geblieben? Keine Ahnung. Vielleicht stehen die Konserven noch im Supermarkt – im vergessenen Einkaufswagen.

182. Tag – Montag, 12. Februar | Erste Tat: nach Kämmen und Trockenwäsche Positionseintragung in die Karte. Stecke 215 Meilen bis South Trap ab. Das ist der neue Treffpunkt mit Kym südöstlich vor Stewart Island. Ein Felsen, nicht höher als zwei Meter. Heißt übersetzt Südliche Falle. Oh, oh.

Zweite Tat: Astrid meine Position und Entfernung telefonisch durchgegeben. Treffen für übermorgen vereinbart. Nur zehn Minuten Batterie-Energie verbraucht.

Dritte Tat: mittags 15 555 Meilen im Logbuch. Welch ein Zufall. Ohne nachzuhelfen. Wirklich. Darauf gönne ich mir noch einen Topf Kaffee.

Halte es nicht mehr aus vor Unruhe. Nervös hangele ich auf und nieder. Reiße an Schoten und Segeln. Denke ausschließlich ans Vorankommen und den Fototermin mit meinem Sohn. An die außergewöhnliche Idee. Fast englische Verhältnisse. Die Briten haben bei ungewöhnlichen Segelreisen an allen möglichen Kaps der Erde Presseboote, Kriegsmarine oder Flieger auf den Weg geschickt. Warum hier also nicht mein Sohn. Großartig. Ich freue mich darauf und denke nicht, dass mich der Besuch in der Luft aus dem Rhythmus werfen wird. Stimmungen kommen und gehen sowieso. Ich bin jetzt sechs Monate allein auf See, mit meinem Boot, mit meinen Gedanken. Der Kontakt wird, bedingt durch die Umstände, eh sehr distanziert sein. Werde ich Kym überhaupt im Flieger sehen und erkennen können? Ich habe nur wenige Gespräche mit ihm geführt, aber was mich überrascht, ist seine absolute Zuversicht, dass mir die Umseglung gelingen wird. Dieses Vertrauen in mich wird motivieren.

Ich bin hippelig wie ein Teenager vor seinem ersten Rendezvous. Haste hin und her. Kym in der Luft. Was, wenn das Wetter umschlägt. Schlimmer: wenn Nebel aufzieht und sein Flug umsonst ist. Auf alle Fälle muss ich noch mal 100 Meilen vor South Trap meine Position durchgeben. Zu dicht möchte ich dem Land unter keinen Umständen kommen.

184. Tag – Mittwoch, 14. Februar | Eine grausame Nacht. Rollen in einer fürchterlichen Dünung von Schandeck zu Schandeck. Und wesentlicher: kommen keine Meile voran, obschon ich all meine Zeit an der Pinne verbringe. Ich stöhne, wie soll das mit dem Treffen werden. Windstärke 1 und Regen. Gut, ich fange zwölf Liter (leicht) und telefoniere (schwierig und viel zu laut) mit Astrid. Gebe mutig Kurs, Position und Speed durch, und dass es heute klappen muss. Sind wir doch nur 60 Meilen von South Trap entfernt.

Kym chartert diese Cherokee Six, um mich 100 Meilen südlich von Neuseeland vor Stewart Island zu suchen. Durch die ausgehängte Türe will er Fotos machen.

12 Uhr: Ich bin bereit. Frisch gemacht. Ganz in Gelb und Rot warte ich auf den Flieger. Fernglas und Kamera liegen neben mir im Cockpit. Blickrichtung: Stewart Island. Wind, und das ist das Beste: Nord 4 bis 6, sehr gute Sicht. Prächtig, um zu fotografieren.

12.50 Uhr: Wo bleibt er bloß? Das weiche Licht und der Wind beginnen zu schwächeln. Es riecht stark nach Land. Ein Modergeruch, Wald, feuchter Wald. Ich strecke mich, aber ein Flieger ist weder zu hören noch zu sehen.

13.45 Uhr: Kym fliegt ein. Selig winke ich mit beiden Armen. Immer wieder. Denke aber auch, dass er Aufnahmen machen möchte ohne ausgestreckte Arme meinerseits. Er hat Glück, der Wind legt zu, und ich brauche die Hände, um Segel zu bergen und zu reffen. Die einmotorige Maschine fliegt derweil in allen möglichen Kurven um KATHENA. Tief, hoch, weit entfernt, dicht, quer zu Bug und Heck. Durch eine ausgehängte Tür sehe ich meinen Sohn deutlich im Flieger sitzen. Einmal. – Mit Flügelschlagen entfernen sie sich nach 55 Minuten. Ich bleibe zurück mit Kämmen und Keksen aus einem Behälter. Im allerletzten Moment habe ich voraus den Abwurf dieses Behälters gesehen. War ziemlich überrascht. Hat mir nicht gefallen, zwei Halsen zu fahren bei Windstärke 7 und nur einem Reff im Groß.

Es geht mir alles sehr nahe. Ein Treffen mit meinem Sohn auf der anderen Seite der Erdkugel. Was bin ich glücklich, dass das Wetter mitgespielt hat. Es sah in der Früh nie und nimmer nach Besserung aus, nach der Schaukelnacht mit der schlimmsten Rollerei ohne Wind auf der Schelfkante – es geht von 1000 Meter Wassertiefe auf 120.

Minuten nach dem „Luftbesuch" legt der Wind auf Sturmstärke zu und dreht auf – na? Nordwest. Jetzt muss ich durch diese 50 Meilen Winddüse South Trap – Snares. Snares Islands liegen 105 Meilen westlich.

Im Folgenden die Begegnung aus Kyms Sicht:

Endlich. Mein Handy brummt und klingelt. „Ich bin 100 Meilen vor South Trap!", ruft Wilfried. Er freut sich riesig, diesem Felsen südlich von Stewart Island schon so nah zu sein. Ich schreie ins Telefon, er solle mir noch ein letztes Mal morgen früh seine aktuelle Position durchgeben. Die Sprachverzögerung von drei Sekunden erschwert jeden vernünftigen Dialog. Nun hat das Warten auf Wilfried ein Ende. Seit zwei Wochen bin ich in Invercargill ganz im Süden Neuseelands auf Stand-by. Für das Treffen mit ihm habe ich schon meinen Rückflug umgebucht, denn KATHENA NUI *kam kaum näher. 200 Meilen in einer Woche, da dauert die Fahrt ja drei Jahre! Er hat mir versprochen, alles zu versuchen, um mich hier zu treffen. Alles. Ich weiß, wie schwer das für ihn ist.*

In den vergangenen Wartewochen habe ich meine Mutter zwecks Abstimmung viel zu oft angerufen und den Foto-Rucksack mit meiner Ausrüstung ständig und bis in die Dusche mitgenommen. Spitzt sich jetzt alles zu?

Heute noch fliegen? Zu spät. Also morgen, denke ich. – Nichts ist. Bei der kleinen Fluggesellschaft „Stewart Island Flights" kennt mich in der Zwischenzeit jeder, aber das kurzfristige Chartern einer Maschine ist ein Problem. Die Cessna wird momentan lackiert, die Norman Islander ist zu groß und schnell, die zwei Cherokee Six Sechssitzer sind gerade morgen in der Wartung. Oh, Mann. Die beiden Piloten Bill und Raymond beschwichtigen meine Erregung mit den neuseelandtypischen Formulierungen, „we fix something" und „we sort that out". „Wir regeln das" ist keine echte Beruhigung für mich. Es ist schon dunkel, als ich von Bill erfahre, dass er alles organisiert hat. Ich kann fliegen! Die Maschine wird ab 5.00 Uhr früh gewartet. Ich hoffe nur, dass er auch die Mechaniker davon überzeugen kann. Bleibt das Wetter. Soll morgen nicht besonders gut sein. Schauer und draußen vor der Küste auffrischender Nordwestwind bis Sturmstärke. Obwohl ich Wilfried alles, nur keinen Gegenwind wünsche: Ein bisschen Wind wäre schon gut.

Am nächsten Morgen regnet es in Strömen, die Stimmung ist am Boden. Über meine Mutter, die am Telefon „klebt", klappt der Kontakt. Ich bekomme die neue Position sowie den Kurs – 250 Grad. KATHENA NUI *ist wirklich nah – nach so langer Zeit. Nur jetzt keinen Fehler machen beim Eintragen in die Seekarte. Nun, bei Windstärke 1 wird Wilfried nicht mehr als 12 Seemeilen in vier Stunden schaffen. Selbst wenn es auffrischt. Ich stecke für 13.00 Uhr eine geschätzte Position ab.*

Fehlt noch der Plastikbehälter, den ich Wilfried abwerfen will. Im Laden wurde darin Ankerkette gelagert. Kein gutes Omen. Ich stopfe das einzige harte Brot, das ich kriegen kann, und die „Southland Times" von heute hinein. Dazu Äpfel mit drei Lagen Küchenrolle eingepackt und den eben noch zu Ende geschriebenen Brief: Aufzeichnungen der letzten Tage. Es fällt mir schwer, mich in die Situation meines Vaters hineinzudenken. Ich glaube, nur er selbst kann sich trotz unvorstellbarer Strapazen weiter motivieren. Ich könnte eine solche Reise nicht machen. Weiß, wie viel Erfahrung man braucht und wie viel Liebe zum Meer. Ich beschreibe ihm meine Seite der Vorbereitungen, meine zukünftigen Pläne als Grafik-Designer und die Reaktionen der vielen Menschen, die im Internet an seiner Reise teilhaben. Mit ein paar Keksen, Cheddar-Cheese und einem neuen Kamm ist das verfrühte Geburtstagsgeschenk komplett. Seine Haare sind verfilzt, sodass die Zinken der Kämme abgebrochen sind. Das hat mir Wilfried vor zwei Tagen telefonisch durchgegeben. Von außen umwickle ich den Behälter mit rotem und gelbem Klebeband und sechs Meter schwimmfähigem Tau zum Auffischen.

Mein Pilot ist Raymond Hector. Er hat die höchste Fluglizenz und beherrscht die kleine 300-PS-Cherokee absolut. Wir werden sehr durchgeschüttelt. „Bumpy" heißt das im Flugjargon und ist bei nur 2000 Fuß Flughöhe normal. Ryans Creek, die kleine Start- und Landepiste auf Stewart Island, ist unser erster Stop. Wir demontieren die hintere Tür und legen sie in einen Blechschuppen. Ich werde freiwillig doppelt angegurtet. Neben der riesigen Öffnung sitze ich praktisch im Freien – bei über 200 km/h. Raymond scherzt noch: „Deine Rettungsweste ist neben dem Sitz und dein Notausgang …" Er gibt unsere Zielposition in sein GPS ein. Waypoint: Kym. Wir besprechen kurz das Fotografieren und Abwerfen des Containers. Achtung, bloß nicht mit der Hand im Tau verfangen.

Schon beim Start merke ich, dass es eine windige Sache wird. Dazu ein Höllenlärm, der mich sprachlos und taub macht. Mir geht nicht mehr viel durch den Kopf. Nur noch die Frage. Wo ist Wilfried? Nach ein paar Kurven und Richtungswechseln verliere ich die Orientierung. Meine Konzentration gilt dem Horizont. Der Himmel ist fantastisch aufgeklart – zirka 20 bis 30 Meilen Sicht. Sieht nach mehr Wind aus, aber wo ist das Boot? Ich verstehe nicht, warum das so schwierig ist. Vielleicht sind zehn Meter Boot einfach zu klein. Wenn das Treffen heute nicht gelingt, ist Wilfried morgen möglicherweise schon zu weit. Wir fliegen fast eine Stunde, meine Anspannung ist gigantisch. Raymond folgt schließlich Wilfrieds Kurs von 250 Grad weiter nach Südwesten und damit genau in die richtige Richtung. Ohne Raymond wäre es schief gegangen. Aus 8 Meilen Distanz sehe ich ein weißes Segel. Die beiden orangefarbenen Vorsegel, die Wilfried extra gesetzt hat, erkennen wir erst beim Näherkommen, und jetzt bin ich sicher: Ich habe meinen Vater gefunden.

Wir kreisen um das Boot, fangen bei 1000 Fuß Höhe an und kommen dann immer dichter heran. Gerade von weitem sieht das Boot so verloren aus, wie es wirklich ist. Winzig zwischen den Wellen. Eine echte Nussschale. Je dichter wir KATHENA passieren, desto schneller sind die Momente vorbei, in denen ich Details erkennen kann. Wilfried an Deck mit grauem Bart. Er winkt. Leider kann ich nicht zu ihm herunterrufen, aber ich winke aus dem Innern des Fliegers zurück.

KATHENA glänzt in der Sonne. Alles strahlt. Sie sieht wunderschön aus. Jede Minute wird das Boot schneller. Der Wind nimmt in den 60 Minuten, in denen wir das Boot umkreisen, von 4 auf 7 Windstärken zu. Für die Fotos verlangsamt Raymond das Flugzeug auf unter 100 km/h. Wir kommen KATHENA NUI immer näher. Der Fahrtwind schlägt in meine Kamera. Wir fliegen sehr dicht heran, ich kann die Distanz nur schätzen – 30 Meter erscheinen mir noch viel. Ein wenig dichter und ich könnte an Deck springen – Wilfried in die Augen sehen. Ihn umarmen.

Nach einer Stunde Kreisen werfe ich den Behälter in Luv von KATHENA aus der Maschine. Wilfried hat den Aufprall gesehen, er wendet und nimmt beide Vorsegel runter. Der Plastikbehälter ist so klein, er ist in den Wellen kaum zu sehen. Nach ein paar Wenden winkt Wilfried uns zu. Er hat ihn! Ich hätte es nicht ausgehalten, mit dem Ding an Land zurückzukommen, wenn wir Wilfried heute verpasst hätten. Ich bin unbeschreiblich erleichtert.

Zum Abschied wippt Raymond die Flügel hin und her. Ein letzter Gruß an meinen Vater. KATHENA NUI ist wieder allein.

Ich bin total erschöpft, aber es hätte nicht besser sein können. Am Ende hat nichts gefehlt. Alles Schlechte bekommt man irgendwann einmal positiv zurück. Wilfried wird seine Weltumseglung beenden. In Cuxhaven. Ich werde dort sein.

185. Tag – Donnerstag, 15. Februar | Reibe mein Gesicht kräftig. Habe ich geträumt, oder hat es echt stattgefunden? Auf dem Boden liegen die „Southland Times“, eine Kekspackung und Äpfel. Also doch. Bin ganz betäubt und gelähmt. Kym so nahe zu sehen und zu spüren. Bin traurig. Die Schwermut will nicht weichen. Melancholisch tapse ich durch den Tag. Eigentlich sollte, wer auf die Reise durch den „Southern Ocean“ geht, seine Gefühle beherrschen. „Gefühlvoll“ gilt in der Regel als schwach. Den Anforderungen nicht gewachsen. Gefühle bereichern aber auch – bei mir. Findet ein Ausbruch statt, tut mir das gut, danach bin ich bereit, standzuhalten. Prima, mein Junge, alles so sauber in die Reihe gekriegt, ich hoffe, es ist mir vergönnt, ihm dafür persönlich zu danken. Diese Genauigkeit, Disziplin, Verantwortung, Ehrgeiz. Hoffentlich bekommt er die Anerkennung für seine Mühe mit den Fotoaufnahmen. Ich profitiere für mein geplantes Buch. Habe ich doch Bilder aus einer anderen Perspektive.

Übermüdet. Rubbele mit einem Frotteetuch nochmals Hals und Gesicht trocken. Noch immer Frottee mit Hausgeruch. Eine meiner besten Ideen, ein Dutzend Tücher in Plastik verpackt mitzunehmen. Habe Mühe, etwas Nützliches zu tun. Die Anspannung sitzt noch im Körper und löst sich nicht. Nacht war, wie hier üblich: kalt – zwei Grad – und nass.

Um drei Uhr wäre ein Segelwechsel angebracht gewesen, aber ich war zu matt, in die Ölkluft zu schlüpfen und mich der sprühenden Gischt zu stellen. Indikator für diese Starre: 14-mal Großsegelreffen, 8 Vorsegelmanöver, Telefongespräche, Kym himmelwärts und Winde zwischen 0 und 9 Beaufort.

Wie wäre es wohl mit Astrid in diesen Breiten, keineswegs nonstop, aber lange Strecken segelnd? Was vergnüglich für einen Einzelnen ist, ist es noch lange nicht für Zwei. Außerdem: ohne Toilette und ausreichend Wasser. Habe schon Arbeit und Probleme bei der Schräglage und einstelligen Lufttemperaturen, Ersteres auf die Reihe zu bringen. Entspannt sitzen gibt es beim Eimersystem nicht. Dann Frischwassermangel: alles klebriges Salz. Ich schmecke es kaum noch. Bemerke es nicht auf dem Vordeck oder beim Segelwechsel, denn wer gegen den Wind segelt, muss sich den Wellen frontal stellen. Selbst in der Koje, im Kaffee, in der Kleidung stört es nicht mehr. Die Salzschicht auf meiner Haut und in den Haaren ist halt vorhanden. Und: breitet sich Monat für Monat mehr aus. Begonnen hat es in der Kochecke, Schritt für Schritt trug sich die Feuchtigkeit weiter. Inzwischen steht sie am Mittschiffsschott, auch dort alles klamm und feucht. Kleide ich mich an, klebt die Wäsche kalt. Schmutzig fühle ich mich keinesfalls, das ist das Verwunderliche. Verlangen nach einem Schaumbad? Nein. Auf einen Regen bei Windstille freue ich mich. Kopfkissen und Bettwäsche sind zu machen. Das wäre mehr als grandios. Stehe bei 70 Liter Trinkwasser im Tank, davon darf ich natürlich keinen Liter für Wäschewaschen vergeuden.

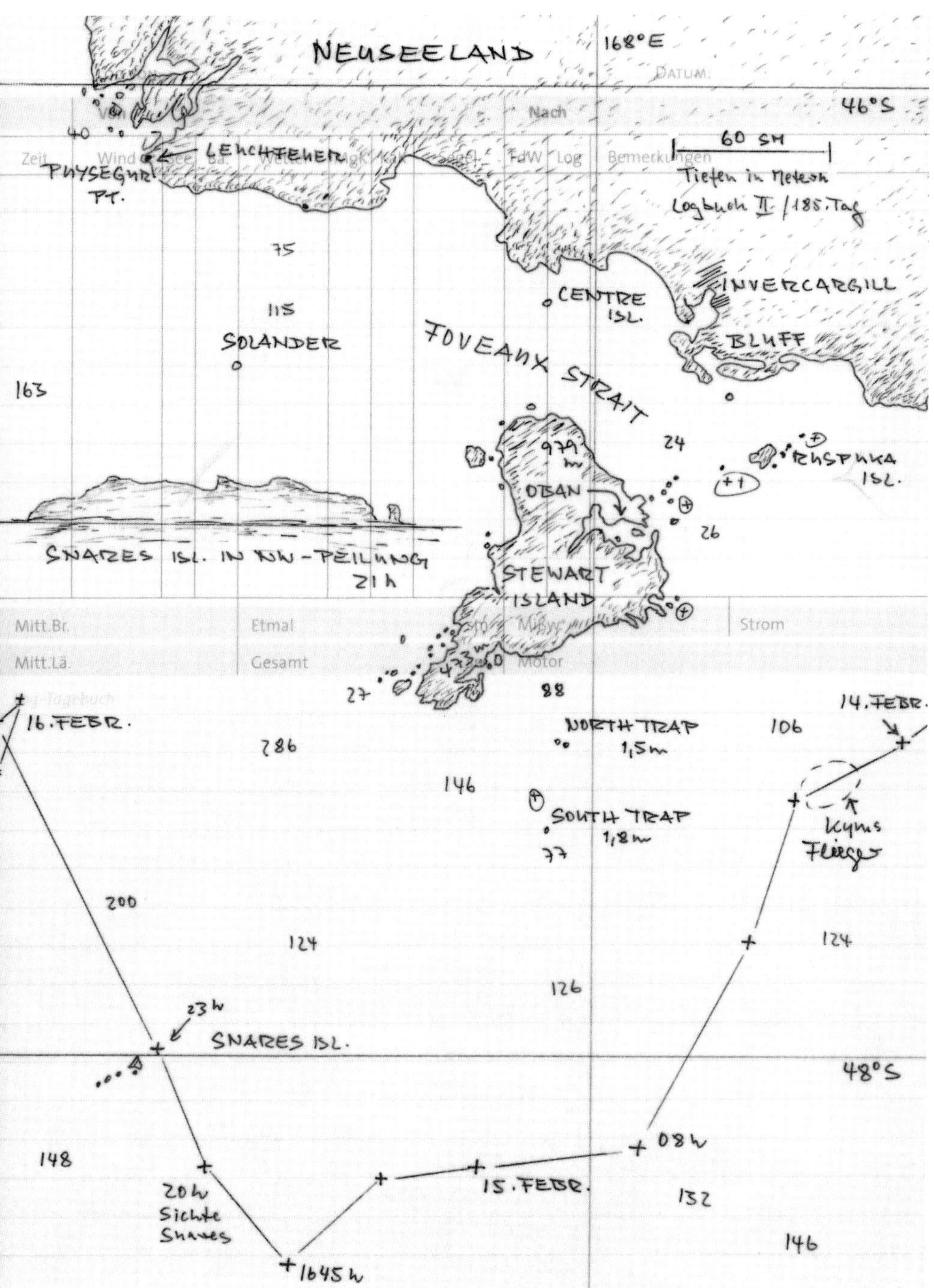
NEUSEELAND
168°E
46°S
60 SM
Tiefen in Meteor
Logbuch II / 185. Tag
LEUCHTFEUER
PUYSEGUR PT.
40
75
115
SOLANDER
CENTRE ISL.
INVERCARGILL
FOVEAUX STRAIT
BLUFF
163
979 m
OBAN
24
RUAPUKA ISL.
26
STEWART ISLAND
SNARES ISL. IN NW-PEILUNG
21 h
473 m
27
88
NORTH TRAP
1,5 m
SOUTH TRAP
1,8 m
77
14. FEBR.
106
16. FEBR.
286
146
200
124
126
124
23 h
SNARES ISL.
48°S
148
20 h
Sichte
Snares
1645 h
15. FEBR.
08 h
132
146

Um 23.40 Uhr die Snares passiert. Eine Handvoll dunkler, kahler Felsbrocken, 189 Meter hoch, über 3 Meilen verstreut. Nur von Unmengen Seevögeln bewohnt.

Mit den zerklüfteten Snares habe ich das pazifische Südpolarmeer achteraus. 102 Tage benötigte ich für die Strecke. Fast einen Monat länger als gedacht/geplant. 102 Tage, davon etwa 93 gegenan. Was für die Tour-de-France-Fahrer die Königsetappe, Alpe d'Huez, ist für mich die Königsstrecke Kap Hoorn – Snares. Nur dass hier am Ende nicht ein Masseur, ein opulentes Essen oder ein Mechaniker auf mich warten. Zu Hause werde ich auf alle Fälle die Sturmfronten dieses Seestücks addieren. Die Winde innerhalb dieser Breitengrade – 41 bis 46 – haben mich enttäuscht, ja zeitweise erschüttert. Doch: Irgendwann gleicht sich alles im Leben aus. Sagt man. Vielleicht habe ich ja im Indischen Ozean Glück. Windglück. Mit dem Stift im Mund, damit er mir nicht wegrollt, träume ich vor mich hin, empfinde Freude. Bin reingewaschen von der Schärfe des Meerwassers.

15 | TÜCKISCHE TASMANSEE

Mir kommt ein Zitat von Juan Ramón Jiménez in den Sinn: *Die Erde führt durch die Erde, aber du, Meer, führst durch den Himmel.* Daher schon wieder die Schlei. Immerhin ist sie das Gewässer in meiner Nähe. Ein kleiner, schmaler Fjord, der sich zum Meer hin öffnet. Heute unternehme ich einen November-Spaziergang. Es ist nasskalt, schwachwindig, Nebelschwaden streichen über die Wasserfläche. Vereinzelt zieht ein Segelboot unter Motor ein „V" übers stille Wasser. Ich stelle den Kragen hoch und stapfe über Wiesen und Zäune, durchs Geäst der Knicks. Die Schlei hat wenige Uferwege. Den Nebel von Land aus zu betrachten, ist wie im Regen hinter den Scheiben eines Cafés zu sitzen. Man fühlt sich geborgen.

---

186. Tag – Freitag, 16. Februar | Es wird langsam Zeit, dass ich die Nässe in diesem Tagebuch reduziere. Von Ölzeug, feinen Salzschichten, Gischt und Gräue, Sturm von vorn haben wir genug berichtet. Mir steht das Wasser bis zum Hals, auch wenn ich hier am Kartentisch im Trockenen stehe. Aber, abrupt ist das nicht machbar: Ein neues Meer, und schon der erste Tag ist tückisch. Sturm von vorn. Da kann ich nicht umhin, ansatzweise darüber zu berichten. Logisch, sind wir doch auf 47 Grad südlicher Breite. Kreuzseen aus Süd ärgern mich – wir befinden uns ja auf einer Schelfkante mit Querströmung. Gehe die Sache matt und desinteressiert an. Fahre ein paar Wenden, doch das Resultat ist kläglich. Der eine Bug ergibt kaum Nord, der andere gut Süd. Beides ist nicht toll. Der katastrophale Wendewinkel basiert auf dem Superseegang und den vorherrschenden Sturmböen. Meeresstrom mit einem halben Knoten ist noch dazuzurechnen. Wir segeln voll gegenan, kommen praktisch nur in Kabellängen dem Ziel Tasmanien näher, das 1000 Meilen über die Tasmansee entfernt liegt. Maatsuyker Island am Südzipfel von Tasmanien heißt der Felsen, den es zu passieren gilt. Zwölf Tage habe ich dafür angesetzt. Ich bin neugierig, ob dieser zu Hause aufgestellte Zeitplan einmal einzuhalten ist.

Auf meinem Boden liegen Reste der zerdätschten Äpfel, ein großer blauer Kamm, die „Southland Times“. Es sind die Dinge, die mir mein Sohn „zugeworfen“ hat. Der Aufprall des Behälters aufs Wasser muss enorm gewesen sein. Selbst Kekse sind zerbröselt. Halbseitig ist der Wetterbericht in der Tageszeitung von Invercargill dargestellt. Er prophezeit mir dieses Wetter. West für die nächsten drei Tage, aber seltsam, die Windstärken sind in drei Rubriken gestaffelt: 10 bis 30 Knoten (Stärke 3-7), 31 bis 60 (8-11) und über 61 Knoten. Gibt Einblick in die Windverhältnisse der Südspitze Neuseelands. Einen Schock versetzt mir die Gartenkolumne: „February is the last mounth of summer in Southland, gardeners know autumn can quickly turn to winter...“ Ich habe noch 7500 Meilen in der südlichen Hemisphäre vor mir, und jetzt wird schon von Winteranfang gesprochen. Mir steht noch einiges bevor.

In einer dieser Böen werde ich unglücklich übers Vordeck geschleudert, bestimmt wird der geprellte Oberschenkel blau und gelb werden. Passiert ist es, als ich im Sitzen das Sturmsegel kralle und mich ducke, um nicht die volle Ladung Seewasser abzubekommen – mit Erfolg: Der Schwall fliegt über mich hinweg. Wenn es so weitergeht, reicht meine Prellungssalbe Vetren nicht. Das einzige Medikament, das bisher ausgiebig Gebrauch fand.

Hände sind in diesem Meer immens wichtig. Ist man in Bewegung oder wie hier am Kartentisch vor dem aufgeschlagenen Logbuch, gibt es kaum eine Minute der Entspannung für sie. Festhalten, knoten, ziehen, kurbeln, Zwiebeln schnibbeln, Buch lesen. Schreiben. Doch zu allem Übel befinden sich meine Hände in miserablem Zustand. Risse, beide Daumennägel gespalten, Schnittwunden, Nagelbett entzündet und zerfleddert. Das kommt von der scharfen Decksoberfläche.

187. Tag – Samstag, 17. Februar | Keine Windänderung. West 8. Eine zerwühlte See. Segle weiter dicht am 166. Längengrad auf und nieder. Von Vorankommen keine Spur. Denke in Kabellängen. Begleitet von einem hässlichen Quietschgeräusch, der Mast hat sich im Fuß verdreht. Oder ist gar das Aluminium gestaucht? Versuche mit Holzkeilen und Hammer Abhilfe zu schaffen. Gelingt mir leidlich. Es knirscht und ächzt bei jeder heftigen Stampfbewegung. Unter Deck hört sich das ätzend an. Paradoxerweise nur auf dem Steuerbordbug. Um Ruhe zu finden, wende ich, segle lieber auf Backbord.

Wie konnte das passieren? Ich hatte ein Zuviel an Segel stehen. Und habe hart gegenan gebolzt. Das ist zeitweise wie U-Boot fahren – aufgetaucht. Warum ich das mir und dem Schiff antue? Erstens: Ich will nicht auf die Bänke zurücktreiben. Zweitens: Ich muss unbedingt aus diesem Loch raus. Denn ich denke, es ist ein Wetterloch. Noch dringender ist, dass ich mich von der 100- bis 200-Meter-Schelfkante entferne – nach Westen hin.

Wie viele Nächte ohne ausreichend Schlaf? Keine Ahnung. Nur, dass ich das nicht lange machen kann. Die Müdigkeit führte in den letzen Tagen dazu, dass ich den Längengrad in der Seekarte mehrfach fehlerhaft eintrage – war die Länge bis zur Datumslinie zunehmend, ist sie jetzt abnehmend. Nicht auszudenken, mir wäre der Fehler bei der Verabredung mit Kym passiert. Wenn ich zurückdenke, wie er praktisch neben mir in der Luft stand, befinde ich mich abermals in vollkommener Selbstvergessenheit. Keine Sinnfragen. Kein Leiden unter den augenblicklich springenden Verhältnissen. Nichts Negatives schiebt sich in mein Gehirn. Das war ein Höhepunkt dieser langen Reise. Was mich melancholisch stimmt ist, dass mein Sohn Zeit und Flug in eine Sache investierte, die recht vage war. Ein Treffen auf dieser Seite, westlich Stewart Island, wie mir zunächst vorschwebte, wäre mit Sicherheit an den Wetterbedingungen gescheitert.

188. Tag – Sonntag, 18. Februar | Jetzt geht es heimwärts. Kopfmäßig bergab. Bei 16 017 Seemeilen im Bordbuch entscheide ich mich für die Halbzeit. Okay, nicht unbedingt ein Tag zum Feiern, kantige Schläge schmeißen uns, aber da ist auch die doppelte 8. Acht ist eine chinesische Glückszahl. Bin sehr abhängig von solchen Sachen.

Grobe See. Luken dicht bei totaler Nässe. Gebe alles. Wie schon seit Wochen. Sturmböen beherrschen uns. Astrid sagte ja, als ich ihr mein Vorhaben mitteilte: „Verrückt. Dreimal verrückt, für jeden Ozean einmal.“ Die Tasmansee könnte sie noch getrost dazunehmen. Seit den Snares ist es die Hölle. Schwere Sturmböen wechseln mit normalen 7 in stetem Rhythmus. Daraus resultiert, dass ich meist zu viel Tuch gesetzt habe, infolgedessen hart in die anlaufenden Seen einsetze. So genannte Blocker, die das Schiff bis ins Mark erschüttern und mich in der Kajüte umherschleudern. Aus Bequemlichkeit bleibe ich heute gleich auf den Segelsäcken liegen. Gehe das „übertakelte" Risiko ein, um endlich von der Schelfkante wegzukommen, Seeraum zu gewinnen.

Abends ist es geschafft: 90 Seemeilen Distanz zur neuseeländischen Küste und 4000 Meter Wassertiefe. Ich segle wieder sanfter. Den Hochseeregattaseglern werden sich die Zahnbürsten sträuben, aber: Ich glaube nicht, dass ich meine KATHENA so wie in diesen letzten Tagen „knüppeln", überfordern kann. Beide würden wir das nicht lange durchstehen, dieses Segeln am Maximum und darüber. Das Material an der Grenzbelastung, ständig überflutetes Deck, das würde nicht lange gut gehen. Und es muss gut gehen.

Die BT-Racer starten heute in Wellington für Sydney. Noch bin ich ihnen voraus. Restart für Kapstadt ist in Sydney am 11. März. Vielleicht klappt es diesmal, sie zu treffen.

Mein Resultat der „Knüppelei": 44 Meilen in acht Stunden. Leider in Nordwest-Richtung, also nicht ganz der Tasmanien-Kurs. Aber dafür oberherrlicher Anblick des Meeres gegen die tief stehende Sonne: Spiegelnd glänzen die brechenden Sonnenstrahlen im Wasser.

189. Tag – Montag, 19. Februar | Drei Meilen verschenkt. Was ist los mit mir. Um 5 Uhr hätte ausgerefft werden müssen, ich bin aber erst gegen 8 an Deck zu kriegen. Nach fünf Tagen mit einem Minimum an Schlaf hatte ich endlich eine Totschlaf-Nacht. Gestern waren die Nächte in meinem Gesicht abzulesen: Falten, Furchen, Ränder um die Augen. Der Mensch ist eben auch ein Stück Natur. Verändert sich mit den Naturgewalten.

Scheitelpunkt der Weltumseglung! Mache ein Fläschchen Henkell Trocken auf. Dazu Spaghetti Olio und Mousse au chocolat, Dessertcreme aus der Tüte. Für die Halbstrecken-Feier war es gestern zu ruppig, doch solchen Anlass darf ich mir nicht entgehen lassen, er wird nachgeholt. Es gelingt nicht ganz: Mir fällt Vieles aus der Hand. Beim Apéritif das Glas Sekt. Später rutschen die Nudeln aus der Essschüssel. Knapp mit Nahrung wie ich bin, schaufele ich sie vom Teppich wieder zurück.

190. Tag – Dienstag, 20. Februar | Mein Lieblingswetter weckt mich. Dichter Nebel. Trimme Segel, richte Kurs. Starre in die ringsum gleichmäßig verteilte Suppe. Sauge die Schönheit der engen, weiten See in mir auf. Dünung ist lang und stark. Hebt und senkt den Nebel wie einen Vorhang, der vom Wind zuunterst ausweht. Es ist die zweite gute Nacht in Folge. Fühle mich wohl. Warum klagen, hab zwar reinen Gegenwind, aber was soll's? Von 16 000 Seemeilen haben wir fast 10 000 südlich des 40. Breitengrades zurückgelegt. Darauf bin ich sehr stolz. Mir geht es gut, auch wenn ich dünn bin wie ein Storch. Das Boot ist okay, und es geht heimwärts. Schwebe über Deck wie ein Schmetterling: mal hier, mal dort, mal dies, mal das. Doch: Momentan fühle ich mich unsichtbar, in einer berückend endlosen Aufgabe. Umgeben von stumpfem Wasser, Trillionen von Litern Salzwasser und hinter dem nebligen Horizont – ein Blick auf die Karte 4007 verdeutlicht es – voraus Tasmanien, achteraus Neuseeland, im Süden die Antarktis (genau: Macquarie Island) und in Nord die Südseeinseln Vanuatu, Neukaledonien...

191. Tag – Mittwoch, 21. Februar | Blick aus meiner Aluminiumhöhle: Sonne, blauweißer Himmel. Kämme mich lustvoll, seit ich diesbezüglich neu versorgt wurde. Schoten dicht wie lange nicht. Kommt daher, dass die See glatt und ruhig ist wie zuletzt auf dem Atlantik. Leider weht ein Nordwest.

Die Ellbogen sind chronisch entzündet. Beide. Das Abpolstern in der Koje mit Decke und Kissen nützt nur wenig. Daneben wird mir die Feuchte in der Kajüte langsam ekelhaft. Nun, nicht zu ändern, eine Wäsche ist nicht möglich. Habe kaum ausreichend Trinkwasser. Muss weiter bei jedem Schauer schwer auf Draht sein.

Das Meer spiegelt sich an Steuerbord – ein herrlicher Anblick. Wasseroberfläche glänzt wie Quecksilber. Spüre unbewusst, die Distanz wird weniger. Befinde mich auf der Rückseite der Reise. Strohhalmgedanken. Sage mir: genieße es. Das hast du nie wieder. Alles ist letztmalig. Erst recht die „Southern Oceans". Ich aale mich im Cockpit, umgeben von kartonweise Zwiebeln, auf einer Leine hängen Handtücher, Unterwäsche, Decken, Schlafsack. Wind und Sonne sollen die Salzkristalle raustrocknen.

Um 17 Uhr baue ich mein Telefon auf: Interview mit Redakteur Martin Muth von der Fachzeitschrift „Yacht". Er faxt mir die Fragen, und ich antworte direkt. Zur Frage nach Höhepunkten beispielsweise: „Stimmungshochs hatte ich bislang sehr viele. Das geht bei mir sehr schnell. Wenn ich mal einen günstigen Wind habe, der zwei Stunden durchsteht, dann bin ich schon glücklich. Ich genieße diese kurze Zeit. Daneben natürlich das Passieren markanter Punkte. Stimmungshochs werden auch durch so genannte kleine Dinge ausgelöst. Die Tasse Kakao nach einem schweren Sturm. Oder frische Kleidung zum Wochenende." Ist das Telefon ein Ventil? „Ja sicher, einerseits. Zum anderen, wenn ich nichts Positives zu berichten weiß, auch bedrückend. Gerade am Tag nach dem Gespräch sacke ich meistens ab – in Traurigkeit, in Gewissensbisse, in Zweifel ganz allgemein. Das würde es sonst nicht geben." Sehr interessant die Frage nach dem Wert, sich derart zu quälen. „Allemal ist es wert, sich mal gegen das Meer zu stellen. Strapazen sind auch Leben. Erst in einer übermenschlichen Aufgabe, in Leid und Individualität, erfüllt es sich." Muss ich vehement vertreten. – Da ist sie, die Essenfrage. Wird der Proviant reichen? „Schon seit dem 75. Tag rationiere ich. Esse nur zweimal täglich und möglichst langsam. Als Extras gibt es mittags drei Stück Dörrobst und abends zwei Knäcke. Es ist nicht genug an Bord, denke aber, es wird reichen." Auf welchem Kurs geht es jetzt weiter? „Mein Ziel ist es, südlich an Tasmanien vorbei zu segeln. Weiter zwischen dem 35. und 40. Grad südlicher Breite Richtung Kap der Guten Hoffnung. Und dann ab nach Norden, Kurs Nordnordwest. Hoffe, Mitte Juli in der Elbe zu stehen."

Mitten im Satellitengespräch, o Schreck, Winddrehung. Kontersee. Was nun? In der einen Hand den Hörer, mit der anderen die Antenne nachführen, gleichzeitig kontrollieren die Augen den Kompasskurs. Es klappt, gibt keine Unterbrechung. Gefalle mir am Ende nicht. Erschien mir zu optimistisch. Und zu ernsthaft. Die Nach-Stimmung fällt mit dem amputierten Wind zusammen. Ich hasse es: Schöne 5 bis 6 Windstärken werden im Nu zu 0 bis 1. Oder umgekehrt. Umgeben von einer nervenden zerstörerischen Seedünung, die die Takelage zittern lässt.

193. Tag – Freitag, 23. Februar | Der graue Himmel, die lange, nie nachlassende Dünungssee, das Klick-Klack des Großsegels, die Gegenströmung – all das stimmt mich trübe. Patricia Kaas' „Scène de Vie" muntert ein wenig auf. Der Recorder steht an Deck und spielt immer wieder diese eine Kassette. Drei Stunden lang französische Chansons. Fühle mich mal wieder mutterseelenallein. Eine Handbreit überm Meer auf einem unbefahrenen Ozean. Die Telefonate sind teuflisch. Ein Gespräch alle zehn Tage reicht mir. Meine Welt sind KATHENA und das Meer bis zum Horizont. Und wenn ich den Blick hebe, der milchgraue Himmel mit einigen hellen Flecken in Nordost. Verlassen. Ausgesetzt. Was mache ich, wenn es mit der Geschwindigkeit so weitergeht? 360 Tage? Bei Gott, bloß nicht. Bei dem Gedanken befällt mich Angst. Das ist einfach zu lange. Fast schmerzhaft die Sehnsucht nach einem Wind, der einen Tag gleichmäßig durchsteht und somit keine Segelmanöver erfordert.

Bin unschlüssig, welche Route über den Indischen Ozean die beste für mich ist: Zwischen 38 und 40 Grad, oder nördlicher davon oder gar südlicher. Das wäre die kürzere. Letztlich muss ich mich dafür erst auf der Länge von Kap Leeuwin (Australien) entscheiden. Bis dahin habe ich noch viel Zeit.

Tief durchatmen. Ein 60-Meilen-Etmal abstecken und Kaffee trinken. Zu Martin Muth sagte ich neulich am Telefon, dass ich oft kriechend auf dem Vordeck meine Segel bändige. Er könnte den Eindruck gewonnen haben, dass ich zu schwach bin (mangels Ernährung). Ich bewege mich gebückt oder auf dem Hintern, weil ich einfach einen Horror vor Verletzungen und dem Überbordfallen (selbst mit Gurt und Leine) habe. Was passiert, wenn ich falle, und meine Sicherheitsleine bildet eine Schlinge um mein Bein? Denn Schlingen „erlaufe" ich mir andauernd mit der Leine.

„On the road again." – Gerade als ich mich auf dem Brückendeck niederlasse, verstärkt sich der Lufthauch aus Nordnordwest. Sofort springt KATHENA an: 3 Knoten. Ich schaue mir die „Welt am Sonntag" vom 13. August 2000 an. Mal sehen, was die beim vierten Lesen noch bietet: Umfang 116 Seiten, davon 57 Werbung. Und das Wichtigste: 19 780 Zeilen Lauftext, 307 Fotos, 67 Grafiken. Ist dafür ein Sonntag in Deutschland nicht zu kurz?

194. Tag – Samstag, 24. Februar | Das Gefühl der Morgenfrische im Cockpit hat etwas tief Befriedigendes. Allein schon der Gedanke: Dieses Stück Erde gehört dir. Noch schreckt der schlechte Kurs nicht – segeltechnisch bin ich harmlos. Mir fehlt wohl doch die fundamentale Ausbildung einer Segelschule. Vermisse Fachausdrücke und diesen Willen, stetig an Schoten und Segeln zu zupfen, etwas, was man auf Schulyachten lehrt.

Generell trimme ich die Segel zu selten und mit wenig Ausdauer. So arbeite ich nicht mit den Achterstagen. Der natürliche Grundtrimm steht seit der Elbe. Fahre ohnehin archaische Achterstage. Sie sind in ihrer Stellung sozusagen festzementiert. Genauer, die Kontermuttern der Spanner mit Gewebeband gesichert. Die Unterwanten fahre ich ebenfalls sehr stramm, wegen Stauchgefahr. Geradezu eine Seltenheit ist heutzutage, das Großsegel ohne Traveller zu benutzen. Der Holepunkt ist ein Augbolzen, mittschiffs auf dem Brückendeck fixiert. Das erspart mir in diesen Breiten viel Arbeit, wo niemals hart am Wind segeln möglich ist. Da ich seit Argentinien ein altes Groß

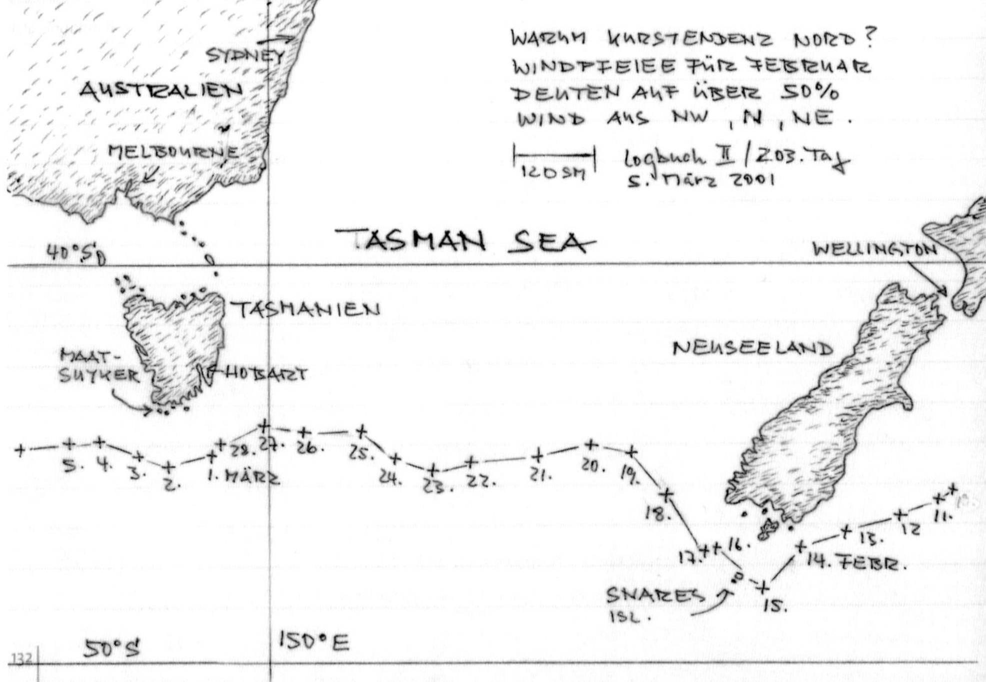

gesetzt habe, fahre ich das Vorliek sehr straff, sodass der Segelbauch des ausgemergelten Tuches weit nach achtern gewandert ist. Wow. Das ist angelesenes Fachwissen.

Sicher ist, ich habe Segelgefühl, Meereswellengefühl, Windgefühl. Ergänzend: Ich bin zäh, habe Geduld und Geschick. Vor allem muss ich Geschicklichkeit in Kraft umsetzen. Allgemein hat die Kraft nachgelassen. Fehlende Kraft ist meine Sorge. Mit Kraft bewegt man sich besser und sicherer an Bord.

195. Tag – Sonntag, 25. Februar | Sonnenstrahlen, die durch die Kajüte tanzen, wecken mich (nach einer Bauernnacht). Lichtinseln, die von Bild zu Bild hüpfen – vom Knick zu Astrid an der Pinne, dann zur Weltkarte von dort auf die Postkarte von Hiddensee. Das Spiel deutet auf einen unruhigen Kurs.

Keine 300 Meilen bis Maatsuyker. Das Meer ruhig und tiefblau. Pütze meinen Körper mit Seewasser – 15 Grad. Das Haar braucht dreifache Shampoowäsche. Sonne brennt im Windschutz das Salz zu Kristallen, die ich anschließend rauskämme. Die letzte Wäsche war kurz vor der Fünf-Fronten-Woche. Was hatte ich damals bei der zweiten Sturmfront Muffensausen. Der seglerische Niedergang lähmte mich. War nicht fähig, an etwas anderes zu denken. Aus. Vorbei.

Heute wage ich ein Tänzchen auf dem Vordeck. „Regard les Riches“ von P. Kaas ist der Auslöser. Formidable. Male mir aus, dass Lied und Tanz bei Ankunft auf der Elbe das Richtige wären. Das ist wie ein schöner Traum.

Ach, erst mal würde ich gern den markanten Felsen Maatsuyker passieren. Ganz nah und noch im Februar. Wünsche. Einen Daumenbreit Brandy und der Mensch Einhandsegler wird an Bord zum Jungen. So gelöst wie heute war ich ewig nicht. Ausgeglichen. Ich bin stark. Individuelle Typen sind meist stark. Bin zuversichtlich und grenzenlos optimistisch. Alles ist machbar, sofern ich nur meine Schwächen besser verkrafte. Ich liebe mich – allein mit meinen Stimmungen. Ziemlich erschreckend, dieses zuzugeben.

Trocken. Trockenes Deck. Wir trocknen. Ich spanne Leinen und hänge meine feuchten und nassen Sachen auf. Verhangene, blaugraue See im Abendlicht. Düstere gelbe Spiegelungen.

196. Tag – Montag, 26. Februar | Ein Traum: Ich stehe vor einem Berg von in Rechtecken geschnittenem Butterkuchen. Drapiert auf einem Marktplatz, so wie ein Gärtner seinen Stand mit Blumentöpfen über eine größere Fläche ausbreitet. Ich wähle sorgsam ein Stück aus, lasse es mir einwickeln und haste davon, Richtung Hafen. Als ich an Bord springe, lösen sich die Leinen von selbst und ich schwebe mit dem Schiff davon. Ich beiße durch knisterndes Papier in das Stück Kuchen – und bin wach. Ach, sicher die Proviantfrage von gestern, als ich mich aus dem Tupperbehälter mit neuen Bleistiften versorgte und darin auf das Bündel Geldnoten stieß, sie lange betrachtete und den Gedanken nicht los wurde: Ein paar Hände mehr aus den Regalen des Supermarktes und es sähe besser aus. Spaghetti, Keks, Dörrobst, Fruchtdosen, verpacktes Brot, Energieriegel, Gemüsekonserven, Schokolade – keine 200 Mark.

197. Tag – Dienstag, 27. Februar | Ein Traum: von frischem duftendem Weißbrot. Werfe es von einer Hand in die andere und puste, weil es noch heiß ist.

Neu. Will ich ab sofort einführen. Nachts eine Stunde Wache im Cockpit. Vielleicht bis gegen 2 Uhr schlafen. Dann, egal ob notwendig, aufstehen und sich nach Wetter und Segelstellung umschauen. Sinn ist, nachts so wenig wie möglich Meilen zu verschenken. Dieses rasche Schauen auf Kompass, Windfahnen, Segel, Wolken und zurück in die Koje ist für den Kurs und mich nicht gut, will es zumindest reduzieren.

Kleiner Schwall See übers Cockpitsüll und schon ist mein Radiokassettengerät ersäuft. Damit auch Reinhard Mey, der gerade sang „Einhandsegler auf dem Ozean ...“ Es ging sofort aus. Ärgere mich, es offen nach draußen gestellt zu haben. Genau, aber haargenau traf der fußbreite Schwall das Gerät. Schraube Rückwand auf und trockne sorgfältig mit feinen Tüchern Kabel und Batterien. Das Ergebnis jedoch stimmt traurig: Mein Radio gibt keinen Ton von sich. Schade. Manchmal ist es doch interessant, Radio zu hören, besonders hier in Landnähe die lokalen Sender, denn Tasmanien liegt 150 Seemeilen entfernt. Zudem habe ich den Batterievorrat so eingeteilt, das zum Ende hin die Nutzung größer sein darf.

198. Tag – Mittwoch, 28. Februar | Komme an Tasmanien nicht vorbei. Zu sehr beutelt uns ein Sturm zwischen Nordwest und Südwest. Sturmfock und Groß durchgerefft, so versuche ich in einer tosenden See, die Position zu halten. Die beiden Fetzen Segel stehen stramm wie ein Brett. Nachtsüber, tagsüber und wieder in die Nacht hinein. Um 19 Uhr trage ich 9 Beaufort in die Logbuch-Windspalte ein. Solche Windstärken, für jeden Nord- und Ostseesegler außerordentlich bedeutsam, kann ich nur wahrnehmen, die Segel in Stellung bringen (notfalls in den Sack) und abwarten. Extra vorbereiten muss ich mich nicht. Ich bin immer vorbereitet. Oder sollte es sein.

Zu blöd wirklich, 70 Meilen vor Maatsuyker diesen ausgeprägten Sturm zu erwischen. Ein einziges aktives Sturmsegeln. 16 Ölzeugwechsel waren bisher erforderlich – inklusive Langschäfter und Sicherheitsgurt. Das bedeutet auch jedesmal in einer gischtfreien Periode durchs Klappluk stemmen. Damit ich überhaupt rauskomme, muss ich das linke Bein mit der Hand nachziehen. Die Quietschgeräusche des Mastprofils gehen mir auf die Nerven. Noch immer sind sie auf Steuerbordbug lauter. Hocke am Boden der Gefühle – eine Handbreit überm Boden.

199. Tag – Donnerstag, 1. März | Was für eine heulende Nacht – mit tosenden Brechern. Der Wind reißt die Kämme mit solcher Gewalt von den Seen, dass die Gischt wie gestrahlter Sand auf das Segel prasselt. Aber KATHENA kämpft weiter gegen die meterhohen Wellen an und wird zuweilen von noch höheren Seen zurückgeworfen. Als ich rätsele, ob ich nicht besser das letzte Stück Großsegel wegbinde, werde ich von einer Welle getroffen, die das Schiff immer höher anhebt, und schließlich auf die gesamte Seite inklusive Cockpit herabstürzt. Sie bringt uns fast zum Kentern, schleudert mich in der Kajüte zwischen Kartentisch und Kochecke umeinander. KATHENA liegt flach auf der Seite in einem riesigen Schaumfeld. Sie liegt und liegt. Richtet sich nicht wie früher schwungvoll auf. Es dauert und dauert, bis ich schließlich hoch an Deck klettere, das Segel berge und vor dem Wind ablaufe. Vor kahlem Mast.

Stürme sind schrecklich. Stürme in einer verqueren Strömung sind doppelt schrecklich. Sie verkürzt die Wellenlänge, macht die Wellen dafür steiler – und schlimmer: „stapelt" sie zu Kreuzseen, die einem Boot wie KATHENA gefährlich werden können. Gefährlich, weil die Seen uns auf den Kopf stellen könnten.

Wo sind wir gelandet? Gestern Mittag Maatsuyker 70 Meilen entfernt, heute 120. Kreuze Tag und Nacht auf und ab, und die Fahrt bringt mich nur zurück. Und jetzt ein bescheidener Nordwestkurs. Dieser Sturm hatte einige Brecher, die völlig von der üblichen Richtung abwichen. Ein zerstörerischer Beitrag der Meeresströmung. Mein Vertrauen in Boot und Rigg ist nochmals gestiegen. Habe wohl das beste Schiff für meine Zwecke. Ich denke an Uwe Dübbel, der KATHENA konstruiert und in seiner Werft gebaut hat. – Hat er fabelhaft hingekriegt.

200. Tag – Freitag, 2. März | Stehe mittags auf der Länge von Maatsuyker. Zu sehen ist dieser markante Felsen nicht einmal mit dem Fernglas. Die Insel liegt 80 Meilen in Nord. Anstatt der geplanten 12 Tage habe ich 14 gebraucht.

Bevor ich mich meinem defekten Radio widme, noch eine harte Böenphase: Knöchelhoch steht das Wasser auf dem Vordeck, als ich den Klüver 2 runterzerre. Fliege und falle dabei gegen das Kutterstag, einen Acht-Millimeter-Draht, anschließend ins Bugnetz und als drittes nach Luv irgendwohin, nach Luv! Selten hat es mich so geschmissen. Schlüsselbein und Kutterstag vertragen sich nicht. Das Wasser schießt mir waagerecht entgegen, voll ins Gesicht – da flirrt das Seglerherz. Es war ein bisschen spät, das Klüversegel wegzunehmen. Nur klein bisschen.

Das Radio piept und tönt wie in alten Zeiten. Die Sonne war mein Mechaniker. Habe die Rückwand aufgeschraubt und die Innereien eine Stunde direkt den Sonnenstrahlen ausgesetzt. Erleichtert höre ich Radio Hobart/Tasmanien. Leider viel Sprache und wenig Musik. Das Gerät hat mir wirklich einen Schock versetzt. So viele Monate noch und dann ohne andere Töne als meine, das Meer und den Wind, wären mir nicht gut bekommen. Schon das Ritual, einmal täglich Nachrichten zu hören. Ohne Gerät bin ich vollständig allein. Bloß nicht. Beim Zusammensetzen des Radios bleibt eine Schraube übrig. Und es spielt trotzdem.

201. Tag – Samstag, 3. März | Ein großer Augenblick: Wechsel von Seekarte 4007 auf 4005 (Indischer Ozean). Auf der alten Karte positionierte ich vom 7. November an – fast 4 Monate. Nicht zu glauben. Habe ich jemals länger auf einer Karte navigiert? Nein. Waren jemals auf einer nautischen Karte Freude und Leid so eng miteinander verknüpft?

Meine Aktivität basiert auf Vorankommens-Gedanken: Ich muss Meilen machen. Muss, wegen des Kap der Guten Hoffnung. Je später, je härter. Mai ist dort Winter und infolgedessen unbequem – also stürmisch bis sehr stürmisch. Und das berühmte Kap liegt 6400 Meilen voraus – bei weiterhin dominierenden Westwinden. So stehen die Dinge. Nur eines kann ich nicht: Täglich gleichbleibende, kräftezehrende Aktivitäten durchstehen, so wie in den vergangenen Wochen. Das geht mächtig an die Substanz. Jede Nacht fünf bis sieben Manöver an Deck zehren den Körper aus. Kein Wunder bei Schräglage, Kälte und weißer See.

Die Strecke Snares – Maatsuyker war so eine Art Stop und Go. Abwechselnd normaler Wind, Sturm oder Starkwind, annähernd Windstille. Windstille in einer nie müde werdenden Dünung.

Zirren stehen hoch am Himmel. Die Sonne kommt mal wieder zum Vorschein. Ich widme mich dem Radio. Mal hören, wie Michael Schumacher sich in Melbourne qualifiziert.

Ich gehe ins Nachbardorf zum Friseur. Ein kleiner Salon mit fünf Stühlen, Kaffee, Illustrierten, drei Friseusen. Zum Lesen komme ich nicht, Warteposition ist nicht eingeplant. Schnipp, schnapp, die Haare sind im Schereumdrehen kurz geschnitten. Büschel handlanger Strähnen liegen achtern verstreut auf dem Parkettboden. Das Wachstums-Ergebnis einer Weltumseglung. Diese Haare sind auf dem Meer gewachsen. Hatten den Glanz von Angstschweiß. Es beruhigte mich, wenn ich sie mit dem Zeigefinger drehte. Sturm und Gischtwogen verfilzten sie. Meine langen Haare hatten den Geruch der Wirklichkeit. Und jetzt liegen sie auf dem Kehrblech. Ich darf gestehen, dass ich den Geruch von Meersalz eher schätze als den von Friseursalons. Zu Hause habe ich das Meer, es wartet, eingeschlossen in meinem Bordbuch. Also, weiter.

---

202. Tag – Sonntag, 4. März | „Herzlich willkommen im Südindischen Ozean. Heute morgen bin ich durch lautes Brummen aufgewacht. An Deck konnte ich das Geräusch dann lokalisieren, es kam direkt aus Nord, aus Melbourne vom Formel-1-Circuit. Aber Spaß beiseite: Ich stehe genau auf dem 145. Längengrad und 480 Meilen südlich von Melbourne. Derzeit weht es aus Nordwest 5 bis 6, mein Kurs Westsüdwest." Tolle klare Verbindung mit Astrid an der Schlei. Endlich habe ich eine nicht-seglerische Neuigkeit: „Michael Schumacher hat den Großen Preis von Australien gewonnen. Hörte die Übertragung live über Radio Australia."

Ein Traum: Meine Frau umarmt mich von hinten über die Schultern, während ich auf einem Stuhl sitze und Fernsehen gucke. Das Weitere ist mir entfallen, verdammt, eine Bö kam mir dazwischen.

Zur Abwechslung: Mir läuft eine eiskalte Bö über den Rücken. Noch 14 200 Seemeilen bis in die Elbe. Die Restdistanz habe ich gerade abgesteckt. Bedeutet bei 100er Etmalen 142 Tage plus die heutigen 201 ergibt 343 Tage. Darauf die letzte Tafel Lindt zur Beruhigung.

204. Tag – Dienstag, 6. März | Nach Auflösung von Dunst und düsteren Wolken blaue Felder – erst einzelne Strahlen, die durch die Wolken brechen. Gegen Mittag steht alles in blendendem Licht. Nachmittags segeln wir, wie oft auf dieser Route, im Gegenlicht. Das Licht, das ich am meisten liebe.

Was ich nicht kriege – ein 100er Etmal. Meine Seele lechzt danach. Na, vielleicht morgen, günstiger Südwind hat sich eingefunden.

Irgendwie kränkelnd. Schlurfe übers Deck wie ein alter Seemann. Mir fehlt die Motivation. Gestern quälte mich schon dieser Virus. So gern ich allein sein wollte. Nutzt sich ab. Kein Wunder nach bald sieben Monaten. Das Leseinteresse ist erschöpft. Anders sein: hat sich ausgespielt. Mein Fortwollen ist befriedigt. Das blaue/graue/grüne Meer ist vieles wert, nur irgendwann begeistert es nicht mehr. Fieber? Es fühlt sich so an. Überanstrengung. Insgesamt und nicht nur heute. Von den fünf Stürmen in Folge habe ich mich nicht erholt. Meine Gesundheit ist es, die ich hier riskiere.

206. Tag – Donnerstag, 8. März | Da ist es – mein 100er Etmal. Danke. Der Süd hat über Ost auf Nord gedreht. Windstärke 4 bis 5. Phänomenal, wie sich Aries und KATHENA verstehen. Kursstabilität ist unübertreffbar: zehn Grad je Seite bei fast halbem Wind. Genieße und staune und trinke eine Dose Pils. Freue mich, so ein Boot zu haben. Gute Handwerksarbeit. Es gibt ja Werften in Deutschland, die sind stolz, keinen gelernten Bootsbauer beschäftigt zu haben. Denn die könnten nachdenken, und das kostet Zeit. Ach, war Arbeiten schön und interessant, als die Abläufe noch nicht total durchorganisiert waren, man zwischen dem einen und anderen Arbeitsgang dem Kopf Luft verschaffen konnte. Meine Jahre in der Handelsschifffahrt entsprachen dem. Ich arbeitete dort gern, weil 1. in der Natur; 2. Lust; 3. vielseitig (spleißen, streichen, Schiff vertäuen, nähen, Ladung zurren, steuern, Wache); 4. gut bezahlt; 5. lockerer Umgang und als Draufgabe exotische Häfen weltweit. Das war von 1961 bis 1965.

208. Tag – Samstag, 10. März | Der Wind hat längst über Nordwest auf Südsüdwest gedreht. Und, keine Frage, bei Südwest bläst es – bei verdammt dunklen Wolken. Pechschwarz kamen Wolkenwände an, sodass ich den Mast nicht sehen konnte. Ich will das nicht weiter auserzählen, nur kehrte ich vom Vordeck mit Taschen voll Wasser zurück. Ich wunderte mich in dunkler Nacht, warum sich die Jacke so schwer trägt. Die Seitentaschen (Klettverschlüsse waren zufällig geöffnet) sind tatsächlich so dicht, dass das Wasser kaum abläuft. Tja, das Leben auf dieser Route ist kein Zuckerschlecken. Da trägt man das Wasser taschenweise in die Kajüte und staunt, wie es in die Bilge kommt.

Samstag. Grüner Pullover. Grünes Flanellhemd. Grüne Socken. Grüne, ich weiß nicht was. Willkommen im Grünen, der Farbe der Frische. Fühle Frische. Fühle auch und besonders Meilen. 648 in dieser Woche. Darauf einen Osborne, *einen*. Was sagen sonst Küstenwache, Kreuzerabteilung und all die Gutmenschen-Segler. Wichtig ist, das Wichtige von dem Unwichtigen unterscheiden zu können. Das Entscheidende beim Segeln über den Ozean ist, mit dem Unvorhersehbaren zurecht zu kommen. Nur zu, einen zweiten.

209. Tag – Sonntag, 11. März | „Hier ist Willi Seemann mit 209 Tagen auf See", brülle ich der grauen Welt entgegen. Die See schlägt graugrün zurück. Luke zu und ran an den Kocher. Sonderbar, unter Deck hört man kaum das Heulen der 40er. Nehme die schiebenden, stoßenden Durcheinander-Bewegungen nicht sonderlich zur Kenntnis. Das harte Wetter erscheint mir manchmal weit, weit entfernt. Distanz des Nahen ist das. Bald durchzieht Duft von frischen Scones die Kajüte. Dazu ein Pott Kaffee, ein Aroma, das alle Lebensgeister weckt. Mit einer Schüssel Porridge beginnt ein Sonntagsfrühstück, das sich bis Mittag hinzieht. Aber wie oft bin ich zwischendurch aufgestanden – vom „Esstisch", dem Boden – Löffel fehlt, Wasserkessel pfeift, Pfanne scheppert auf dem Herd. Schlimmer sieht es an Deck aus. Benötige für Reparaturen und Wartungen (neuerdings verwinden sich sogar Riesenschnappschäkel), drei bis vier Tage ruhige See.

212. Tag – Mittwoch, 14. März | Nachts bei Mondschein: herrlich. Die tanzenden Reflexe im Kielwasser. Freude und Leid liegen in meiner isolierten Welt dicht beieinander. Natürlich vorrangig die Freude. Wäre auch schlecht, wenn's anders wäre. Steht der Wind günstig, denke ich überhaupt nicht an Veränderung zu meinen Ungunsten.

Nutze jede freudige Tatsache, und sei sie noch so kurzfristig. Zum Beispiel ein Naturschauspiel, als uns in der Tasmansee Schweinswale begleitet haben. Diese Lebenseinstellung macht mich optimistisch, gibt mir Gefühle. Gefühle, wie man sie an Land nicht hat. Leicht. Verzaubert von einer Welt, die brutal und leicht zugleich sein kann. Die Glücksgefühle, wenn alles im Lot ist – Kurs, Speed, See –, nenne ich ozeanisch.

Heute habe ich endlich einiges an Deck bewerkstelligt: Mastkeep mit Vaseline rutschbarer gemacht. Der tägliche Gebrauch hat die Nut abstumpfen lassen. Großsegelnähte nachgenäht, und die handlangen Risse der Stagfock geflickt. Alle Vorsegel bekommen teils neue Rutscher und Reffbändsel. Versuche nochmals, mit dem großen Hammer und Holzkeilen dem verrutschten Mastfuß beizukommen. Die Quietschgeräusche bestehen unverändert. Bin groggy, alle Arbeiten finden zwar bei Schwachwind statt, aber Heck und Bug tanzen trotzdem stark auf und ab. Lege mich kurz auf die Koje und schaue mir meine Deckenverkleidung an, meine „Leisten- und Schraubenkajüte". Einfach verschraubt, klare Linien, hell gestrichen – Moitessier würde sie gefallen haben, wie meine gesamte Konzeption. „Auf dem Meer ist die einfachste Ausrüstung die herrlichste." Das hat er mir mal gesagt.

Lese „In der Wildnis" von Jon Krakauer zu Ende. Das Buch handelt von einem amerikanischen Studenten, der sich zivilisationsmüde mit fünf Kilo Reis und einem Gewehr in die Buschlandschaft Alaskas verholt, wo er dann elendig verhungert. Wollte von dem leben, was die wilde Natur hergibt. Ich habe zu viel Hungerbücher an Bord: Shackleton, Karluck, Alaska, und noch ein paar Titel, wo Essen knapp ist. Bölls Nachkriegsjahre beispielsweise. Und ich selbst kann inzwischen auch Hungergeschichten beisteuern.

Die Härte der Natur hinterlässt Spuren – am Boot und bei mir. Bin wie paralysiert über diesen Berg von Zeit. Mehr als vier Monate noch. Wenn ich von Härten schreibe (Natur), meine ich damit nicht unbedingt Stürme, eher stündliche Windwechsel, vor allem nachts. Uns begleitet ein ewiges Rollen und Stampfen in einer windlosen, sechs Meter hohen Dünung. Es regnet, doch das kostbare Nass kann man wegen der Gischt nicht fangen.

Ersticke in Monotonie. Reffen, essen, schlafen, navigieren. Und: fünf Schritte zum Mast, vier weiter zum Bug, drei Schritte nach achtern. Meine Wege. Und unter Deck: zwei Schrittchen zwischen Kojen und Niedergang.

Ach, was schreibe ich bloß für einen Unsinn. Bewundere die freien, ungehemmten Texte von Lothar-Günther Buchheim. So müsste man schreiben können.

Übertrag einer Zettelnotiz von gestern Nacht: Liege völlig erschlafft auf der Backbordkoje. Am Mast schlagen die Fallen im Rhythmus des Bootes gegen das Profil. Die Enden der Smeerreeps tun das Gleiche außen gegen die Fenster, innen halten die Gardinen den Gleichtakt. Druck fällt stetig, es gibt sicher noch Zulage. Und so ist es – 7 bis 8 Knoten. Soll ich reffen? Soll ich nicht? Pelle mich in Öl, lass es dann aber, kein Mumm, mich der Gischt zu stellen und: Es läuft heiß – nur 20 Grad am Idealkurs vorbei. Warte ab, Schlaf fällt aus – Segeln wie Bockspringen. Na, irgendwann mache ich mich doch auf zum Reffen. Wind 8.

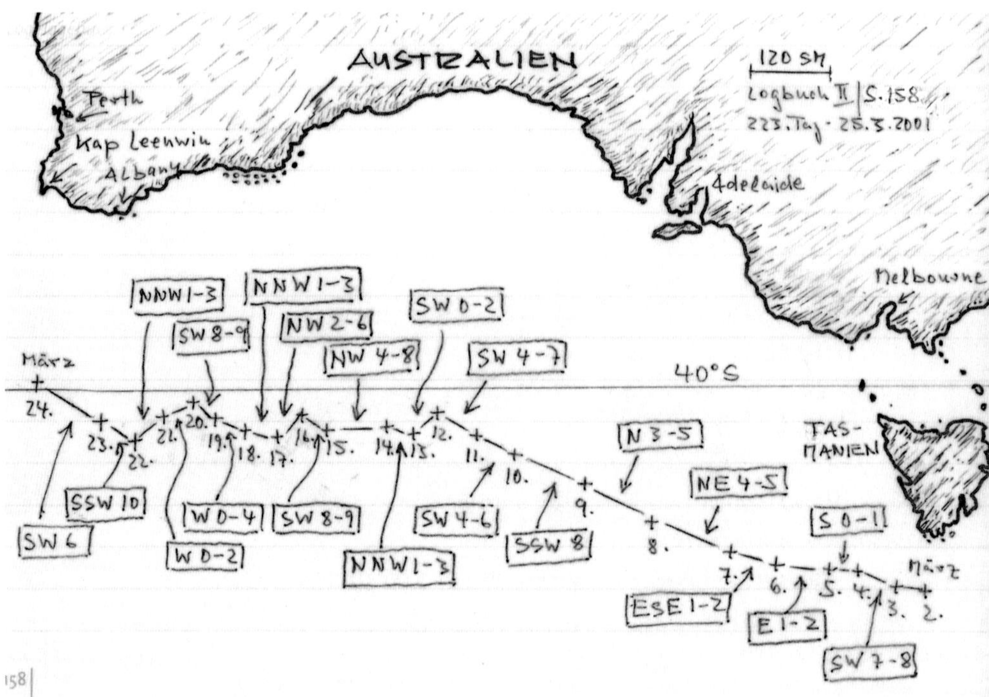

214. Tag – Freitag, 16. März | Dicke fette schwarze Stratokumulus überall. Letzte Nacht Blitz und Donner bei 9 Beaufort, so furchterregend, dass ich mich lange nicht traute an Deck zu stiefeln, um den begleitenden Regen einzufangen. Schaute später voll in einen Blitz. Sagenhaft hell das gesamte Blickfeld. So etwas habe ich mein Lebtag nicht gesehen. Zum Ende hin, sozusagen ein Nebenhergeschenk, habe ich acht Liter im Kanister. Bei jedem Liter denke ich – ein Tag länger Wasser.

Verrückte Dinge gehen mir beim Tee durch den Kopf. Zunächst und logisch: Die Gesichter draußen verblassen, zuweilen gar die von Astrid und Kym. Klar, ich bin lange allein. Wenn ich es spüre, werde ich weich – nicht in Form von Traurigkeit, mehr tendierend zu innerem Wohlfühlen. Es richtig gemacht zu haben.

Wann und wie spürt man, dass man verrückt wird? Spürt man es überhaupt? Klar denken fällt mir im Augenblick schwer.

216. Tag – Sonntag, 18. März | Es ist ein seltsamer Wind unterwegs – im Takt mit einem hastig atmenden Menschen, wobei das Einatmen kurz, das Ausatmen lang anhält und der stärkere Windstrom ist.

„Deutsche Welle", Nachrichten: Haustierseuche, Rechtsradikale. Mazedonien und Palästina, ein Thema ohne Ende. Eine Steffi-Graf-Meldung (schwanger) nimmt den Nachrichten die Härte. Graf war eine Sportlerin mit Biss. Gab kein verlorenes Terrain auf, ließ sich durch nichts unterkriegen. Das imponiert. Also, W., Zähne weiter zusammenbeißen, auch wenn wir uns gerade im Kreis drehen – und Stau im Körper mir zusetzt. Realistisch betrachtet hat der Körper täglich das erste und letzte Wort. Untergewichtig spüre ich jede Knochenprellung dreifach schmerzhaft.

Mit Astrid telefoniert. Mildes, langes Gespräch. Sie wird sich auf 14tägige Perioden einstellen müssen – und ich. Das Benzin für den Generator wird knapp. Ich habe Bedenken, da ich den langen Weg um die Südspitze Südafrikas und für die Strecke Azoren/Elbe Positionslichter fahren muss und somit viel Energie brauche. Übrigens: Auf der „Magischen Route" (1984/85) habe ich innerhalb von neun Monaten nur sechs Telegramme mit Hilfe meiner Handfunke absetzen können. Aus dieser Perspektive heraus sollten wir alle zufrieden sein. Fordere am Telefon die Tidenzeiten von Helgoland für die Woche um den 20. Juli per Fax an. Irre lustig für mich. Ob meine Familie das auch spaßig findet? Oder denken sie, jetzt hat er endgültig einen Knacks weg.

219. Tag – Mittwoch, 21. März | Nichts fließt – im Logbuch nicht und auch nicht an Deck. Schaue auf die Dünung, klopfe aufs Glas des Barometers – ich sehe den nächsten harten Südwest kommen. Doch erst mal kommt ein Bolzen, ein Splintbolzen knallt ins Cockpit. Sehen und erschrocken ans Rigg denken ist eins. Es ist aber bloß der vom Groß-Unterliekstrecker, dafür habe ich Ersatz. Tut gut, einen Schaden sofort beheben zu können.

Segeln, hm. Alles gesetzte Tuch bringt nicht die Erwartung. Seegang beruhigt sich nicht. Wind stottert. Torkeln mehr als segeln durch eine konfuse See. Ach, trostlos. Meine Stimmung senkt sich – damit ich sie nicht ganz verliere, trage ich Kniestrümpfe – da rutscht sie nicht raus. Glaube, mein Wetter hat Maul- und Klauenseuche. Mal ein Hauch, Sekunden später starkwindig, wie seit Tagen schon. Verquere Wetterwelt. Machen sich die 10 Milliarden Erdbewohner bemerkbar?

Vorgestern: Ich beobachtete und staunte. In Minutenschnelle ist die See weiß, weiß mit langen Streifen. Und wie hoch. Es wurde ein Drei-Quadratmeter-Sturm. Geschlossene Luke. Hielt mich mit der rechten Hand am Griff fest, in der anderen eine hochbordige Tasse Kakao, den ich in kleinen Schlucken schlürfte. Ich machte die Nacht durch: Gedankenspiele verkürzten sie. Ordnete die schönsten, sichersten und erlebnisreichsten Ankerbuchten meiner Reisen: Bequia, Santa Fe, Hanavave, Moorea, Futuna, Chagos, Fulanga, Funafuti, Liekiep, Ant, Ungan, Garove, Pulau Kentot, Ko Pipi, Kunafoldu, Slate Island, Soviken, Suur Pellinki, Kylesku, Balta, Loch Scavaig, Anaho. I want to go to Anaho!! Die Bucht liegt weit weg – leider oder Gottseidank – in den Marquesas. Aber ich habe Albany an der australischen Küste. Eine viel versprechende Alternative. Bucht, Hafen, Stadt beeindrucken auf der Seekarte, die ich schon wiederholt in der Hand hielt. Sehnsüchtig studiere ich darauf vorgelagerte Inseln, Leuchtfeuer, Höhen- und Tiefenlinien. Soll ich den Kurs umlegen? Albany liegt nur drei Segeltage entfernt in Nordnordwest. Verlockend. In Australien war ich nie richtig. Milch, Butter, Brot, Salat. – Vergiss es.

220. Tag – Donnerstag, 22. März | Hack. Blaue Kratzer im grauschwarzen Gewölk. Schauerwetter. Stetiger Druckfall. Und bereits satte 9 Windstärken. Nehme die Seen breitseits. Kopfschmerzen, permanent – eine Folge der Mangelernährung? Nehme seit etwa dem 100. Tag täglich Vitamine. Daneben reichlich Zwiebeln roh und gekocht.

Blättere im Buch von Gudrun Calligaro. Bei der war ja auch nicht alles super. Sie hat fast auf die Meile genau hier – 41 Grad 12 Minuten Süd und 118 Grad 22 Minuten Ost – in einer absoluten, schwellfreien Flaute gelegen. Sie schreibt dazu: *„Es gießt in Strömen, schon seit sechs Stunden. Ha, tut das meinem Boot gut! Seine in 67 Tagen angesammelte Salzkruste wird von diesem herrlich weichen Regenwasser abgespült. Die Fal-*

Kurze Sonnenperioden zwischen Neuseeland und Australien: Die Hände sind von Nässe und Kälte geschwollen, der Lifebelt, wie seit Monaten, immer eingepickt.

len und Schoten werden weich wie neu, und meine Hände sind tadellos sauber.“ Ich beneide sie. Bei mir kommt auch einiges von oben, leider eher ein Salzgemisch. Das Zitat, nochmals gelesen, verdeutlicht erneut ihre Über-alles-Liebe zum Boot. Erst das Boot, dann ihre Hände.

221. Tag – Freitag, 23. März | Mensch, Weltumsegler Erdmann, haarsträubend, was du hier veranstaltest. Es tobt mit 10 und 11, und es stehen zehn Quadratmeter auf zwei Segelflächen verteilt. Segeln an der Sollbruchstelle. Im pazifischen Südpolarmeer habe ich mir solche Sachen nicht geleistet. Die Angst um den Mast bestimmte die zu setzenden Flächen. Ich stehe bereit, denke, es ist wieder eine Bö, aber nix da. Konstant weht es weiter. Drehe nicht bei und laufe nicht ab. Versuche die Position zu halten mit später nur zweidreiviertel Quadratmeter Sturmfock – und es gelingt.

Gelingt müde und mühsam. Habe die Hosen voll, als die Plicht kurz hintereinander mehrfach von Brechern gefüllt wird. Das passiert selten in so kurzen Abständen. Über 200 Meter lange Wellen. Zehn Meter hoch (noch immer ohne Gewähr). Bin erschöpft. Kein Interesse an Notizen, Kochen. Ein Becher Suppe tut es. Ende.

Um die Mittagszeit, nach 28 Stunden, gebe ich meine Standby-Position auf. Ganz langsam streife ich Stück für Stück Kleidung ab, mit dem Gefühl, einen richtigen Sturm heil durchsegelt zu haben. Ausgestreckt, an den Füßen dreifach Socken, die Hände in Handschuhen, liege ich auf dem Kajütboden – war das der letzte Sturm der 40er Breiten? Hoffentlich.

222. Tag – Samstag, 24. März | Ein brüchiger Wind ist unterwegs. Nichts Neues. Aber kalt ist es noch mal geworden. Unter 10 Grad Celsius an Deck. Der 222. Tag! Für zwei Nonstop-Weltumseglungen ist das Leben eigentlich viel zu kurz – speziell mit Booten meiner Größe.

10.20 Uhr: ein Highlight. Mit 6 Knoten über den Längengrad von Kap Leeuwin an der Südwestecke Australiens. Eines der berüchtigten Kaps der südlichen Hemisphäre liegt rund 300 Meilen in Nord. Meine Gudrun Calligaro hat aus diesem Anlass ihr defektes Klobecken versenkt. *„Aber ob Rasmus sich das gefallen lässt – während der ganzen Reise* *keinen Rum und jetzt solch einen Gruß?"* Ich schicke einen Gruß Rotwein. Den Rest mache ich alle. Im Cockpit stehend und direkt aus der Flasche. Schluck für Schluck. Ein Bardolino von 1997. Kostet bei Melitta zwanzig Mark. Habe ich aber von ihr geschenkt bekommen. Ich könnte sie umarmen, doch zuerst könnte ich das ganze Meer umarmen.

223. Tag – Sonntag, 25. März | Ein Traum: von Helmuth Jöns, dem Mann der Weinverkäuferin Melitta. Ich stehe an seiner Bar, und er will mir keinen Rotwein mehr einschenken. Sagt wiederholt: „Du hast Wache." Und ich: „Du hast dich aber verändert. Früher war mein Glas bei dir immer voll, was ist los, schenk ein." Er: „Nein, du musst raus auf Wache." Als er mir mein leeres Glas entreißen will, ist der Traum zu Ende.

Atlantik 40 Grad Süd – Indischer Ozean 40 Grad Süd. 20. Oktober 2000 bis 25. März 2001. 156 Tage. Davon 147 Tage gegen Wind und Strom. Ein Resümee in Kopfbildern:

Grau. Schwarz. Blaugrau. Kalt. Eiskalt. Nass. Krach. Ölhaut. Kaffee/Kakao. Knie- und Ellbogenschmerzen. Rippe. Albatrosse. Bleiche Sonne. Querlaufende Seen. Schräglage und Kochen. Dauerschräglage allgemein. Bug in die Seen. Erschreckende Gewalt der Sturmböen. Nässe in Kajüte. Sprünge auf dem Wasser. Tränen. Luftwellen. Kriechgang über Deck. Brodelnde Schaumstreifen. Gischt und tausendmal Gischt: traurig, unendlich traurig über die brüchigen (Meteodeutsch: befristeten) Winde. Apathie. Geistig paralysiert. Traumbilder. Barometerdruck. Brechseen. Stampfen. Kerzen abbrennen. – Aber uneingeschränkt: Le Maire. Kap Hoorn. Weihnachten. Kym und Flieger. Die Vögel, auch wenn nicht erwähnt, waren sie meist gegenwärtig. Sonne und Stunden auf dem Brückendeck. Einige Mut machende Telefonate.

Eine Fahrt gegen die Winde der Vierziger und Fünfziger Breiten macht man nicht, wenn man gegen etwas ist. Jedenfalls waren alle meine Reisen ein Vorspiel. Ist alles nur ein Traum im Traum. Das Erlebnis 40/40 ist einmalig und letztmalig zugleich.

17 | DIE ANGST VOR DER AUFGABE

Eine Frau klopft an die Haustür. Jung, rothaarig, mit Mann und zwei Töchtern. Sie wünscht ein Autogramm. Gerne. Eine Karte ist schnell zur Hand. Signiere schwungvoll, schreibe für Jutta drüber und frage nach dem Namen ihres Mannes. Nein, erfahre ich, der segelt nicht. Der interessiert sich nicht fürs Meer. Und er scheint sich auch jetzt zu langweilen. Sie erzählt, dass sie aus Vaihingen kommt, das liegt bei Stuttgart, und mit Leib und Seele segelt. Also, ohne ihre Familie Törns am Bodensee und übers Mittelmeer unternimmt und gerade im Roten Meer unterwegs war. Die Regel hierzulande ist: Wenn ein Mann segeln geht, fühlt sich seine Frau verlassen. Dies ist einer der seltenen Fälle, wo es umgekehrt ist.

---

224. Tag – Montag, 26. März | Mir geht es „saublau". Das Meer ist schwach bewegt wie seit Monaten nicht. Ein Rauschen zieht an der Bordwand entlang. Zehn Stunden Nachtruhe mit nur zwei Manövern. Im Körper eine angenehme, leichte Schwere. Ich habe das Gefühl, eine ganz dunkle Welt verlassen zu haben, eine schwarzgraue mit tränenden Wolkenrändern. Und jetzt liege ich in der Sonne, die Beine auf dem Cockpitsüll und verkünde laut: *Das Meer gehört mir.* Eine Arbeitsliste klebt am Schott in der Kajüte. Sie ist lang, aber ich will sie nicht sehen, heute mach ich halbfrei.

226. Tag – Mittwoch, 28. März | So stelle ich mir eine Flaute vor. Platte, dünungsfreie See. Ein Schwarm Goldmakrelen. Sonne von morgens bis abends. Kobaltblaues Meer, das in den knallblauen Himmel aufsteigt. Lange nicht so eine Farbsättigung gesehen. Fantastisch, fabelhaft, großartig, irre, kein Superlativ trifft es.

Bald brutzeln Pfannkuchen in der Pfanne. Das Mehl dafür wurde gesiebt, das macht sie lockerer. Wer für solche Spielereien Lust hat, dem geht es gut. Ja. Esse gleich zu viel – sechs Stück. Komme trotzdem oder gerade deswegen den Mast nicht hoch. Entschuldigt, das

Tauchen zuvor war sehr anstrengend. Entenmuscheln überall. Und wenn sie sich erst in Büscheln entwickelt haben, geht beim Abkratzen die Farbe in Placken mit ab. Der Geschwindigkeitsverlust ist ein halber Knoten, kommt der Gegenstrom mit einem knappen Knoten dazu, sind es gleich 30 Meilen pro Tag. Dreiviertel des Rumpfes habe ich nun fertig, leider ohne meine geliebten Schwimmflossen, die liegen fein verpackt zu Hause auf dem Dachboden. Um schneller an den Kiel zu kommen, habe ich mir das Bleilot in die Hose gesteckt. Diesmal vor dem Tauchgang die Oberfläche aufmerksam nach Haien abgesucht und zudem einen Gurt angelegt und fixiert. Das Boot soll mir nicht aus Versehen davonsegeln.

18 Uhr, müde und abgespannt. Warum bin ich so müde? Reaktion auf die Wochen der Anspannung? Himmel, bin ich fertig. Hat mich das Tauchen gefordert? Könnte sofort einschlafen, aber da ist die Nacht: Mond, wahnsinnig gute Sicht, ein Sternenhimmel scharf und klar. Einzigartig. Und dann ist Fahrt im Schiff. Bin sehr erstaunt über den günstigen Wind. Sitze auf dem Niedergang, Brust auf ein Kissen gelehnt und blicke auf das Kielwasser – so wie eine Hausfrau nach getaner Arbeit sich aus dem Fenster lehnt und auf die Straße schaut. Früher ein typisches Straßenbild.

230. Tag – Sonntag, 1. April | An Deck alles ganz in Weiß. Es stehen und ziehen die weißen Schönwettersegel hart am Wind, aber auf Kurs. Endlich mal keine orangefarbenen Sturmsegel, weder gesetzt noch an der Reling festgelascht. Seit sieben Tagen keinen Sturm. Nicht zu fassen, so was gab's seit der argentinischen Küste nicht. Dem Barometer zufolge bleibt das Wetter beständig. Gutgemachte Distanz der letzten 14 Tage: 1100 Meilen. Alles schrecklich gut. Scones zum Frühstück, später Spaghetti all'olio/aglio. Mir fehlen als Beilage nur ein paar Salatblätter, die hätte Astrid mir eingeweckt mitgeben können. Na, man kann nicht an alles denken.

233. Tag – Mittwoch, 4. April | Entenfußtage. Bewege mich an Bord wie eine lahme Ente. Möchte unbedingt etwas tun, kann mich aber nicht aufraffen. Und wenn, schleppe ich mich übers Boot. Energie und Tatkraft gehorchen meinen Wünschen nicht. Die Kraft für diese Reise scheint aufgebraucht. Besonders spätnachmittags und nachts – der Kopf will, aber der Körper streikt. Aufgebraucht ist aufgebraucht. Meine Bewegungen ähneln der langen Südwestdünung – schlaftrunken.

Lüfte wenigstens meine Wäsche. Sie zu waschen interessiert mich momentan nicht die Bohne. Wie sich die Bedürfnisse verlagern. Wasser ist für mich nur von Wert für Hals und Kochtopf. Ich trinke viel zu wenig. Als sich letzte Nacht der Wind im Nichts verlor, wurde ich verdammt ungeduldig. Die schlechte Schrift hier ist nicht nur ein Resultat der Gegenwind-Bewegungen, innen stimmt ebenfalls einiges nicht bei mir.

Ich jage jeder dunklen Wolke nach. Erfolglos. Dafür stoße ich auf die MAEVA, ein Containerschiff mit Kurs Neuseeland. Die eigentliche Überraschung: Trifft man nach Monaten wieder ein Schiff – schon ist es auf Kollisionskurs. 200 Meter Entfernung ist nicht viel. An Deck zeigt sich niemand, wahrscheinlich sitzen sie gerade beim Dinner, hm ... frisches Gemüse und Fruchtsaft.

234. Tag – Donnerstag, 5. April | Um 2 Uhr in der Nacht ist die Himmelsgabe da! 10 Liter. Gott, bin ich dankbar. Eine Wolke weniger auf meinem Herzen. Und es nieselt weiter, wie schön – womöglich kriege ich noch ein paar Liter mehr. Gut, dass ich vorbereitet war, so konnte ich mit dem Fangtuch überm Cockpit gleich jeden Tropfen ketschen.

War gestern ziemlich frustriert. Hätte am liebsten den Spibaum wieder über Bord geworfen. Lustlosigkeit und das wochenlange Gedankenkreisen um Proviant, Meilen, Trinkwasser machten mich fertig. Ich bin verärgert, die Fahrt zu leicht genommen zu haben – bezüglich Essen und Trinken. Wie wichtig Wasser ist, wenn's knapp wird, wurde mir abends im Cockpit richtig bewusst. Wasser zu haben für eine Extratasse Tee/Kaffee/Kakao dient der inneren Stabilität. Der pfeifende Wasserkessel, ein heißes Getränk zwischen den Händen, das belebt – und wichtiger: Es dämpft haarige Gedanken, Situationen, Probleme ganz allgemein.

Was? 40 aufgefangene Liter bis 18 Uhr. Daneben Körper-Totalwäsche sowie Bettwäsche, Socken und andere Kleidungsstücke mit Pulver und Bürste geschrubbt.

Australien ist passiert. Das Wetter wird wärmer. Gelegenheit, Kleidung und Kajüte zu trocknen. – Überraschende Segelmanöver finden weiterhin statt.

TASMANIA
VAN DIEMEN LAND

Nestlé
Feinste heiße Schokolade
195
230
ECHTER DEUTSCHER HONIG

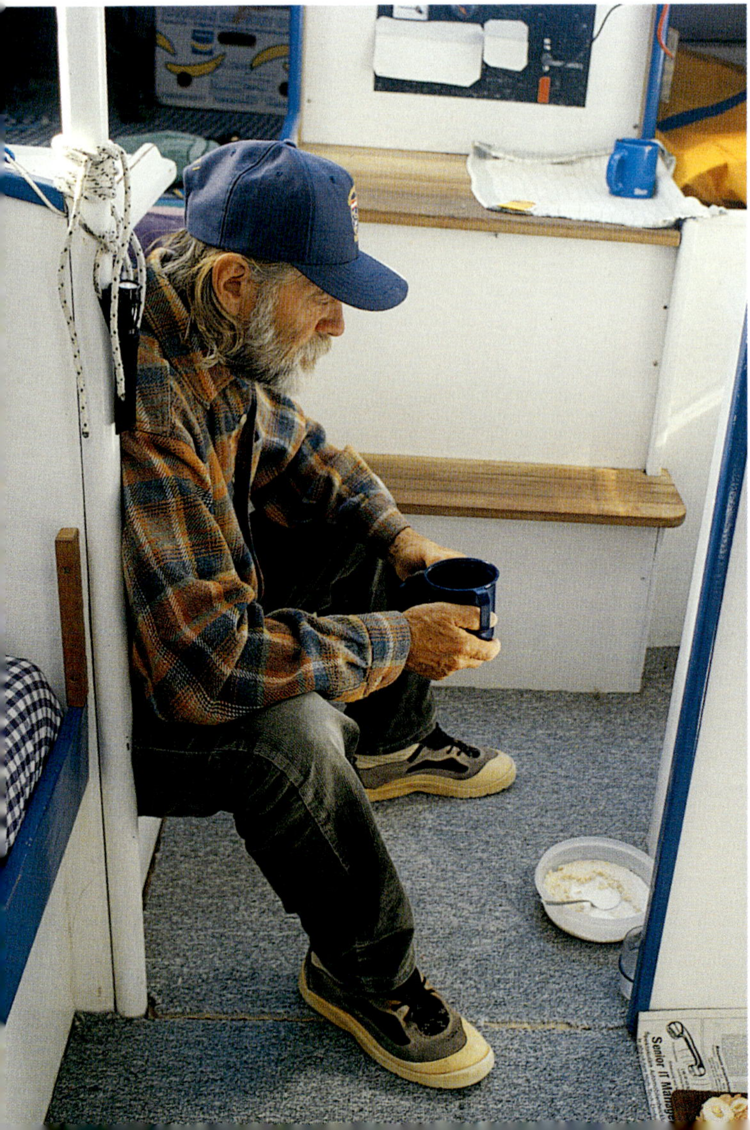

SOUTH
AMERICA

Die Fahrt dauert länger als geplant. Folge: Ich muss meinen Proviant rationieren. Verschiedene Lebensmittelbehälter bekommen Verbrauchszeiten notiert. – Obligatorisch: Die tägliche Muck Kakao und drei Stück Dörrobst. – Das Foto am Schott löst Sehnsucht aus. – Nächste Doppelseite: Orkan im Agulhas-Strom.

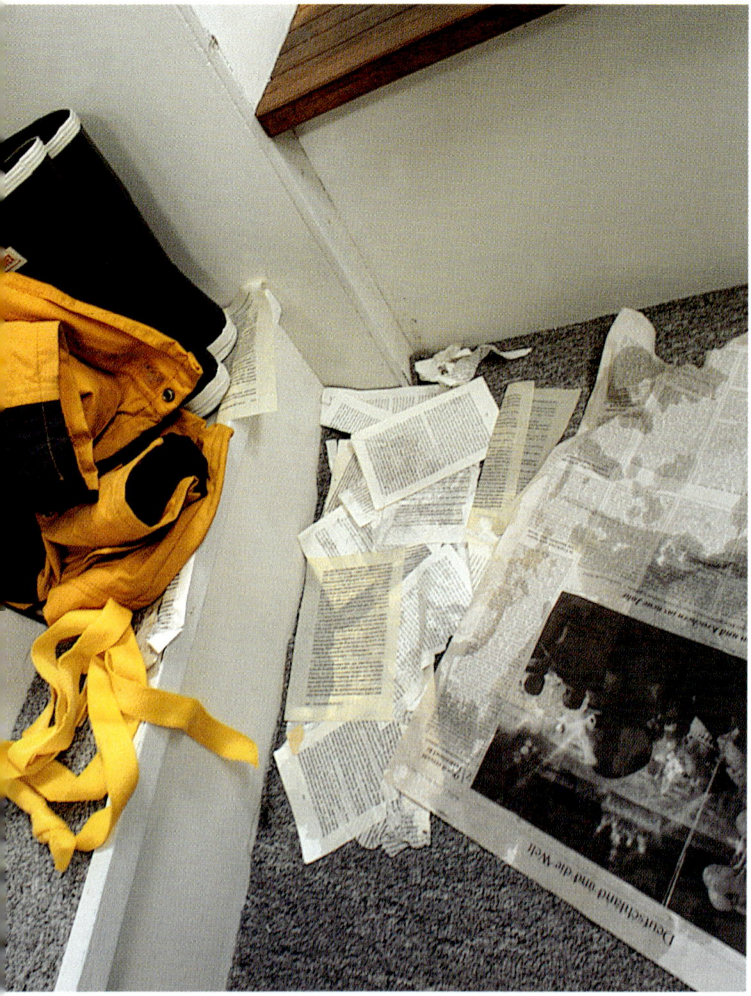
Deutschland und die Welt
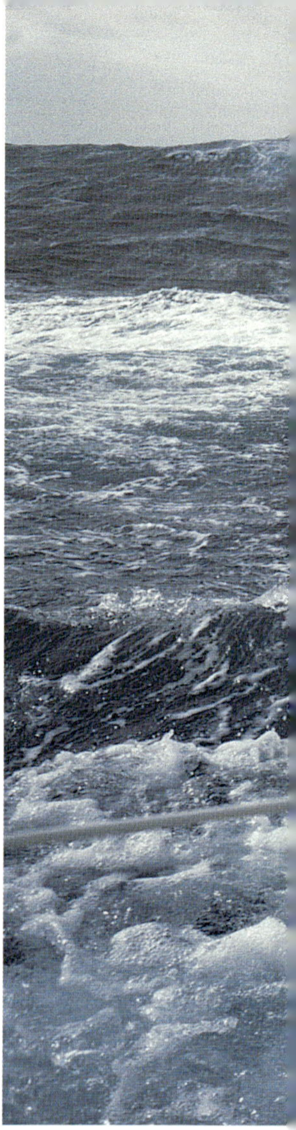

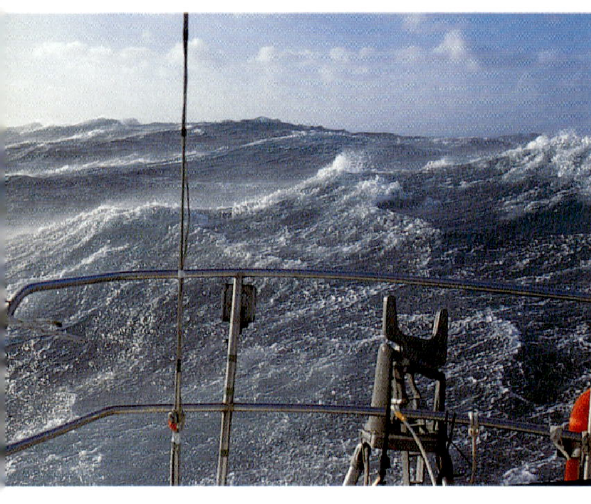

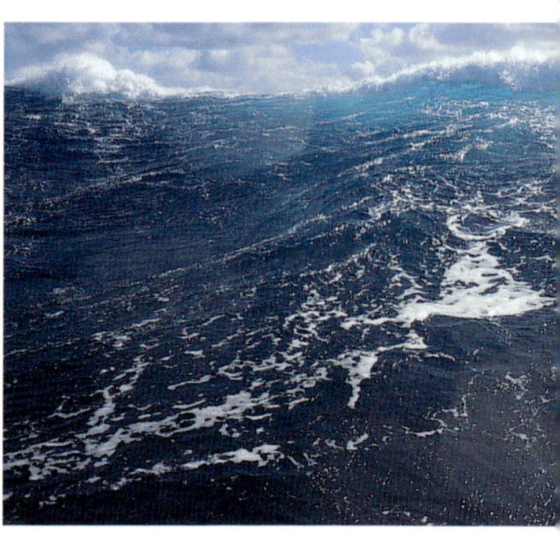

Östlich von Südafrika: Der Sturm meines Lebens. Steile und hohe Seen werfen mein Schiff und lassen es kentern. – Um der Nässe in der Kajüte zu begegnen, lege ich Zeitungspapier und Buchseiten aus. – Schiffsverkehr bringt mich an der Küste in Kollisionsgefahr.

Das letzte große Kap ist am 274. Tag passiert. Das Kap der Guten Hoffnung war eine harte Prüfung – erst Sturm, dann Flaute. Und viele Schiffe. Sie erfordern Tag- und Nachtwachen.

Jemand muss meine Schreie gehört haben. Bin dankbar. Aber auch ausgepowert vom vielen Gelaufe mit der Pütz.

Ohne Gottvertrauen ist solche Fahrt nicht machbar. Es hätte ja auch in einem anderen Karree regnen können. Niemand kann erahnen, wie mich das beglückt. Pures Wasser die Gurgel runterlaufen zu spüren ... Über Wochen habe ich echt zu wenig getrunken – oder schlimmer, ein Zuviel an Meerwasser beigemixt. Als Folge wurde ich immer durstiger. Meine Situation erinnert mich an 1972 in der Biskaya. Astrid und ich hatten überhaupt kein Wasser im Tank. Mit einem Wasserkessel und einem galvanisierten Rohr destillierten wir nach dem Verdunstungsprinzip stundenlang, um mit Mühe auf einen Liter zu kommen. Daran erinnere ich jedes Detail. Zum Kochen benutzten wir teilweise Gin, von dem wir genug gebunkert hatten. Als wir endlich Plymouth erreichten, ging der vom Zollboot gereichte Kanister Wasser direkt an den Hals.

Meine letzten Tage, als der Vorrat auf 30 Liter absackte und ich nach Flüssigkeit lechzte, kommen hoffentlich nicht wieder. Alle Überlegungen endeten bei Getränken – von morgens bis abends, wo es besonders qualvoll war.

Um das Nautische in die Reihe zu bringen: 7 Knoten am Wind und auf Kurs (West). Fast zu viel Tuch, es wirft mich beim Schreiben. Wirft? Schleudert – aber da ist die Frische des Körpers, der Haare, der Wäsche. Ich werde gut schlafen.

236. Tag – Samstag, 7. April | 142 Meilen. Wieder ein blendendes Etmal. Super. Und ich bin über den Knick der Seekarte. „Sehe“ schon das Kap der Guten Hoffnung. Immerhin nur noch 3700 Meilen. Ich reibe mir die Hände. Klasse.

Kapstadt mit Frischkost, Yachtclub und netten Menschen, das wäre doch eine lohnende Abwechslung. Ein Gedankensplitter, der nicht neu ist. Eine Pause würde mir gut tun. Vor allem, wenn die Umrundung hart und wild wird, ich die schöne Silhouette Kapstadts gleich rechts „um die Ecke“ sichte, den Tafelberg, die Apostelberge. Die Versuchung wird so oder so groß sein. Mein Nonstopvorhaben wäre damit zwar zunichte gemacht, aber alle berühmten Kaps in Gegenrichtung gerundet zu haben – das soll mir erst einer nachmachen –

mit einem Zehn-Meter-Boot. Das Gute an diesen Gedankengängen: Man braucht sie nicht zu unterdrücken, denn man hat ja noch viel, viel Zeit zum Überlegen.

So, was schreibt mein Seehandbuch zur Kapumrundung? Nichts Gutes. Wie üblich ausführlich und teils beängstigend. Auch wieder seitenweise schreckliche Beispiele aus der Windjammerzeit. Genauso wie damals am Hoorn. Ist ja dasselbe Buch. Eindeutiges Ergebnis für den Studierenden: Der Mai ist schlimm und Juni der ärgste Wettermonat am Kap. Man sollte die exponierte Küste meiden. Fasse kurz zusammen: Mehrzahl der Stürme aus West und Südwest, aber viel gefährlicher als die Kapstürme kann die See werden. Die Winde wehen gegen die Richtung des Meeresstroms, dabei können sich Wellen aufbauen, die selbst Handelsschiffen gefährlich werden. Der Einfluss der Meeresströmungen, um 2 bis 4 Knoten, ist erheblich. Hier trifft der warme Agulhasstrom des Indischen Ozeans auf den kalten aus dem Südpolarmeer. 15 bis 20 Grad Temperaturunterschiede des Wassers sind keine Seltenheit. Die meisten und heftigsten Stürme aber gibt es an der Linie, wenn man die Südostküste Afrikas südwestwärts verlängert – wie gesagt eine Folge der harschen Strömungen. Keine Küste für unbeschwertes Draufzusegeln. Mein Ziel ist die Küste bei Port Elizabeth.

239. Tag – Dienstag, 10. April | Lass sie noch mal in der Sonne „braten". Meine letzten 120 Zwiebeln. Bei drei Stück pro Tag habe ich noch für 40 Tage Vitamin B. Ui, wer hätte das gedacht, dass ich den Berg von gebunkerten Zwiebeln allein wegesse. Nur wenige sind faul geworden. Die Mühe, sie bei Gelegenheit der Sonne auszusetzen, hat sich gelohnt.

Bis in die Früh Mond geguckt. Der Blick ging in die übliche Richtung, querab auf das vom Mond beschienene schaumige Fahrwasser. Es ist schön, trotz dichter Schoten übers Meer zu flitzen, keine Schiffe, auch keine Vögel und Fische. Seit vielen Tagen schon. Augenblicke des Verträumens. Die Frage nach dem „Warum gegen Wind und Strom" beschäftigt mich währenddessen. Zum einen wollte ich nicht in der dänischen Südsee enden. Gleichbedeutend wäre für mich, wenn man einen Seefisch ins Aquarium versetzt. Andererseits die Aufgabe. Dieser

Kurs verbindet so herrlich Segeln und Kampf. Bei der ersten Idee bekam ich regelrecht Panik. Mit dem kleinen Boot, das schaffst du nie. Lass das bloß sein. Ein reißender Schmerz in der Brust folgte. Na, dachte ich, träumen kann man ja. Nur, die Idee kam wieder und wieder, verfestigte sich, und auch das stechende Ziehen in der Wirbelsäule blieb, wenn ich darüber brütete.

Nun habe ich acht Monate rum. Und ich bereue nicht. Um die Gelassenheit zu bewahren, erinnere ich mich stets daran, meinem Bordleben einen festen Rhythmus zu geben. Essen, Kleidung, eine neue Musikkassette. Die höre ich dann immer wieder. Das hat einen Rauscheffekt. Die Zeit, die Zeit erfordert es. Sich selbst zu achten, ist das A und O. Hier: Ernährung, Kleidung, Ordnung und Instandhaltung des Schiffes. Außerdem: Man verlässt mit solcher Fahrt das gewohnte Leben nicht völlig. Einerlei, wie weit und hart man segelt, man nimmt sich immer selbst mit – und seine Marotten. Lebe nach meinen Wünschen und Vorstellungen. Dass ich dies Unternehmen noch in Gang gebracht habe, bewundere ich mehr als vieles zuvor. Es ist natürlich – und wer realistisch denkt, wird zustimmen – eine nicht notwendige Reise. Gegen den Wind, monatelang, dazu die Zeit der Isolierung unter diesen Strapazen mit vielen zerstückelten (vom Wetter aufgezwungenen) Tagen und vor allem Nächten.

241. Tag – Donnerstag, 12. April | Es rummst. Es scheppert. Es wird ungemütlich. Der zweite Tag mit Sturm. Von vorn. Das Schiff arbeitet sehr, auf und nieder mit dem Bug, stoßweise, also in Schüben wie früher in den Brüllenden Vierzigern. Früher, vor drei Wochen.

Das Frühstück fällt ziemlich schräg aus: Hafer, Pumpernickel aus der Dose und Rührei aus der Tüte. Eine gewisse Sättigung danach. Ertappe mich häufig, wie ich selbst die letzte Brotkrume mit der Fingerkuppe vom Teller picke.

Ist mein Kopf kleiner geworden? Die STARSHIP-Kappe sitzt nicht, ist zu groß, nachdem sie Monate unbenutzt lagerte.

Monotonie stellt sich ein. Verbunden mit Kapstadt-Gefühlen. Weiß nicht, was ich anfangen soll. Lesen – igitt. Radio hören – schreckliche internationale Nachrichten inklusive der Statements aus Berlin. In die Nacht hinein ist es vorbei mit der Langeweile: reffen, bergen, setzen, reißen, fieren. Niedergang auf und nieder. Jedes Manöver fordert Ölzeug. Wundere mich, dass ich noch keine Dreiecksrisse in den Stoff gerissen habe. Nasse Windböen jagen im Mondlicht gespenstisch über Deck.

244. Tag – Ostersonntag, 15. April | Mein 61. Geburtstag. Letztes Jahr in Marina Lindauhof gefeiert – auf einem Meter Wassertiefe. Heute auf 34 Grad Süd, 69 Grad Ost und auf 4000 Meter. Genau die Hälfte zwischen Australien und Südafrika.

Alles dreht sich ums Wetter. Erst hatte ich den Klüver stehen, dann die grünweiße Genua, jetzt zurück zum Klüver. Will mein Geburtstagsmenü genießen: Gulasch mit Erbsen und Penne. Das macht satt. Danach Kaffee-Kakaogemisch mit Kyms Geschenk: Eine Stange Shortbread aus Neuseeland.

Geburtstag. Allein auf See. 61 Jahre, damit bin ich schon über 30 Jahre älter als Jesus. Weitere Gedankengänge bleiben flüchtig. Betrachte meine Beine, meine Arme, trotz der verlorenen Kilo (bin wohl unter 60), keine Falten, keine blauen Adern, alles sehnig und fest. Hochseesegeln ist wohl eine Sportart, die alle Fasern des Körpers beansprucht. Zu wenig Auslauf? Auf diesem Kurs nicht. Zwei Paar Segelschuhe habe ich bereits blank gelaufen. Tja, und gesichtsmäßig? Erholt. Nur an Händen und Kniegelenken Pflaster und Verbände.

Ich bin glücklich. Und einsam. Seit dem 240. Tag rechne ich mehr an der mir verbleibenden Zeit und den Meilen herum, als mir lieb ist. So begehrt und gewollt mein Dasein ist, aber auch das Gewollte muss ein Ende haben. Es gibt Stunden, da würde ich ernsthaft in Kapstadt die Reise unterbrechen. Aber aus dem Hafen muss ich irgendwann doch wieder raus.

246. Tag – Dienstag, 17. April | Alles ist sehr anstrengend. Permanent reiße und fiere ich an der Segelstellung. Ich versuche nämlich optimal voranzukommen. Die Kombination Mai-Stürme und das berühmte Kap machen mir Sorge. Das Kap der Guten Hoffnung dominiert meine Gedanken. Jetzt heult es zusätzlich im Rigg. Schwermut. Die Fahrt wird mir lang. Flach, flach was ich notiere. Neulich die Begebenheit sollte ich festhalten: Das Großsegel stand mit dem zweiten

Reff. Genua geborgen, Klüver gesetzt. Die Kutterfock hatte ich als Letztes im Sack und am Klüverstag festgezurrt, dabei fiel ich rücklings ins Relingsnetz. Und blieb einfach sitzen. Die Arme beidseitig auf dem Relingsdraht, verharrte ich fünf, zehn Minuten. Die Gischt störte nicht. Ich war glücklich, zum richtigen Zeitpunkt die Segel gekürzt zu haben. Es lief großartig.

248. Tag – Donnerstag, 19. April | Blau setzt sich durch. Kurs brillant. KATHENA gleitet wie ein Albatros dahin. Souverän zerteilt der Bug das Meer. Keilförmig sprüht beidseitig eine Gischt ab, von der kein Tropfen an Deck gelangt. Das Boot segelt trockener, weil es leichter geworden ist. Vermisse sehr eine Loganzeige. Damit würde ich mehr mit Segel und Schoten arbeiten. Ganz sicher. Jetzt aber liegen wir fantastisch auf Kurs und in Geschwindigkeit. Hilfreich ist der glatte Schiffsboden, den ich letzte Woche nochmals tauchend von Entenmuscheln befreit habe. Die Belastung von Rumpf und Rigg ist bei halbem Wind gering. Unter diesen Bedingungen könnten wir noch zig-

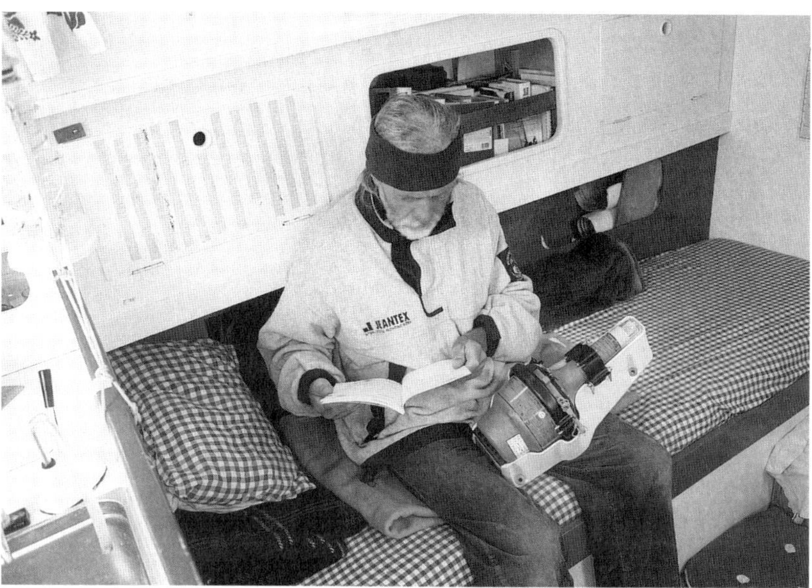

Begutachtung der EPIRB-Boje mitten im Indischen Ozean. Sobald die Boje unter Wasser taucht, löst sie per Funk automatisch weltweit einen Notruf aus.

tausend Meilen fahren, ohne dass Takelage, Segel, Taue, Beschläge sonderlich zu leiden hätten.

Und ich? Ich könnt's nicht. Bin überdreht. Bewege mich an vielen Tagen matt durchs Boot. Früher hatte ich noch an fünf Tagen in der Woche Kampf im Bauch. Zurzeit ist das Verhältnis eher umgekehrt. Psychisch habe ich stark nachgelassen. Wieder Entenfußtage – bekomme die Beine nicht hoch. Müsste eigentlich entgegengesetzt sein, bin doch leichter, habe demnach nicht so viel zu transportieren.

Lese im Wirtschaftsteil einer alten „FAZ", dass Gewinner nie Kurzarmhemden tragen.

251. Tag – Sonntag, 22. April | Noch 2000 Seemeilen bis zum Kap der Guten Hoffnung. Noch 9900 bis zur Elbe. Das bedeutet noch drei Monate das Gewicht der Natur, des Alleinseins, des Verlangens, Haut zu berühren. Habe große Sehnsucht nach denen, die auf mich warten. Der Franzose Moitessier, der bekanntlich seine Nonstopwelt-Umseglung 1969 abgebrochen hat, um in der Pazifischen Südsee seine „Seele zu retten", vielleicht hatte er niemanden, der auf ihn wartete, denn nach der Ankunft auf Tahiti trennte sich Bernard ziemlich rasch von seiner Ehefrau Françoise.

Hole heute meine EPIRB-Rettungsboje aus der Achterpiek. Noch original im Versandkarton verpackt. Zunächst lese ich die Gebrauchsanweisung gründlich und montiere dann die schwere Boje in der Hundekoje. Motto: So weit gekommen, jetzt will ich überleben. Jetzt will ich zurück in die Elbe.

Lange Zeit segelte der Gedanke mit, dass dies ein Wagnis ist, von dem ich vielleicht nicht wiederkehren würde. Und tatsächlich lege ich neben der unmittelbaren Sicherheit – Gurt, Schuhe, Reling – wenig Wert auf Hilfe von außen.

Die Boje übermittelt im Notfall meine Position per Funk an die Rettungsstellen weltweit. Das tut sie selbstständig, sobald sie mit Wasser in Berührung kommt. Eine Batterie stellt sicher, dass das Notfunksignal mindestens 48 Stunden ausgestrahlt wird. Zudem ist sie mit einem Blitzlicht versehen. Meine EPIRB TRON 40 S COSPAS/SARSAT kann an jedem Punkt der Erde verwendet werden. Ist also für alle Seegebiete zugelassen. Mit dem 40 MHZ-System kann der wirkliche Ort mit einer Verlässlichkeit von 90 Prozent und einer Genauigkeit von weniger als fünf Kilometer bestimmt werden. Die Boje kostet rund 2500 Mark. Ich bekam sie von meinem Verein in Cuxhaven leihweise.

254. Tag – Mittwoch, 25. April | Nacht vertrödelt. Schlaf war alles, wonach ich mich sehnte. Die Tage zuvor waren mit Winddrehungen und Dünungssee mühsam bis sehr mühsam. Neben meiner Versorgung starte ich in diesen Tagen nochmals einen gründlichen Bootscheck, speziell, nachdem ein Splint auf dem Deck genau neben meinem Fuß landete. Mast hoch Hand über Hand ohne Probleme. Wie schrecklich schwierig war das im Atlantik. Einen Splint an den Spannern des Zwischenwants erneuert. Kontrolle anderer Splinte und Blöcke selbstredend. Hier und da werden die Verbindungen mit Gewebeband gesichert.

Aber: Ich brauche wieder Meilen. Ursache dieses Gedankens ist die neue Seekarte auf dem Tisch. Der Maßstab wird besser, mein Vorankommen deutlicher. Vielleicht hätte ich mir doch eine Plottingkarte für das Südpolarmeer anfertigen sollen, die die Kreuzschläge bildlicher macht. Bestimmt drei Tage Gewinn.

Was habe ich da notiert? Gewinn? Vielleicht waren gerade die Stunden der Trägheit, der Abwesenheit, des völlig Eins-Sein mit Schiff und Meer der Gewinn. Sich verlieren in der Zeit. Einfach da hocken, Windfähnchen gucken und weiter den Blick über Wellen, Horizont, Deck streifen lassen – und denken „habe ein sehr schönes Boot."

18 | DER BEIDSEITIGE ORKAN

Äpfel sind im Land zwischen den Meeren die beste und nützlichste Frucht. An einem Tag mit hohen Wolken löse ich einen Obstbaum-Geschenkgutschein in der Baumschule ein. Ein Holsteiner Cox soll es sein. Gummistiefel an, das Loch ist schnell gegraben. Wir gehen außerordentlich gewissenhaft vor beim Pflanzen des siebenjährigen Halbstamms. Ich hoffe, dass in zwei Jahren mit der ersten Apfelernte zu rechnen ist. Bei Nutzpflanzen – Obstbäumen und -büschen – habe ich keine Geduld.

260. Tag – Dienstag, 1. Mai | Tag der Arbeit – beginnt bei mir um 5 Uhr. Wende. Halse. Segel wechseln. Fall belegen. Schoten dicht holen. Einreffen. Ausreffen. Einbändseln. Ausbändseln. Regenwasser ketschen. Notiere Winde zwischen 2 und 8 Beaufort. Ein merkwürdiges Wetter. Vielleicht hätte ich doch meine Kurve über den Indischen Ozean weiter nördlich ziehen sollen. Oberhalb der subtropischen Konvergenzzone, in der Hoffnung eines unterstützenden Südostpassats. Anstatt zwischen Westwindzone und Passat zu segeln mit den immer „schwankenden" Winden, die mich allerdings bisher gut voranbrachten.

Meilenfieber hat mich gepackt. Noch 940 Meilen bis Agulhas, der Südspitze des afrikanischen Kontinents. Kap der Guten Hoffnung liegt 90 Meilen nordwestlicher, was viele nicht wissen. Port Elizabeth, das ich als erstes anvisiere, liegt 600 voraus. Zurück zur Meilengier. Stehe ganztägig bereit, um Tücher zu kürzen oder zu bergen. Beobachte die schwarzen Wolkenbänke, die 6 bis 7 Knoten Fahrt, die ich behalten will. Wenn man mich hier beobachten könnte: ständiges Bewegen zwischen Niedergang, Cockpit, Mast. Unruhig wegen des Schelfs, der Strömungen und allem. Salopp gesagt: Habe Schiss vor der Umrundung. Tief im Unterbewusstsein ein Verlangen nach: Mach hin, bring KATHENA ums Kap und dann die Fahrt zu Ende. Die Leidensfähigkeit ist aufgebraucht.

Kochen? Geschieht lustlos. Ein Stück geräucherter Schinken, bereits angefault, wird diesen leichten verwesten Geschmack auch nach wochenlangem Trocknen an der Seeluft nicht los. Muss ihn trotzdem essen. Schneide die Scheiben sehr dünn, mit Pfeffer sind sie dann halbwegs genießbar. Corned beef esse ich aus Geschmacksgründen ähnlich, mit Zwiebeln und einem Schuss Tabasco. Beides bekommt von mir nach der Fahrt für viele Jahre die Rote Karte. Bohnen, braune Bohnen gleichfalls.

263. Tag – Freitag, 4. Mai | Grimmige Nacht. Viel zu viel Tuch. Hatte mir vorgenommen, dieses Seegebiet segeltechnisch gewissenhafter anzugehen. Unvernünftig, in Düsternis und bei anrollenden Wellen voll gegenzuhalten. Bis ...?

9.30 Uhr: Eine abnormale See hat uns getroffen. Deck und Cockpit flirren unter Wasser. Ein einziges Killen, Zittern und Rauschen. Mir ist übel, nachdem ich an Deck Klarheit geschaffen habe. Schlaf und Essen sind meine großen Handikaps. Mache mir Reis und eine Tüte Chili con Carne. Bewundere mich, bei 35 Grad Schräglage am Herd, dass ich so konsequent bleibe. Auch bei schlechten Wetterbedingungen auf meine Nahrung zu achten.

Liege quer auf dem Boden. Gucke Luftlöcher. Lese ein bisschen Chay Blyth. Den hat es auf dem Schelf mächtig erwischt. Seine 18 Meter lange British Steel wurde völlig unter Wasser gedrückt. Ich habe Sorge wie lange nicht. Die Bücherinformationen zur Agulhasströmung sind grauenhaft. In „Der Sturm" von Sebastian Junger wurde ein Frachtschiff von enormen Wellen leckgeschlagen. Ein anderes zerbrach in zwei Teile, als es gegen eine Riesenwelle prallte. Zum südafrikanischen Seegebiet meint Moitessier in seinem Buch, es wäre zerstörender als die Kap-Hoorn-Region. Das kompakte Wissen meiner Autoren hinter der Schlingerleiste im Regal beflügelt nicht gerade, die tückische Ecke im Spätherbst anzusteuern. Auch meine Buch-Mitseglerin „Gudi" Calligaro steuert ein vernichtendes Kap-Erlebnis bei, als sie im Hafen von Kapstadt die zu erwartenden Wetterbedingungen studiert *„... bis zu dem Tag, an dem François mit seinem entmasteten Schiff aus der Kapregion zurückkommt. Betroffen stehen wir auf der Mole und starren ihn und sein Schiff an. Beide sehen schlimm aus. Ihr*

Anblick prägt sich tief in mein Gedächtnis ein." Soweit die Einhandseglerin beim Anblick des Franzosen: Mast, Großbaum, Reling waren weg. Hui, ein Querläufer. Vor mir liegt die Seekarte mit dem Eindruck „Abnormal waves". Diesen unheilvollen Hinweis habe ich auf keiner anderen Karte.

264. Tag – Samstag, 5. Mai | Ich glühe. Wilde See, Druckfall, Windsprung von Nordost auf Westsüdwest, alle Zeichen stehen auf Sturm. Sie scheinen mir nicht auszugehen. Wie viel Stürme es insgesamt waren, weiß ich nicht. Blicke zurück ins Logtagebuch verwehre ich mir. Nur so viel: 98 Prozent aller Kaltfronten waren von vorne. Und dieser Wirbel rund 100 Seemeilen östlich von Port Elizabeth im Agulhasstrom wird von Minute zu Minute schlimmer. Was wird er bringen? Schietkram. Garantiert Südwest; und da er so plötzlich von 3 auf 8 zunimmt, wird er äußerst gefährlich werden. Noch beträgt die Strömung 1,5 Knoten – gegen die Windrichtung. Bei Annäherung an die Schelfkante ist mit 4 Knoten zu rechnen.

266. Tag – Montag, 7. Mai | Zwei Tage später. Vor mir eine Essschüssel Porridge und eine Kanne Kaffee. Draußen Schauerwetter und aufgewühlte See. Wind Südwest zwischen 5 und 7. An Segel stehen die Sturmfock mit Reff und das Groß mit drei Reffs. Das Notwendigste in der Kajüte und an Deck aufgeräumt. Mächtig abgetrieben in diesem ... wie viel Meilen weiß ich nicht, interessiert mich noch nicht. Hunger treibt mich an den Kochtopf. Zwei Tage hatte ich nun fast nichts im Bauch. Das Aufschreiben des Erlebten die andere Triebfeder. Während der letzten zwei Tage außer den rein technischen keine wesentlichen Eintragungen, so liege ich jetzt platt mit dem Logtagebuch auf dem Boden und notiere:

Genau 48 Stunden, davon rund 30 kritische, das heißt zerstörerische, nervende Stunden dauerte dieser orkanartige Sturm. Wind gegen Strom entfachte Monsterseen, kurze, harte und hohe, gefährliche und unberechenbare. Dieser Orkan begleitet mich sicher den Rest meines Lebens. Er hat mir schier das Herz zerrissen.

Dabei hatte diese Heimsuchung ganz harmlos angefangen. Ein wenig Druckfall, ein kurzer Nordoststurm, dann acht Stunden Windstille. Doch dann ging's los, aus Südwest bis West mit Wucht. Bei Stärke 9 nahm ich den Rest Großsegel weg. In aller Ruhe und Sorgfalt. Das Stück Segeltuch hat beim Einbinden nicht ein bisschen gekillt. Geschmeidige, dicke Bändsel (12 mm) machten es mir leicht. War stolz darauf, wieder alles so gut im Griff zu haben und verkroch mich unter Deck. Ließ den Wasserkessel pfeifen, brühte „breitbeinig und breithändig" eine tiefe Tasse Kakao auf und hockte mich damit auf den Kajütboden. Mit der linken Hand schmierte ich eine Scheibe Brot mit cremiger Erdnussbutter. Hm, ich lächelte vor mich hin, es ging mir doch gut. Legte sogar mein Ölzeug ab: „In ein paar Stunden ist eh alles vorbei", dachte ich. KATHENA lag quer zu den Wellen, ich wollte damit die Abdrift so gering wie möglich halten. Großbaum leicht in Luv. Pinne mit Gummistropp in Lee festgelascht. Seen kamen nicht über. Fotografierte und filmte sogar noch. O, der Luftdruck fiel weiter.

Bei Stärke 10, in Böen mehr, und feststehendem Druck, wurde ich skeptisch. Ich stieg wieder in Ölzeug und Gurt, zwängte mich durchs enge Luk nach draußen, um den an der Reling festgelaschten Klüver 2 unter Deck zu holen. Ich umbändselte das nasse sperrige Tuch wie eine Wurst, löste dann alle Stagreiter und zerrte das schwere Segel kriechend, fast liegend, über Deck nach achtern und runter den Niedergang in die Kajüte. Das war im Nachhinein eine gute Tat, denn der Klüver hätte den Bugkorb im noch folgenden reißenden Sturmwind hin gemacht. Nur die kleine Sturmfock, badehandtuchgroß, ließ ich draußen, fest umwickelt an Stag und Reling. Schon dieser lächerliche Widerstand sorgte dafür, dass die See alle vorderen Relingstützen nach innen bog.

Nachmittags, etwa zehn Stunden nach Beginn, nur noch fliegendes Wasser. Die See mehr weiß als blaugrau. Die Sonne schien, und man sah durch das im Wind wehende Wasser wie durch einen Schleier. Ein einzigartiger, aber beunruhigender Anblick. Noch immer dachte ich, dass Wind und See wie schon so häufig bald nachlassen und zusammensacken werden. Aber ich täuschte mich. In der Abenddämmerung holte das Boot zum ersten Mal so weit über, dass der Mast der Länge nach auf die See schlug – weiß nicht, war eher ein Dippen, Eindippen. Wer kann das in einer brandenden See erkennen. Jedenfalls lag KATHENA flach auf der Seite, und das spürte ich. Stand nämlich gerade festgekrallt in der Pantry, als ich sehr lange nur blaugrauweißes Wasser durchs Fenster sah und mit dem Bauch über dem Kocher hing. Ganz langsam richtete sich das Boot wieder auf. Und es wurde still. Das schäumende Wasser schwächte die anlaufenden Seen.

Steile, abrupte Seen brachen am Rumpf, schleuderten ihre Kämme über Deck und Cockpit. Nicht immer, aber zu oft. Das Meer hatte Anzeichen von Brandung. Wieder klettere ich nach oben, wollte versuchen, die Wellen (eigentlich Seen) mehr von achtern zu nehmen, weil die Selbststeuerung das nicht schaffte. Doch nach einigen Stunden Steuern musste ich aufgeben. Ich meinerseits schaffte es einfach nicht, die Pinne zu halten. Festzuhalten, auch mit beiden Händen nicht. Eine nie erlebte Gewalt drückte gegen das Ruderblatt. Hinzu

Auch dieser Sturm, der zeitweilig mit Orkanstärke bläst, hat seinen Höhepunkt in der Nacht, sodass alle Fotoaufnahmen davor oder danach entstanden sind.

kam: Ich fand keinen Halt im Cockpit, und mich richtig festzulaschen, davor hatte ich Bedenken, denn bei einer Kenterung würde ich nicht freikommen. Von den Wogen wurde ich regelrecht in die Cockpitbank gedrückt – oder weggerissen. Außerdem konnte ich in dem schaumumtosten Meer ringsum kaum erkennen, woher die Seen kamen. Immer wieder musste ich wegen des Winddrucks auf die Augen das Gesicht abwenden. Ich hatte mehr mit mir zu tun, anstatt das Schiff zu steuern. Und ich hatte mich auch allmählich in einen Angstzustand versetzen lassen. Angst, dass die See mich aus dem exponierten Cockpit zerren und über Bord waschen könnte. Wie das aussehen würde, hatte ich mir schon in anderen Stürmen vorgestellt. Nein, ich wollte nur weg aus diesem Chaos. Folglich kuppelte ich die Aries wieder ein, hangelte mich in die Kajüte, legte mich, Arme und Beine weit von mir gestreckt, um nicht wegzurollen, diagonal auf den Teppich. Und erstarrte.

Die Selbststeueranlage machte es recht gut. Wir liefen wie üblich schräg vorm Wind ab. Vor kahlem Mast. Nur wenige Male musste ich an Deck, entweder weil es undefinierbar klapperte, oder weil wir wieder gefährlich breitseits zur See lagen, sodass die Aries neu justiert werden musste. Bis zur nächsten anrollenden Schaumkante.

Dieser Verlauf hört sich leicht an, aber jedes Mal musste ich mich durch das enge Luk winden. Eingewickelt in Ölzeug und Sicherheitsgurt wurde das zur Akrobatiknummer. Immer gelangte ein Schwall Wasser in die Kajüte – der Spritzschutz war längst verzurrt. Nässe und Stockflecken waren sowieso in der Kajüte vorhanden, machte also nichts.

O Gott, eine fürchterliche Nacht begann. Der Sturm legte noch zu, entwickelte sich zum Orkan. Blicke aus dem Luk Richtung See entfielen, waren schier unmöglich, denn meine Augen schlossen sich automatisch. Es war schlimm. Das Luft-Wassergemisch verursachte Stiche. Ich hatte alles an Deck getan, konnte nur ausharren, war den Elementen ausgeliefert. Ich gab bald auf, mitzuzählen, wie oft der Mast über den Drehpunkt in die See gedrückt wurde und wir platt auf der Seite lagen. Sekundenlang dort blieben, bevor es wie in Zeitlupe zurück in die Senkrechte ging. Umgeben von einem grummelnden Meer.

Nur soviel: Die Pantry war schnell geleert. Alle Schapps sprangen auf. Tupperbehälter schossen durch die Kajüte. Radio und Fotokamera schlugen tiefe Kerben ins Sperrholz. Paradox: All diese Dinge lagern hinter doppelt hohen Schlingerbrettern und sind zum Teil zusätzlich mit Tau gesichert. Aber gegen diese Wellen hatte keine Sicherung eine Chance, sie trafen KATHENA abwechselnd – von Steuerbord und von Backbord –, ein Phänomen, das ich nie zuvor erlebt habe. Kurz und hart die Schläge. Das Schiff ein bockender, vibrierender Gaul.

Ich wurde von einer Seite auf die andere geworfen, flog aus der Bodenlage gegen das Bücherbord und wieder zurück. Wurde von Konserven aus den Backskisten unter den Kojen eingedeckt. Die Dosen sausten durch die kleinen Öffnungen wie Granaten. Die See gab mir das Gefühl, als ob ein Kran das Schiff in die Luft hob und dann abstürzen ließ. Wieder und wieder. Wie lange würden das die neuen Fenster aushalten? Der Mast? Der Rumpf? Und dazu diese akustische Höllenkulisse, ein orgelndes Pfeifen, Heulen und Jaulen der Gischt und See am Rumpf entlang. Ich fühlte mich wie im Zug, der durch lange und kurze Tunnelstücke jagt.

Mit Zähnezusammenbeißen war es nicht mehr getan. Müde vom Herumgeschleudertwerden gab ich auf. Sammelte auch nicht mehr die umherpolternden Gegenstände ein.

Bettete meinen Kopf auf einen Segelsack, faltete die Hände und schloss ab. Das war's also. In Gedanken war ich dabei – eine Zeitlang – sehr glücklich. Hatte ich doch alles Erträumte erreicht: Ich war mit 18 per Fahrrad nach Indien gefahren; als erster Deutscher allein um die Welt gesegelt; hatte dies als einziger Deutscher nonstop wiederholt; eine blonde, langhaarige Frau geheiratet; ein Kind gezeugt; ein Haus gebaut; einen Baum gepflanzt; ein Buch geschrieben. War stets bestrebt, nie mittelmäßige Sachen zu machen. Und hatte deswegen auch diese Reise gewagt. Wenn sie jetzt so zu Ende sein sollte – einverstanden.

Doch jeder Blick durchs Luk nach draußen brachte mich in die Wirklichkeit zurück. Der Kopf sofort vergischtet. Heißt es vergischtet? Egal. Wenn es über Deck schon so weht, dass Wasser aus den Vertiefungen geschleudert wird, wie viel Wind pfeift dann erst oben in der Takelage? In der Kajüte herrschte inzwischen das Chaos, ich sammelte nichts ein. Mein Herz stockte, verkrampfte, schmerzte bei jedem neuen Schlag. Stunde um Stunde zählte ich die Sekunden, wenn das Heulen eine Pause machte: 3 Sekunden, 5, 15. Einmal war es eine ganze Minute. Schwächelt der Wind? Ich gleich an das Schapp und mir einen Schluck Brandy gegönnt. Aber eine weitere Minutenpause kam nicht wieder.

Dann ein Erlebnis, das mich für Minuten aufmunterte. In dem ganzen Durcheinander trat ich auf eine Senftube, und der Inhalt schoss mit einem enormen „Flop" auf die Fensterscheibe. Eigentlich ärgerlich, die Schmieralie. Aber ich dachte sofort an die Schaumkanten der Monsterwellen und musste lachen: „Also, wenn ihr hier rein wollt, schießen wir zurück."

Am 6. Mai (gestern) habe ich ganze zwei Zeilen im Buch: Alle Löcher in der Kajüte zugestopft. Druck fällt erneut. Kann nicht mehr – bitte.

Nach zwei Tagen hat sich das Toben gelegt. Endlich. Mein Schiff müsste eigentlich langsam müde sein, so wie ich, vor allem mein Kopf ist morsch nach alledem, was wir durchgestanden haben. Trotzdem kann ich das Notieren nicht lassen. Alle Gedanken kumulieren sich auf das Geschehene. Sie müssen raus.

Das war knapp. Tief durchatmen. Ich lebe.

So habe ich Lebensgefahr noch nie gespürt. So habe ich die Brecher noch nie gegen KATHENA gehört und gesehen. Sie wurde regelrecht verhackstückt. Das Schlimmste war noch die erste Nacht. Wie kann ein Schiff innerhalb von einer Minute erst nach Backbord und dann nach Steuerbord gekippt werden? Ohne dass sich am Kurs viel geändert hat. Fragen, die ich wohl nie beantworten kann. Es wahrscheinlich der Meeresströmung zuschreibe, die die See zu Kreuzseen zusammenschob.

An Deck herrscht vollkommenes Chaos, als ich mich heute umblicke. Schoten und Fallen schleifen im Meer. Tauenden haben sich überall verwickelt, sogar um den Mast oberhalb des Großbaumes. Die Positionslampe im Bug hängt nur am Kabel. Die Aries hat so gut wie keine Windfahne mehr. Stundenlang habe ich mit dem Aufklaren zu tun. Dazu gehört auch, dass ich meine angstschweißdurchtränkte Unterwäsche in hohem Bogen über Bord schmeiße.

Es ist unglaublich, wie gut das Boot diese Strapaze überstanden hat. Mein Körper ist von oben bis unten voller Prellungen, aber KATHENA fehlt nichts. Lediglich die Verstagung muss ich nachspannen. Durchweg eine Umdrehung.

Das Boot? War gerade nochmals draußen und habe inspizierend über Bord geguckt. Farbe vom Namen abgeschliffen, sonst nichts, keine Beule. Danke an alle, die KATHENA gebaut haben. Gut, dass sie aus Aluminium ist und so viele Rundungen aufweist. Habe beobachtet, dass die pure See nie vierkant Aufbau und Fenster traf. Erstens wegen der Neigung nach innen und zum anderen: Die hohe Fußreling brach einen ordentlichen Teil.

Windmäßig war das mit Sicherheit mein schwerster Sturm. Die Stürme zwischen Kap Hoorn und Neuseeland waren härter wegen der Kälte, der höheren, aber längeren Seen und den einzelnen Brechern ... na, genug davon. Ich wundere mich, wie ich in einigen Stürmen noch gegenan segeln konnte, die Position halten oder gar Länge gewinnen konnte. O, jetzt stampfen wir aber mächtig. Eine Zeit nickte ich schon automatisch mit dem Kopf, obwohl wir gar nicht auf Amwindkurs stampften. Nochmals zum orkanartigen Wind. Mag mich nicht in Zahlen ausdrücken, aber die letzte Stufe in der Beaufortskala war's bestimmt – in Deckshöhe. Die See war zeitweise 90 Prozent weiß. Messen? Den Wind mit meinem Anemometer zu messen, der Gedanke kam mir überhaupt nicht.

Was ich noch in der langen Nacht vom 5. auf den 6. Mai gedacht habe? Wie freimütig darf ich sein. Also, ich habe, um mich zu beruhigen, meine Erlebnisse während der Reise von Deutschland nach Indien zurückgerufen. Meine einjährige Radtour als Achtzehnjähriger. Mich auch gefragt, wie ich das damals finanziell gemacht habe und warum die Menschen, denen ich begegnet bin, mich mit überschäumender Freundlichkeit behandelten. Menschen, in deren Ländern seitdem immer wieder Krieg stattfand: Libyen, Ägypten, Libanon, Jordanien, Irak, Iran, Afghanistan, Pakistan. Indien genaugenommen auch. Dann nahm mich unser neues Haus gedanklich gefangen. Das wollte ich noch sehen. Unbedingt. Dass mich diese Umseglung einige Lebensjahre kosten würde, ja, daran habe ich auch gedacht. Ende, ich habe nicht den Mut für die ganze Freimütigkeit.

Stellte auch fest, dass Dinge passiert sind, die aufgrund meiner Erfahrungen nicht hätten passiert sein dürfen. Chaos in der Kajüte. Alle theoretische Sturmtaktik kann man mit einem Boot meiner Größe in solchem Desasterwetter vergessen. Es bleibt nur eins: möglichst vor dem Wind treiben. Ohne ein Stück Segeltuch. Eventuell auch mindestens 30 Meter lange Taue zur Geschwindigkeitsminderung achtern nachschleppen.

Zurück zur Gegenwart. Am 5. Mai hatte ich noch 90 Meilen bis Kap Recife (Port Elizabeth), heute früh waren es 160.

Gehe das Weitersegeln vorsichtig an – mit reduzierter Fläche, den ganzen Tag über. Regen sollte das Meer eigentlich beruhigen, aber jetzt, um 18 Uhr, ist die See wie ein wildes Tier. Mensch, jetzt schwappt es noch voll übers Vorschiff. Halbstündliche Kracher sowieso, das heißt querschlagende Brecher überschwemmen beidseitig Deck und Aufbau. Die Luke ist dicht. Die Luft verbraucht. Kondenswasser tropft von der Decke. Ich liege im Schlafsack und wundere mich über die schwarzen Windfähnchen am Achterstag und in den

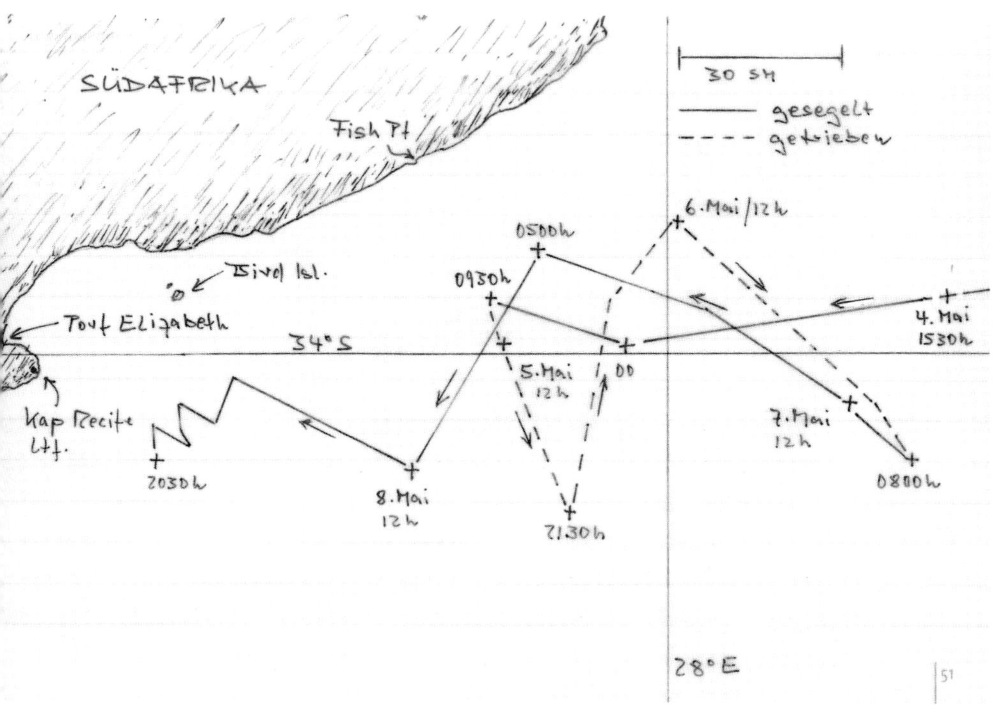

Wanten. Total alle gemacht – in *einem* Sturm. Genauer: Fünf bis sieben Zentimeter haben sie an Länge verloren, oh, oh ... Im Laufe der acht Monate zuvor waren sie nur um die fünf Zentimeter ausgeweht.

267. Tag – Dienstag, 8. Mai | Er ist gut, der Tag. Wolkenlos. Moderater Nordwest. Nur geschlafen habe ich kläglich: Hacksee und Wache. Wir befinden uns im Agulhasstrom, derzeit drei Knoten, Kurs innerhalb der Schifffahrtsroute entlang der Küste Südafrikas. Ich klare weiter an Bord auf und lass soweit alles gut sein. Als die Sonne in wahnsinnig kräftigen roten Farben untergeht, liegen wir in einer Flaute, 38 Meilen östlich von Kap Recife. Totale Flaute. Wenn ich jetzt an meine fliegenden Polster denke. Oder daran, wie ein zehn Zentimeter hohes Marmeladenglas über ein 12er Bord kommt. Mein Tupperwarebehälter mit Segelnähzeug – 12 über ein 15 Zentimeter hohes Bord. Das Radio hat den „Wurf" nicht überstanden, es gibt jedenfalls keinen Ton von sich. Erstaunlich ist die Nikon F3; sie war absolut sicher hinter einem hohen Brett gelagert, dennoch katapultierte sie längs durch die Kajüte und hat eine zentimetertiefe Kerbe in die Holzverkleidung geschlagen, trotzdem scheint sie voll funktionstüchtig. Ein letztes Beispiel: Wie kommt ein Segelsack weit aus der Backbord-Hundekoje in die Steuerbord-Hundekoje? Wie tief lag mein Schiff wohl vornüber?

Deutlich sichte ich zur Nacht das Leuchtfeuer Recife – alle sechs Sekunden ein Blink – in einer tollen ruhigen Mondnacht. Daneben der Lichtschein über Port Elizabeth. Wann habe ich so etwas zuletzt gesehen? Eine Ewigkeit her – England, Seebad Poole. Bei einem leichten Südwest gehe ich halbstündlich Ausguck – mehr schaffe ich nicht.

268. Tag – Mittwoch, 9. Mai | Zirren in Streifen. Zeichen unveränderten Wetters. Das heißt weiter Südwest, gleichbedeutend mit „Erdmann an den Wind". Zweistündlich ist eine Wende fällig. Kreuzschlag auf Kreuzschlag in leichter Gegenströmung zwischen Küste und der 200-Meter-Schelfkante. Mittags sind es noch 280 Meilen bis Kap Agulhas. Abends 8 Windstärken. Ach, Zahlen sagen so wenig.

19 | KAP DER GUTEN HOFFNUNG

Neugierig fahre ich auf die Bootsmesse nach Hamburg. Der Eintritt im Herbst 2001 beträgt 20 Mark. Gleich am ersten Ausstellungsstand bekomme ich eine Flasche Bollinger Champagner. Klasse. Bei meinem Verlag das Messegetränk schlechthin: Kaffee. Ein anderer Aussteller, dessen Produkt ich tausendmal in die Hand genommen habe, kommt kaum hinter seinem Tresen hervor. Und wiederum einer, mit dem ich nichts zu tun hatte, schwingt seine 200 Pfund über die Absperrung, um mich stürmisch zu begrüßen. Die Yachtbranche ist ziemlich kontrastreich. Gespannt durchstreife ich die Messehallen mit den Segelschiffen und mache mir natürlich Gedanken, welche Boote geeignet sind, sich monatelang gegen den Wind zu stellen. Das Resultat fällt kläglich aus. Von 50 vielleicht 1. Trotz Regen und Sturm fühle ich mich außerhalb der Hallen besser aufgehoben.

---

269. Tag – Donnerstag, 10. Mai | Augenblicklich kann ich nicht glauben, dass ich jemals die Elbe sehen werde. Drei Schiffe ziehen in der Nacht vor dem Bug vorbei. Bedingt durch meine Kreuzkurse erwische ich sie im rechten Winkel. Ich werde wach, als KATHENA plötzlich seltsam rollt und gleichzeitig ihre Fahrt verliert. Hellwach bin ich, als ich Rauch rieche. Sehr hastig stürze ich an Deck und sehe mich im Kielwasser eines von rechts nach links fahrenden Frachtschiffes. Das war brenzlig. Glücklicherweise nahm mir das Schiff im Vorbeifahren den Wind aus den Segeln, sonst hätte es wohl gekracht. Gebannt schaue ich auf das sich in der Dunkelheit verlierende Hecklicht. Bei Seegang, zudem im Sturm, geben meine Positionslampen keine Sicherheit, sonst hätte der Wachmann sicher Signal gegeben.

Insgesamt bin ich malad. Nicht willenlos. Wie viel ist zu viel? Bloß nicht so dicht an Kapstadt ran, das könnte fatal werden. Mein Motivationsfeuer flackert schwach.

Aus dem Sturm wird ein Normalwind. Ich atme auf. Nach drei Wetterfronten folgt oft ein Hoch. Mehr aus Langeweile hole ich meine Handfunke und spreche einen vorbeiziehenden Tanker an. Vielleicht gibt der Funker mir eine Wettervorhersage. Ich versuche es viele Male, eine Antwort bekomme ich überraschend von Cape Town Radio. Sie prognostizieren einen leichten Ostwind für morgen, dann sagt der Operator, „wait please", und, man glaubt es nicht, ich habe Martin Muth von der „Yacht"-Redaktion in der Funke. Bin völlig perplex. Herr Muth betreut die Fahrtenseglerszene bei der Fachzeitschrift und ist eingeflogen, um mich vor Kapstadt zu sprechen und zu fotografieren. Pardon, gerade oben notiert, bloß nicht so dicht an die Stadt ran. Ich könnte Nerven zeigen. Das Beste jedoch: Ich kann herrlich mit ihm über den schweren Sturm vor Port Elizabeth sprechen, von dem er gehört hat.

271. Tag – Samstag, 12. Mai | Neun Monate. Eine ganze Schwangerschaftsperiode bin ich allein unterwegs, mal segle ich optimal, mal luschig, aber noch immer mit Herz. Heute in der Tat mit flappenden Segeln. Gott hat die Schwangerschaft auf 270 Tage festgelegt. Spüre, länger sollte man auch nicht allein sein. Goethe hat, wie so oft, auch hier das Richtige getroffen. *„Es ist nicht gut, dass der Mensch allein sei, und besonders nicht, dass er allein arbeite; vielmehr bedarf es der Teilnahme und Anregung, wenn etwas gelingen soll."*

Dabei hat er sicher nicht an monatelanges Alleinsein gedacht. Teilnahme und Anregung zu den Themen Sturm und Muth erhoffe ich mir von meiner Frau. Ich baue mein Telefon auf und rufe sie an. Möchte etwas vom schweren Sturm loswerden und fragen, wie ich mit Muth verfahren soll. Presse interessiert mich momentan am wenigsten. Doch alle Verbindungen nach Deutschland sind gestört. Bin schrecklich traurig danach. Fühle mich wie nach einem blendenden Vorspiel in der Liebe, und plötzlich war's das.

An Steuerbord habe ich die imposante Küste Südafrikas – 30 Meilen entfernt. Zahlreiche kleine Berghöcker. Ein weiches Bild im Schönwetterdunst. Es ist ein sehr warmer Tag.

Genuasegeln. Relativ ruhig in der Takelage. Auf offener See wäre diese stabile Lage angenehm. Hier, zwischen Land und Schifffahrtsroute, wäre mir mehr Wind lieber. Aber was soll's, solange es kein West ist.

272. Tag – Sonntag, 13. Mai | Ich bin betrübt, es nicht geschafft zu haben, vor dem Start der BT-Racer auf der Höhe von Kapstadt zu sein. Die Racer starten heute mit Ziel England. Zu gerne hätte ich endlich wenigstens eine dieser Yachten gesehen. Jetzt sind sie endgültig weg.

Noch zu gestern: Seehunde am Nachmittag und am Abend im stark phosphoreszierenden Meer gesehen. Ein göttlicher Anblick, wie die Tiere Kreise und Schleifen ums Schiff zogen. Haken schlugen, am Rumpf entlang kurvten, den Bug kreuzten oder achtern ein Gruppenspiel veranstalteten. Jede Bewegung war erkennbar. Riesige Flächen glänzten silbrig. Der Grund: Die kalte Strömung ist mit Plankton gesättigt.

Mitternacht – Ende der Segelei. Treiben in einer sanften Stille. 8 Meilen vor Agulhas, der Südspitze Afrikas. Wahnsinn, Flaute an der stürmischsten Ecke des gesamten Kontinents. Ich bin überrascht, woher ich all die Kraft für Segel, Wache, Versorgung nehme. Muss nämlich seit Tagen Kursänderungen, Segelmanöver und Schiffsverkehr wahrnehmen. Bin müde, dennoch voll konzentriert. Mich interessiert jeder Lufthauch, wegen der Manövrierfähigkeit. Gleichzeitig ist mir unheimlich, ich habe Respekt vor den Schiffen. Atme immer tief durch, wenn ich „breite" Lichter sehe, das bedeutet, sie passieren weit ab.

274. Tag – Dienstag, 15. Mai | Mit der Morgendämmerung trage ich die Fakten ins Logbuch ein: Nordnordwest 3, 1012 Millibar, stark bewölkt, Kurs 285 Grad, Groß, Stagfock und Klüver, 5,5 Knoten. Agulhas liegt achteraus, das Kap der Guten Hoffnung, das nächste große Ziel, 28 Meilen Steuerbord querab. Baue mein Telefon auf. Das ist mein „Verderben". Schrecklich, mein Journalist Muth ist noch da, auf Warteposition in Kapstadt. Ich wende und fluche. Auf dem anderen Bug wäre ich Richtung offener Atlantik gelaufen. Es ist wirklich zum Mut verlieren.

Diesen Tag halte ich in einem Brief fest, den ich dem „Yacht"-Redakteur mitgeben werde. Eigentlich hatte ich ihn wegen meiner Langsamkeit längst im Flieger vermutet.

Meine beiden, 13 Uhr: Martin Muth hat mich überredet, für Fotos in die Table Bay zu segeln. Hat seinen Flug umgebucht und Hotel verlängert, da bleibt mir nichts anderes, als seinen Wunsch zu erfüllen. Morgen früh 8.30 Uhr ist das Treffen festgesetzt. „Ganz schlimm", meint er, „die Leser verlangen nach mehr Informationen und Fotos von Ihrer Fahrt." Das Übel ist, ich muss aufkreuzen. Wind um Nordwest. Würde ich Kapstadt rechts liegen lassen, könnte und würde ich mit Begeisterung in den offenen Atlantik halten. Weg von den Schiffen. Hätte endlich Ruhe.

Letzte Nacht bin ich raus aus den Routen und habe geschlafen. Dreieinhalb Stunden im Stück. Fatale Folge: nach Windsprung Kurs Südwest, also weit ab vom Kap der Guten Hoffnung. 10 Seemeilen verloren. Ärgerte mich mehr als normal. Will weg von dem Gebiet. Vier Tage mit leichten Winden und kurzen Flauten erforderten noch mal volle Konzentration. Schlaf nur möglich im Cockpit oder auf dem Kajütboden in voller Montur. Kopf dabei immer sehr hoch gelegt, dann schlafe ich nur kurz. Unter der Küste hätte mir ein Todschlaf wie heute Nacht nicht passieren dürfen – eine Seite Land und Fischer, außen die Schifffahrt. Wollte jeden Hauch nutzen, sofern ein West aufgekommen wäre, hätte ich schon wieder aufkreuzen müssen. Und 70 Prozent aller Winde kommen im Mai aus diesem Sektor. 20 Prozent davon in Sturmstärke. Strom gegen Wind! Ich hatte wirklich Bedenken. Daher mein Kampf mit den leichten Winden. Und Reporter Muth war auch noch da. Der wollte sicher nicht ewig warten. Schon paradox: Ich versuchte mit einem vorbeifahrenden Dampfer Kontakt aufzunehmen, und es meldete sich Cape Town Radio auf meiner Handfunke. Ist bei der „Yacht" der Wohlstand ausgebrochen, dass sie einen Mann für mich um die halbe Welt fliegen lassen, um mich „abzufangen"? Zunächst gefreut, sprudelte über vor Mitteilungsbedürfnis, doch morgens schrieb ich noch ins Logbuch: Bloß nicht der Stadt so nahe kommen, es könnte fatal werden … Stampfen gegen eine ordentliche See, eine typische Kap-See.

Betrübt bin ich, die BT-Schiffe nicht erwischt zu haben. Sehr. Hatte sie nämlich in Reichweite. Wäre eine schöne Abwechslung gewesen. Der große Sturm im Agulhasstrom etwa 100 Meilen östlich von Port Elizabeth verhinderte dies. Zwei Tage wurden wir von Kreuzseen, die sich wie Drachen gegen und übers Boot stürzten, malträtiert. Denke, jetzt weiß ich, was ein Orkan ist. Die Aries hat mich da rausgeholt. Vor Furcht, dass die See mich erfasst oder wir durchkentern könnten, habe ich die Steuerung klar gemacht. Das Blatt kleiner gebrochen, die Kette eingeklinkt und mich in die Kajüte zurückgezogen. Hört sich leicht an, aber alle Gänge durchs enge Luk waren expo-

niert. Eine Nacht voller Qualen begann. Fürchterlich. Habe die Seiten im Logbuch mit den Daten nicht wieder aufgeschlagen. Immer, wenn ich daran denke, steigt mir das Wasser in die Augen. Ich erzähle es euch.

Astrid, ich habe viel über unsere Fahrt mit KATHENA 2 *nachgedacht. (Wenn einer gerne denkt, ist er auf einer Langstrecke gut aufgehoben.) Das Boot, klein, schwer, überladen, und diese gesamte Kapumrundung aufgekreuzt. Hier auf dem Tisch liegt nämlich die Seekarte mit den Positionen von damals – Kap der Guten Hoffnung, 20. Januar 1972. Und nicht weit von diesem Sturmkap wurde Kym auf Kiel gelegt. Was waren wir glücklich, als wir es gerundet hatten.*

15 Uhr: Rund 10 Meilen in Nordost liegt das berühmte Kap. Die Aussichten, unseren Treffpunkt zu erreichen – pünktlich – stehen gut. Das Wetter sonnig, leicht bewölkt. Inzwischen habe ich gegessen: Ravioli (1/2 Dose, andere Hälfte morgen) Kaffee und drei Knäcke mit Honig als Nachtisch. Ja, mit meiner Ernährung, das ist ein Kreuz. Ein ernsthaftes Problem. Möchte auch von dieser Reise gesund zurückkehren. Nachdem ich bemerkte, dass die Fahrt viel länger dauern wird als die berechnete Zeit, stellte ich Listen zusammen. Beispielsweise bekam jedes Glas Honig, Erdnussbutter, Kakaopulver undsoweiter den Vermerk, wie lange es zu reichen hat. Momentan habe ich ein Glas Marmelade in „Gebrauch", das vom 264. bis 299. Tag reichen muss. Schafft es das nicht, gibt's eben vorher kein neues. Flocken, Grieß, Mehl, Eipulver und dergleichen haben ähnliche Vermerke. Natürlich werden verbrauchte Konserven gelistet. Für die Kapumrundung habe ich mir allerdings etwas angefuttert. Wegen der zu erwartenden Härte habe ich seit Mitte Indischer Ozean „geschlemmt" – und das war richtig. Spüre normale Erschöpfung, das war um Neuseeland, Australien anders. In der nächsten Woche, im Südostpassat, werde ich dann wieder weniger essen. Das fällt vor allem bei Muße schwer. Worauf ich mich freue? Nicht auf ein Bad, sondern auf ein Blech Butterkuchen mit einem Glas Frischmilch. Zum anderen auch auf ein Butter-Käse-Salatblatt-Sandwich.

Ich gucke mal raus. Hm, schlechte Sicht. Diesig. Aber recht hohe Steilküste. Habe sie so hoch nicht in Erinnerung. Fotos sind fällig.

Thema Kleidung: diesbezüglich bestens versorgt. Eigene und die Wetterkleidung von Jeantex. Trägt sich klasse. Logisch, sie ist dicht, sollte man bei Ölzeug heute voraussetzen. Für die Firma kann man getrost Reklame segeln. Die Aufkleber am Baum sind ja auch nicht zu übersehen.

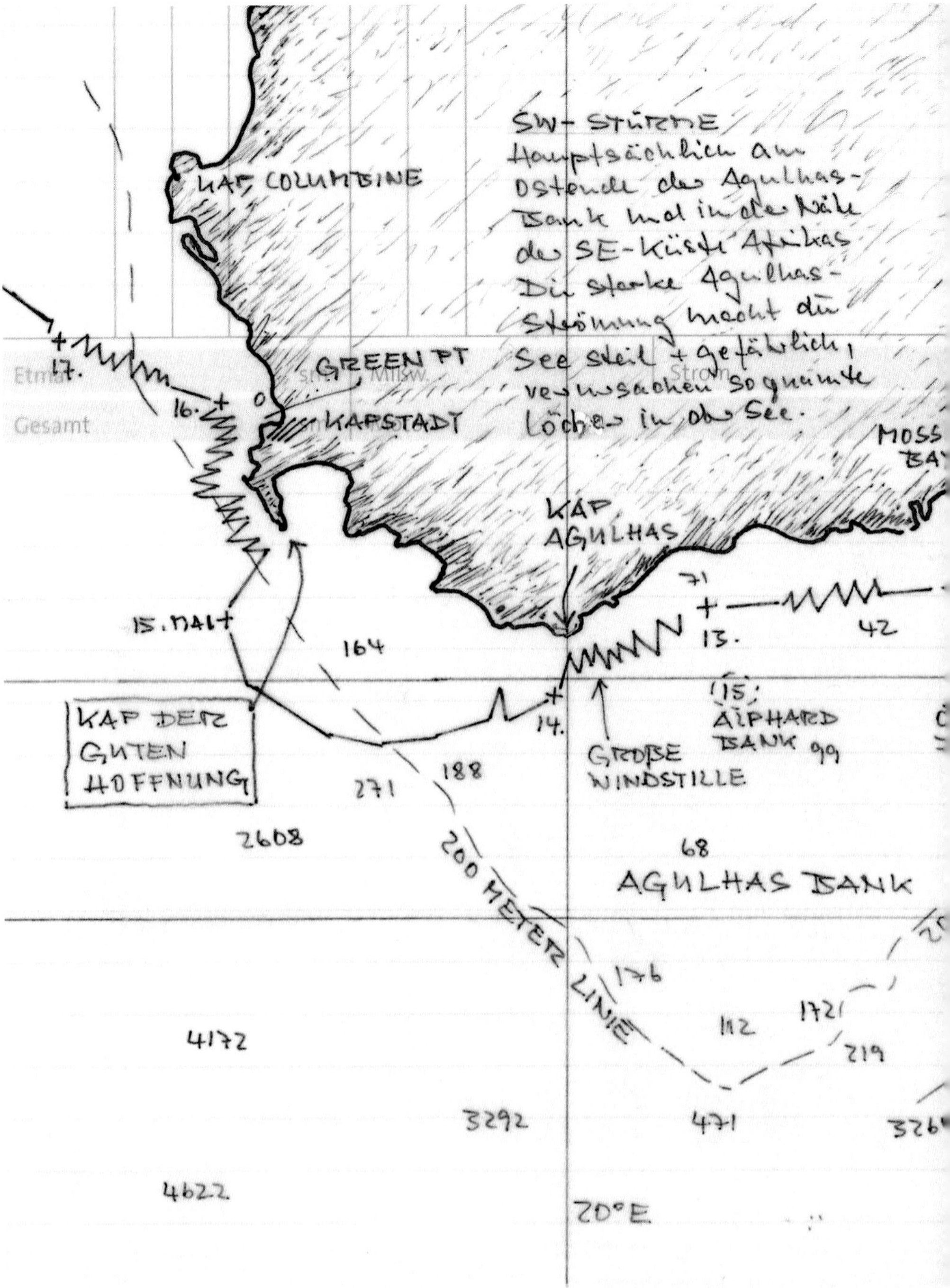

SW-STÜRME
Hauptsächlich am Ostende der Agulhas-Bank und in der Nähe der SE-Küste Afrikas
Die starke Agulhas-Strömung macht die See steil + gefährlich, verursachen sogenannte Löcher in der See.
KAP COLUMBINE
GREEN PT
KAPSTADT
KAP AGULHAS
17.
16.
15. MAI
14.
13.
KAP DER GUTEN HOFFNUNG
(15)
ALPHARD BANK
GROßE WINDSTILLE
200 METER LINIE
AGULHAS BANK
20°E
Etmal
Gesamt
sm
Mlsw.
Strom
71
42
164
99
188
271
2608
68
176
112
1721
219
4172
3292
471
4622

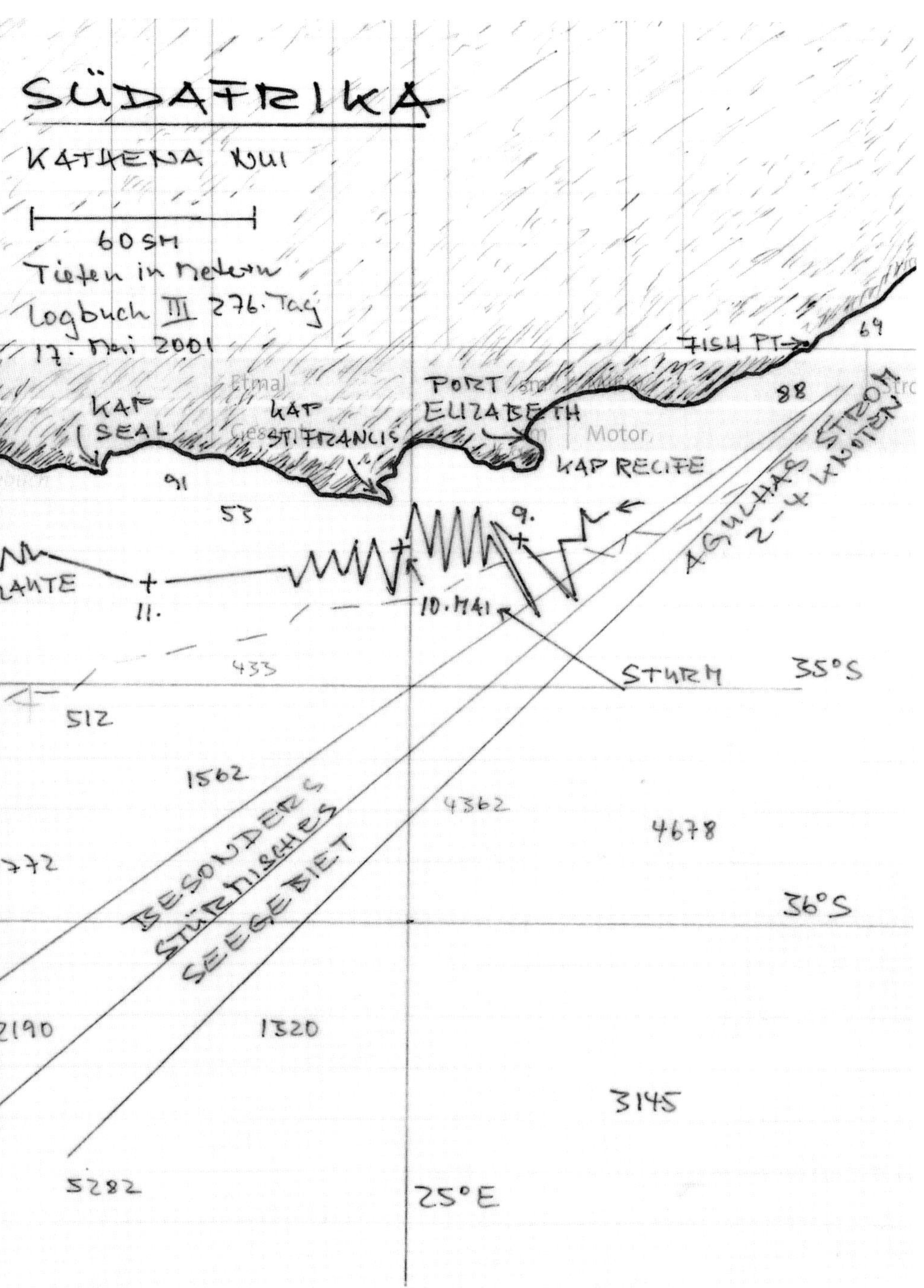

SÜDAFRIKA
KATHENA NUI
60 SM
Tiefen in Metern
Logbuch III 276. Tag
17. Mai 2001
KAP SEAL
KAP ST. FRANCIS
PORT ELIZABETH
KAP RECIFE
FISH PT.
69
88
91
53
9.
11.
10. MAI
STURM
433
35°S
512
1562
4362
4678
1772
36°S
BESONDERS STÜRMISCHES SEEGEBIET
AGULHAS STROM 2–4 KNOTEN
2190
1320
3145
5282
25°E

Pause: Gehe erst mal das Boot für die Nacht klarmachen. Die Nächte sind hier knalldunkel und mit 14 Stunden knalllang. Wende 7 Meilen vor dem Kap. Leider sehr dunstig. Mir puckert das Herz. Aufgeregt. Landfall. Nacht. Nicht, weil ich hier schon dreimal vorbeigesegelt bin.

20 Uhr: Gerade mit Muth gesprochen, per Handfunke, wieder über Cape Town Radio. Termin bestätigt. Wind genau auf die Nase. Ich schreibe bei Petroleumlicht.

Das große Kap der Guten Hoffnung hatte ich um 17.30 Uhr querab und liegt inzwischen 10 Meilen achteraus. Im Dunkeln. Schickt sein Feuer hinterher: FL (2+1) 30 sek. 32 sm. Ach, herrlich. Was soll ich weiter schreiben? Alle fünf großen Kaps dieser Tour im Kielwasser. Kap Hoorn, Snares Islands, Maatsuyker, Kap Leeuwin, Kap der Guten Hoffnung. Mensch, Astrid. Mann, Kym. Ist das nicht eine großartige Sache? Ich entkorke eine Flasche „Ron Metusalem", den besten Rum der Welt. Das Kap bekommt einen großen Schluck, die anderen vier einen kleinen. Ich einen lütten. Widme diese fünf südlichen Kaps Uwe Dübbel. Danke für den soliden Entwurf und Bau dieses wunderbaren Schiffes. Gott habe ihn selig. Uwe ist inzwischen verstorben. Genial, wie er diesen Riss hingekriegt hat. Alles ohne Studium und Computerhilfe.

21 Uhr: Ich habe den Eindruck, teile nur Schreckliches und Wehleidiges mit. Ist jedoch so, dass ich mehr Freude als Ärger oder Niedergeschlagenheit an Bord habe. Es gab Tage, die waren ruppig, aber trotzdem traumhaft. Hartes Wetter und Leben lässt sich halt einfacher darstellen als Schönes und Vergnügen. Muss unterbrechen, höre Motorengeräusch.

Nix, ein Fischerkahn weit von unserem Kurs. Wie können die in Hamburg schon wieder eine lange Geschichte planen. Bin nicht sicher, ob der Leser das wirklich will.

So, das erst mal. Ich ruhe mich zunächst etwas aus. Diese Nacht, 4 Meilen unter Land, darf ich kein Auge zumachen. Und noch so viele Stunden. Pechschwarz an Deck, genauer die See. Segel und Deck werden angestrahlt von meinem weißen Licht. Eine Laterne mit Fresnell-Linse.

24 Uhr: Heißer Kakao, mein Rauschmittel. Ein Genuss, der nicht nachlässt. Meine Kakaoreise. Außerdem ist das Heizzeremoniell anregend. Vorheizen, auf Druck pumpen und die Flamme schauen – besonders nach einer ungewöhnlichen Aktion an Deck liebe ich das Kochen. Noch ein Satz zur Flamme: Mein Rekord, ununterbrochen in eine Kerzenflamme zu stieren, liegt bei 2 Stunden 37 Minuten. Auf der Königsstrecke. Irre, irre. – Höre schon wieder Motoren. Wende, um einem neuerlichen Fischer auszuweichen. Der Wind lässt nach, o verdammt, bloß nicht. Bin extra nicht dicht unter die Küste gegangen. Werden sehen. Geht mir zu schnell – das Abflauen.

Thema Telefon: Gott sei Dank sturmsicher verstaut. Vielleicht habt ihr manchmal den Eindruck, ich wäre gehetzt oder unkonzentriert. Es sind auch die Umstände damit. Oft passiert alles Mögliche, bevor die Verbindung steht. Leitungen sind überlastet, Bodenstation funktioniert nicht, verwählt, Satellit verloren. Dann besetzt. Neun von zehn Gesprächen kommen trotz allem zustande. Jetzt weiß ich, was Einsamkeit heißt: Nach einem Telefonat allein mit der Schwere des Körpers sein.

Petroleum und Spiritus? Ausreichend, genauer mehr als genug. Ebenfalls Reinigungsmittel.

Gesundheit: Momentan topfit. Seit Port Elizabeth, wo die Dampferroute beginnt, stehe ich in den „Stiefeln“. Und es klappt. Aber da sind viele Prellungen, die heute noch schmerzen. Gerade im schweren Sturm habe ich mir üble am Unterarm und überm Gesäß zugezogen.

Foto, Film, Tonband: Überfordert, bin nicht mehr so beweglich wie letzte Nonstopfahrt. Ebenso im Kopf. Kostet viel Überwindung, damit zu hantieren. Liegt primär daran, dass der Amwindkurs viel mehr Arbeit und Unbequemlichkeit bringt. Der Körper muss sich länger erholen. Ein Vorsegel vor dem Wind wechseln ist Spielerei, auch bei weißer See. Aber am Wind ... Puh. Immer schräg, immer nass, immer dauert es. Hinzu kommt meine Sicherheitsleine, sie verhakt sich überall. Aber ohne Leine fühle ich mich schon ab frischem Wind „nackt“. Soweit ist es mit mir gekommen.

Nachtrag zu den Anstrengungen: Das Bordleben ist fünfmal so mühsam wie vor dem Wind. Man ist immer verspannt. Beim Essen, Schlafen... Wie habe ich das durchgehalten? Jetzt ist aber Schluss. Wind hat sich wieder gefangen. Das Stück „homerun“ wird noch eine ganz mühsame Strecke – von der Zeit. Erwische mich bei vielen Selbstgesprächen – Statements.

2 Uhr: Mir ist kalt geworden. Füße eiskalt. Trage North Segelschuhe. Leider sind die Ösen aus rostendem Blech und versauen das gute Leder. Jetzt aber auf Wache. Kapstadt ist zu sehen. Der Schein und die Küste – ein sagenhaftes Bild. Eine schöne Ecke Erde. Wie kann ich mich nur überreden lassen, hier dicht ran zu segeln. Ein Schlenker nach rechts und alles wäre da ... Verrückt, was ich heute Nacht für die „Yacht“ veranstalte. 27 Wenden seit der Früh. Dazu die Schiffe, eben wieder ein Fischer, der nah kam, offenbar um seine Neugierde zu befriedigen. Noch 7 Seemeilen.

Ihr beiden. Ich denke viel an uns, bin stolz, dass ihr voll hinter meiner Fahrt, eine Reise ist es wohl nicht, steht. Danke und Ende.

275. Tag – Mittwoch, 16. Mai | Pünktlich um 8.30 Uhr, sieben Seemeilen westlich von Lions Head, treffe ich meinen Muth. Nur sehr vorsichtig nähert er sich an Bord einer schönen Aluyacht. Steht auf dem Bug, kariertes Holzfällerhemd, Teleobjektiv auf der Kamera. Der erste Mensch seit Arfst mit seinen Söhnen, der mir so nahe kommt. Das war am Abfahrtsabend ausgangs der Elbe. Unbeweglich wie in Trance stiere ich ihn und seine vielköpfige Crew an. Ein Bild, gerahmt zum

Annäherung des „Yacht"-Reporters Muth an Bord der BELUGA vor Kapstadt. Er macht seine Fotos, ich reiche ihm einen dicken Brief für meine Familie hinüber.

Mitnehmen. Was mich erstaunt, dass er sich so zögerlich nähert und keine Wünsche bezüglich Modellstehen hat. Ausdruck seiner Befangenheit ist, dass er einen Film aus der Kamera zerrt, der nicht zurückgespult war. Ich bin hier angetreten, um dem Reporter von der „Yacht" zu sagen, dass es eine Vergewaltigung ist, mich in dieses „Loch" zu locken – 8 Meilen sind mir zu dicht unter Land. Aber ich sage nichts. Er hatte auch Mühe und Kosten.

Rauschefahrt fürs Foto ist nicht. Leider. Wetter hochsommerlich. Wir schleppen uns mit 3 Knoten dahin. Die hoch aufragende Küste voraus im Schönwetterdunst sieht aus wie gemalt. Nach einer halben Stunde fahre ich eine Wende. Adieu, winken. Aufgabe erledigt, also auch „Kap Muth" umschifft. Kurs: Norden. Heimwärts.

Das Meer changiert von braun auf graugrün, ist leicht geribbelt. Die Luft freundlich, sommerliche 20 Grad. Schrammen an dicken Kelpbündeln mit Fangarmen von zehn Meter Länge vorbei. Eine kalte Meeresströmung schiebt.

Kapstadt liegt bald 30 Seemeilen hinterm Horizont. Gönne mir im letzten Schimmer des Tages ein Glas Rouge. Ein Seehund leistet mir Gesellschaft. Spielt ewig mit meiner „Nabelschnur". Schlägt einen Salto nach dem anderen um das nachgeschleppte Tau. Reißt mit seinen Zähnen daran, schwimmt parallel zum Schiff, wieder zurück zum Tampen, um erneut zu zerren, so als ob er sagen wollte: Komm dreh um, komm zurück, Kapstadt wartet auf dich.

20 | MEILEN, MEILEN

Das Haus empfängt mich an einem milden Sommertag mit Stille. Das Haus der Sehnsucht. Schön ist es geworden. Außen. Innen. Lichtdurchflutet die Räume. Am auffallendsten ist: Man kann wegen der zahlreichen Fenster durchs Haus hindurchschauen. Die Aussicht ist fast wie an Bord, wenn ich in der Kajüte stehe. Nur dass ich statt auf eine blaue Landschaft hier auf eine grüne schaue. Ich bin aufgeregt und stumm. Es wirkt anders als andere ringsum. Eigenwillig, kräftig, handwerklich makellos. Wer gegen den Wind um die Welt segelt, will natürlich nicht ein normales Haus. Das war meine größte Sorge. Größer als die um die Kosten. Astrid hat mehr ausgeben müssen als geplant. Klar, das ist üblich, wenn man hierzulande ein Stein-auf-Stein-Haus baut. Es gefällt mir sehr, auch mit Abstand von Tagen, was meine Frau mir nach der Fahrt bietet. Ich bin überstolz und sehr neugierig auf die Geschichten während der Bauzeit.

---

276. Tag – Donnerstag, 17. Mai | Stille. Das Boot segelt still, selbst eine Handvoll Albatrosse wecken den Wind nicht. Sie folgen meinem Slowmotionkurs nach Norden. Weiß ihr Rumpf, grau die Schwingen. Unwahrscheinlich kräftig schlagen sie mit ihren schmalen Flügeln. Auch ihnen fehlt der Wind. Es sind die klassischen Wanderalbatrosse.

Gestern Abend habe ich mein Ruheverlangen extra gestreckt. Bis Mitternacht stand ich am Kartentisch, um den Zustand des vollkommenen Glücklichseins zu genießen. Die Erregung, in die mich die großen Kaps versetzten, der Kraftaufwand auf den Strecken dazwischen, alles schien vergessen. Das Boot war großartig. Ich war stark. Das, was jetzt seglerisch vor uns liegt, 8000 Meilen bis zur Elbmündung, schienen mir leicht möglich zu sein. Sommerstürme des Atlantiks sollten keine Probleme bringen. Aufhalten könnten mich nur noch Kollisionsgefahr und Müdigkeit in Landnähe. Der Zustand des Berauschtseins (ohne ein stimulierendes Getränk) hielt an, bis ich in den Schlafsack kroch. „Das segelst du doch auf einer Pobacke ab“, dachte ich. Als ich meinen Morgentee schlürfe, ist das Hochgefühl nicht mehr vorhanden. Hoffe, es kommt in der Elbmündung wieder.

277. Tag – Freitag, 18. Mai | Segeln schmeckt jetzt so, dass ich einen Amwindkurs als Glück empfinde. Unter Bemerkungen notiere ich: keine Welle. Keine Welle. Keine Welle. Und: keine Schiffe. Seit Kap Agulhas fächert sich der Schiffsverkehr. O, war ich nervös während der acht Tage. Stand unter Spannung wie ein Kraftwerk. Bitte jetzt keine Havarie, nach den Tausenden von Meilen im Südpolarmeer. Dachte an den tschechischen Torwart während des Europa-Meisterschafts-Endspiel in England (1996), das Astrid und ich im Fernsehen eines Pubs in Schottland gesehen haben. Er war der beste Mann der Tschechen. Hielt exzellent, bis auf einen Luschenball von Oliver Bierhoff in der Verlängerung. Seine hervorragende Torhüterleistung davor war somit dahin. Er verspielte den eventuellen Sieg. Das beschäftigte mich in den Nachtwachen vor und während der Umrundung Südafrikas sehr. Ein Fehler meinerseits oder ein Versagen würde aus der langen Strecke mit unzähligen leistungsstarken Tagen eine Niederlage machen. Die gerundeten Kaps wären schnell vergessen. Man würde dieses Seestück nur anhand des Versagens (zum Beispiel auch einer Aufgabe in Kapstadt) beurteilen. „Er war großartig, aber dann ...“ Daher noch mal der Kampf mit mir selbst, mit den Elementen. Sich nachts viertelstündlich aufzurappeln, dazu gehörte wirklich viel Überwindung.

Noch habe ich die Härten des Meeres vor Augen. Stechender Wind, eiskalte Gischt, Wellenberge, die nur aus Schaum bestanden. Dann die mörderischen Stunden während einiger Stürme. Klar, habe ich alles schon berichtet, aber ein Hinweis noch: Man muss schon eine saugute, bäuerliche Geduld und Mentalität besitzen, um über Wochen bei Etmalen um 10, 20, 30 Seemeilen nicht die Haltung zu verlieren. Wohlgemerkt mit rauschender Fahrt im Schiff. Regattasegler hätten längst ihre Zahnbürsten über Bord geworfen.

280. Tag – Montag, 21. Mai | Passat. Südostpassat. Schwach, aber stetig. Auf 29 Grad Süd und 12 Grad Ost. Gleich ein Etmal von 102 Seemeilen. Endlich. Ich lechze danach, mehr als nach meinem berühmten

Stück Butterkuchen. „*Passatwinde sind beständige Winde, die das ganze Jahr hindurch auf beiden Erdhalbkugeln auftreten und vom subtropischen Hochdruckgürtel zur äquatorialen Tiefdruckrinne gerichtet sind. Die Passate sind im Allgemeinen trockene niederschlagsarme Luftströmungen.*" Die „FAZ" vom 20. März 2000. Staune, was ich an Zeitungen eingepackt habe.

Die im Sturm verschütteten Lebensmittel kleben wie angeleimt am Holz. Dosenmilch, Öl, Mehl und Eipulver ergeben ein Gemisch von besonderem Kleister. Es muss uns ungemein gehebelt haben, wenn ich sehe, wo ich was wiederfinde. Das große Saubermachen endet mit der Kochecke. Vom Glanz des Kochers bin ich so begeistert, dass ich ein Bild für Astrid schieße. Wende mich danach dem Proviant zu. Staue ihn um und neu und stelle am Ende fest, damit würde mancher nicht mal die Strecke Kanarische Inseln – Karibik ansteuern – 2700 Meilen. Meine Meilen-Vorausberechnung: 7500, bei 118er Etmalen gleich 64 Tage gleich 23. Juli. Total einfach.

284. Tag – Freitag, 25. Mai | Was ist das für ein Passat? Grau. Schwachwindig. Starkwindig. Aus West. Ich weiß, auch Passate haben gelegentlich Störungen. Hoffe, morgen habe ich ihn wieder. Was mich wundert – mein sofort aktivierter Optimismus. Wie mit einem Hebel schalte ich von einer Gemütslage in die andere. Kein langes Nachtrauern, kein Grübeln. Vorbei ist vorbei. Meiner Gesundheit tut das sicher gut.

Hier noch ein Geräusch-Bulletin: Das Schlagen der Fallen am Mast stört mich nicht mehr, vielleicht weil ich es mitnehmen will – an Land. Nehme es ebenfalls in Kauf, weil ich das Knarren, Knirschen, Knacken, Knistern, Klagen des Mastes auf Steuerbordbug los bin. Unerträglich war es zwischen Neuseeland und Australien und gerade erst bei der Kapumrundung. Wo das maledeite Geräusch herkam, habe ich bei aller Mühe nie feststellen können. Auf ein Gesundheits-Bulletin verzichte ich. Was sind schon Überbleibsel von Prellungen.

286. Tag – Sonntag, 27. Mai | Starte den Tag mit einem Superfrühstück: Scones, Hafer, Kaffee, Kerze. Muss den Wind kontrapunktieren – sonst spring ich über Bord. Ein Südost 0 bis 1, kurzfristig 2. Tiefblau das

Meer. Die Sonne brennt und blendet. Erstmals seit ich-weiß-nicht-wann laufe ich barfuß übers Deck. Vor und zurück, ich kann nicht genug davon kriegen. Nehme die Wassertemperatur – 21 Grad –, um schwimmen zu gehen, doch bevor ich soweit bin, zieht eine leichte Bö auf, und mit ihr stellt sich Wind ein. Das blendende Wetter bleibt. Segeln bald in die brechenden Strahlen hinein. Das Meer schimmert im Gegenlicht wie Schnee. Oberherrlich. Der Wind fällt aus den Segeln auf meinen freien Oberkörper – sehnig, muskulös (nicht übertrieben, würde A. gefallen). Ich wiege jetzt 58 Kilo. Zirka. Ich esse wenig, zweimal am Tag. Vergleichbar einer Diätkost, was nicht gesundheitsschädigend sein soll.

Was macht man an einem milden, sternklaren Abend, wenn die Segel wieder ziehen? Sehnsüchtig zum Horizont aufs Wellenbild blicken. Das ist total anregend. Kleine, weiße Schaumköpfe huschen wie Lichtblitze über die Oberfläche. Die Hände in den Taschen, den Kopf auf der Süllkante, stelle ich in Gedanken eine Top-Ten-Sehnsuchtsliste auf – in keiner speziellen Reihenfolge:

1. Eine Weißbrotschnitte mit Butter, Käse, Salatblatt
2. Gier nach Zuneigung
3. Harald Schmidt Show im Fernsehen
4. Eine Nacht durchschlafen
5. Selbstgebackener Butterkuchen
6. Das neue Haus sehen
7. Erzählen, mich mitteilen
8. Ankommen in der Schlei
9. Richtig feiern – gleich am ersten Abend
10. Ein Pfeffersteak, Größe „Windstärke 10“

288. Tag – Dienstag, 29. Mai | Der Klüver ist fast zu viel. Stehe klar zum Handeln – handle aber nicht. Meilen, Meilen auf dem direkten Kurs. Erstes 150er Etmal seit Ewigkeiten. Kostet natürlich Kraft und Geschick, den anlaufenden Wellen Standhaftigkeit entgegenzusetzen. Was soll's, ich komme prächtig voran. Der Einsamkeit tut es auch gut. Muss mich von diesem täglichen „distance to go“-Gedanken unbedingt befreien. Saß gleich nach dem Wachwerden auf dem Boden mit Karte, Zirkel und Bleistift. Ergebnis: 6400 Meilen. Notiere es in der

Hoffnung, dass ich lockerer werde. Messe die Heimwärtsmeilen nochmals nach – es werden nicht weniger.

17 Uhr: Endlich habe ich mich überwunden zu reffen, und trotzdem surfen wir vor einem starken Südostpassat, aber insgesamt kursstabiler, angenehmer und mit fast gleicher Geschwindigkeit. Typisch, erst das übliche Zögern und dann vollauf zufrieden. Hätte schon mittags die Segelflächen verringern sollen. Bei derart holprigen Bootssprüngen muss man sich Schreiben momentan so vorstellen: zwei Wörter, Pause, Boot holt über, drei Wörter, Pause, Boot holt entgegengesetzt über und so fort.

Bin gerade in der richtigen Verfassung, um meine Top-Ten-Hassliste aufzustellen – in keiner speziellen Reihenfolge:

1. Sturmböen mit Windsprung nach Mitternacht
2. Der quietschende Mast oder Mastfuß
3. Mich selbst, wenn ich zu spät gerefft habe
4. Nachtwachen zwischen drei und sechs Uhr morgens
5. Reis und braune Bohnen
6. Braune Bohnen und Reis
7. Lesen von schon dreimal gelesenen Büchern und Magazinen
8. Funkjournal der „Deutschen Welle"
9. Die salzdurchtränkte Kojenwäsche
10. Ein rutschender Esslöffel in der leeren Nirospüle

Solche Geräusche, oder rollende Konserven in der Backskiste, stören mich sehr. Ein schlagendes Fall am Mastprofil wiederum nicht sonderlich – manchmal gefällt es mir sogar.

294. Tag – Montag, 4. Juni | Passat vom Feinsten. Die grobe See der letzten Tage hat sich beruhigt. Ringsum am Horizont Kumulus, darüber vereinzelt Schäfchen, ganz oben blau bis kobaltblau. Und ich sitze mit dem Logtagebuch im Cockpit. Unfassbar, nachdem was ich erlebt und überlebt habe... Zweimal an der Steuerleine ziehen und schon stimmt der Kurs wieder, Klüver zehn Zentimeter dichter gekurbelt, gleich 2/10 Knoten schneller. Genial, die Aries. Macht sie natürlich glänzend, dank meines ausgetrimmten Bootes: Kielformation, Skeg, Ballastanteil (2,5 Tonnen Blei) sind optimale Voraussetzungen. Eine Konstruktion, mit der die Selbststeueranlage schreiben kann.

Es bleiben meine drei großen Probleme: Zeit, Zeit, Zeit, Ernährung und Trinkwasser.

Bin seit Tagen wieder auf „Sparwasserflamme". Mein geliebtes Porridge bekommt einen ordentlichen Schuss Meerwasser, der Kaffee ebenfalls. Nur, bringen meine Meerwasserzusätze Ersparnis? Die Spaghetti waren gestern so salzig, dass ich zwei Dosen Cola trank, um meinen Durst zu stillen. Einerseits spare ich Wasser beim Kochen, trinke dann aber das Doppelte. Ich erleide Tantalusqualen, denke seit gestern, dass die Wasserpumpe jeden Augenblick Luft ansaugen muss. 60 Liter befanden sich nach dem Regen am 5. April im Tank. Das ist 60 Tage her. Was geschieht, wenn der Südost- in den Nordostpassat ohne Mallungen, das heißt ohne Schauer, übergeht? Das kann laut Seehandbuch um diese Jahreszeit passieren. Ja, was dann? Abwarten, abhaken, für heute. Jetzt habe ich fast Vollmond. Der Schein strahlt die Segel an. Der Sternenhimmel liegt ausgebreitet von Horizont zu Horizont. Zum Greifen nah. Phänomenal.

Ein zauberhafter Abend. Eine Musikkassette würde ihn noch toppen. Aber die MCs liegen fein verstaut in Tupperware. Mein Radiokassettengerät ist ja bekanntlich seit dem großen Sturm hinüber. Ersäuft und erschlagen. Da war nichts mehr zu machen, trotz Schraubendreher, Hammer, Sonne, schütteln und stoßen – und gut zureden.

296. Tag – Mittwoch, 6. Juni | Nehme seit Kap Hoorn täglich Vitamin C und Multivitamin-Tabletten: Nun fühle ich mich schlapp, ohne jegliche Energie. Es fehlt Frischkost. Zwiebeln, inzwischen auf 27 Stück runter, ersetzen einen Salat nicht.

Nur Super-Etmale seit dem 29. Mai: 153 – 155 – 143 – 155 – 151 – 148 – 137 – 158 – 157 trotz des zunehmenden Bewuchses. Die Entenmuscheln entwickeln sich rasant. Und Heimwehgefühle. Leute, die nie aufbrechen, werden es nicht nachempfinden können.

20 Uhr: Kerze. Brandy. Cola. Vollmond. Dabei lässt es sich gut träumen. Wind und Kurs sind wie seit Tagen konstant. Mit der Schifffahrt sollte ich ebenfalls nicht in Bedrängnis kommen – sie passiert weit entfernt. Höre auf meinem Mini-Sony auf Kurzwelle die Nachrichten (sehr schlechter Empfang). Palästina/Israel. Nepal (Königsfamilie). Berlin (eine Bank hat sechs Milliarden Mark Minus gemacht). Harte

News. Sie erreichen mich nicht. Bewusst genieße ich noch mal Passatsegeln – raumschots von achtern, 6 bis 7 Knoten. Leichtes Gieren und Surfen. Ziemlich gleichmäßiges Rauschen an der Bordwand und geringe Schieflage auf Backbord. „Homeward bound" mit all diesen schon oft erwähnten Kaps im Rücken. Manchmal denke ich, das kannst du nicht gemacht haben. Du träumst. Aber der dicke Strich auf meiner Weltkarte am Schott bestätigt es.

300. Tag – Sonntag, 10. Juni | 300. Tag? Stehe lange vor dieser Eintragung am Kartentisch. Ich wiederhole: 300 Tage. Kein Wort mehr fällt mir dazu ein. Lass es stehen und frühstücke zunächst – bei schon 25 Grad Celsius. Wir stehen dicht unterm Äquator. Doch bevor ich Kaffee aufbrühe, schaufele ich bald 100 fliegende Fische über Bord. Winzlinge. Wie sie so aufgereiht backbord an Deck liegen, erinnern sie mich an die jungen Spatzen, die hinter unserem Haus reihenweise aus den Nestern plumpsten. Dass die fingerlangen Fischchen weit und hoch fliegen können, verwundert mich. Tagsüber sind sie gut zu beob-

Die letzte Handvoll Zwiebeln. Zehn Monate waren sie für mich der wichtigste Vitamingeber. Qualität und Haltbarkeit in der Nässe haben mich überrascht.

achten. Sie scheinen reglos in der Luft zu stehen, die Flügel und der Schwanz starr, und trotzdem sausen sie von Wellenkamm zu Wellenkamm.

Was sagen die 300 Tage im Rückblick? Lichtjahre ist es her, dass ich an Bord gehüpft – und losgefahren bin. Noch habe ich allerdings Astrids Frage beim Abschied im Kopf: „Fällt es dir nicht schwer, abzulegen?" Der, der abfährt hat es leichter, der, der bleibt, schwerer. Ich setzte die Segel ins Ungewisse. Doch deswegen nie solche Ziele ansteuern, gar nichts wagen? Substanz sollte meine Fahrt haben. Ostsee und Nordsee sind gut und wunderbar, aber dies ist doch ein Vorhaben von anderem Kaliber: Logistik. Sturm. Zeit. Allein. Noch nach 300 Tagen macht es mir weiterhin Freude zu segeln. Das wollte ich und habe ich. Ob meine Fahrt sinnvoll ist?

302. Tag – Dienstag, 12. Juni | 4500 miles to go. Ich komme mit Brassfahrt näher. Gestern den Äquator überquert – auf 21 Grad West. Die Nordhalbkugel hat mich wieder. Könnte man feiern, aber schon denke ich ständig an das Azorenhoch im Juli mit seinen ausgeprägten Flauten. Verdammt, ich will die Fahrt beenden. Schnellstmöglich.

Doch jetzt komme ich erst mal in die Mallungen, die bei ungefähr fünf Grad nördlicher Breite einsetzen. Sie bringen hoffentlich den von mir benötigten Regen. Im Moment (15 Uhr) weht ein Süd um 3 Windstärken. Wir machen 6 Knoten bei viel Seegang. Segeln einen Schleuderkurs. KATHENA mit Schmetterlingsbeseglung – Groß und Genua ausgebaumt. Lufttemperatur 32 Grad, Wasser 27. Kein Wunder, dass ich literweise wegtrinken könnte. Tragisch, dass ich nicht darf.

Stelle das Telefonieren ein, habe Probleme mit meinem Honda-Generator. Bei Hitze will er nicht so laden wie am Anfang. Keiner will hier wie am Anfang.

304. Tag – Donnerstag, 14. Juni | Zielpunkt 5 Grad Nord – 25 Grad West erreicht. Prompt stellt sich die Flaute ein. Laut Seehandbuch sollte jetzt das Bestreben jedes Kapitäns sein, Nord zu machen, bis der Nordostpassat im Juni auf etwa 10 Grad Nord einsetzt.

Mit der Kulmination der Sonne habe ich meinen Ausgangskurs gekreuzt. Das war sie – die „solo anti-circumnavigation" mit dem kleinsten Boot. Tja, ein Container Eiskrem wäre mir lieber. Wahnsinniger Hitzestau. Da fällt einem nichts ein. Kurzum, die Königsstrecke Hoorn – Snares war das Herzstück dieser Fahrt. Denke nochmals an die „Festtage“ – ging tatsächlich auch dort einige Male „vor Anker“. Das bedeutete, nur mit dem durchgerefften Großsegel an den Wind. Waschen, frisch einkleiden, gut essen, ruhen und schlafen. Am anderen Morgen nach dem Frühstück ging's dann mit allen Segeln weiter. Obschon es während des Dahintreibens mit 6 und 7 Beaufort wehte, lag das Schiff ruhig wie vor Anker in einer leicht unruhigen Bucht.

305. Tag – Freitag, 15. Juni | Der lang ersehnte Regen. Nachts um 3 Uhr beginnt es zu nieseln. Bis es hell wird, habe ich 32 Liter gesammelt, Wäsche gewaschen, mich gewaschen und erfrischt. Meinem Wasser-Stausystem bleibe ich treu: 20 Liter im Kanister, der Rest in den Tank.

Was für ein Tag. Habe mir vier Tassen Tee genehmigt – wann gab's so etwas je? Ein Lied auf den Lippen: „Bella mi, bella mi mucho“. Kurs liegt an, jedoch nur 1 bis 2 Knoten bei schlagenden Segeln. Da liege ich nun faul und frisch auf dem Segelsack im Cockpit und lasse mir den Tee schmecken. Gestern schon steigerte sich die Nervosität. Unruhige Blicke zum Himmel. Ob die Wassermenge reicht? Gerade als ich eindösen will, beginnt es erneut zu regnen. Spanne mein Tuch und fange auf, doch ich muss abbrechen, weil mir schlecht wird. Habe ich mich übernommen? Der Grund waren wahrscheinlich zu viel Sonne und exzessive Tauchgänge. Schlafe erst weit nach Mitternacht ein. Schöne Fahrt im Schiff. Und Ostnordostwind. Ist das schon der Passat? Träumer.

312. Tag – Freitag, 22. Juni | Das heutige Telefonat mit Astrid ist zum In-die-Hände-klatschen. Nach kurzem Geplänkel kommen wir zur Sache. Gebe ihr langsam, also zum Mitschreiben, den Text fürs Internet durch: *„Bin zügig durch die Mallungen gekommen. Bei fünf Grad Nord wehte ein leichter Südwind. Dann gab's vier Stunden Flaute, bevor ein spilleriger Nordnordost sich einstellte. Natürlich habe ich die Segel stehen lassen, trotz irrem Geschlage. Hier wird jeder Hauch genutzt. Zwei Flautenstunden habe ich im Wasser verbracht. Ging den elendigen Entenmuscheln zu Leibe. 95 Prozent des Unterwasserschiffes sind sauber. Ein Wunder, dass die Farbe* *noch haftet. Leider beim Tauchen überanstrengt, abends heftiges Übergeben. Das Übel oder der Nachteil des guten Vorankommens: Konnte nur wenig Regenwasser auffangen – 42 Liter. Wäsche wurde nachts um drei Uhr gewaschen. Hatte den Vorteil, dass ich den ausgewaschenen Schmutz nicht abfließen sah.*

Das Aufräumen ergab einen Restproviant, der in zwei Bananenkartons passt. Ergänzt wird meine Verpflegung durch ausreichend Kakao und Kaffee.

Meine vorausberechnete Zeit ist um, nur bin ich leider noch nicht in Cuxhaven angekommen. Ab morgen geht es sozusagen in die Verlängerung, 2 x 15 Tage, um in der Fußballterminologie zu sprechen. Ob's reicht? Hauptsache ankommen. Heute segeln wir bei Nordost 5 mit Schrick in den Schoten. Die Temperatur an Bord beträgt 30 Grad. Letzte Meldung: Der Generator läuft zwar wieder makellos, muss aber Benzin sparen, deswegen sollten wir weniger telefonieren, obwohl ich mich darauf freue. Das war nicht immer so.“

Das war eine Viertelstunde: Bei einem Minutenpreis von 14 Mark eine teure Sache. Ach Quatsch, eine billige: Ich freue mich. Familie und Freunde ebenso – und alle meine Internetleser.

Meine „Mitseglerin“ meint, meine Stimme höre sich so kräftig an. Erst mal sage ich, dass ich mich auf den Anruf freue, und dies schon stimuliert, zum anderen hebt das gute Heimwärtssegeln die Stimmung – konnte ich ihr doch ein Wochenergebnis von 1000 Meilen präsentieren. Und drittens: Tatsache ist, ich fühle mich wohl wie lange nicht. Gut, heute ist es ruppig, muss mich halt wieder an die extreme Schräglage gewöhnen, vor allem das Stampfen. Aber wenn ich hier sitze, Beine weit von mir – zum Abstützen – gestreckt, rechts eine Muck, links ein Knäcke mit Erdnussbutter, kann ich nicht umhin kundzutun: Das ist meine Welt. Wer nie ein Abenteuer eingegangen ist, wird meine Einstellung nicht nachvollziehen können. Der weiß nicht, wie herrlich das Seeseglerleben sein kann. Mein Leben ist in 10 Reisen eingeteilt: eine Radtour, neun Bootsreisen. Hui, es gischtete bis zur Windfahne der Aries.

Stundenlanges Kielwassergucken wird bald vorbei sein. Geradlinig der Kurs, wie mit dem Lineal gezogen, ziehen wir rauschend und schäumend durchs Meer. Der Passat, der Passat steht fest wie ein Leuchtturm. Das ist Segeln. Liegt's am Tag? Die letzten zehn Prozent der ultimativen Fahrt haben begonnen: 3150 Seemeilen.

320. Tag – Samstag, 30. Juni | Eine ganze Woche habe ich hier nichts Persönliches reingeschrieben. Aus gutem Grund: Mir ist der Stoff ausgegangen, ich ersticke in Wiederholungen – auch ein Zeichen, dass die Fahrt schnellstens ein Ende haben muss. Die Gefühle sind ausgeschrieben. Das Blau, das Wetter, das Boot, das Wolkenmeer.

Leselust, Leseverlangen haben nachgelassen. Blättere nur noch gelegentlich in einem Buch. Denke dabei, welche Bücher ich gern gelesen habe. Kann mich nicht entscheiden. Schiebe die Titel hin und her, bis ich schweren Herzens zu einem Resultat komme. Meine Top-Ten-Bücher – in keiner speziellen Reihenfolge:

1. Heinrich Böll: Die Hoffnung ist wie ein wildes Tier
2. Erik Fosnes Hansen: Momente der Geborgenheit
3. Gert Ledig: Vergeltung
4. Renate Feyl: Das sanfte Joch der Vortrefflichkeit
5. Lothar-Günther Buchheim: Die Festung
6. Bernard Moitessier: Der veschenkte Sieg
7. Ernst-Jürgen Koch: Paradies im Stundenglas
8. Michael Roes: Leeres Viertel
9. Otl Aicher: Innenseiten des Kriegs
10. Michael Kumpfmüller: Hampels Fluchten

Stehen 500 Meilen südlich der Azoren, und es ist flau und blau. Berge die Segel, pumpe mein Beiboot auf und mache einen Dingiausflug ums Boot herum. Mich überrascht die Größe der KATHENA. So groß und vor allem dick habe ich sie nicht in Erinnerung. Immer wieder umkreise ich in einer Kabellänge Entfernung das treibende Schiff. Schweißnass stürze ich mich danach in die tiefblauen Fluten. Tauche unterm Boot durch und wieder zurück. Ein Beiboot in unmittelbarer Nähe gibt eine unheimliche Sicherheit. Ich genieße das Schwimmen und Tauchen bis zu Erschöpfung.

Die letzte Woche lief erwartungsgemäß gut. Etliche Super-Etmale dank des Nordostpassats. Den habe ich genau dort „verloren" wie vor 16 Jahren – auf 28 Grad 30 Minuten Nord. Den Westwind für die Biskaya und heimwärts erhoffe ich mir 100 Meilen nördlich der Azoren.

Was gibt's heute zum Essen? Wenigstens brauche ich nicht lange nachzudenken – die andere Hälfte Bohnen und Reis von gestern. Na, – guten Appetit.

322. Tag – Montag, 2. Juli | Die erste portugiesische Galeere. Leser, die sich mit Weltumseglerbüchern auskennen, wissen, dass diese Tiere übers Meer „segeln“. Mit einem Kamm als Segel und Nesselfäden, die giftig sind, als Steuerseile. Schön anzusehen, aber nicht unbedingt zum Liebhaben. Nächstes Thema. Telefongespräche sind nicht mehr schmusig. Ich denke, das liegt an der Zeit. Gesichter verblassen. Ganze Menschen kommen mir irgendwie „da draußen“ abhanden. Das dachte ich heute, breit auf der Koje liegend. Das Deck ist mir verboten worden, ich habe gestern zu viel Sonne abgekriegt. Tätigkeiten fallen mangels Kraft aus. Also liegen bleiben. Tja, ganze Menschen verschwinden. Irreal. Ich schaue zur Decke, seit Monaten schon. Wie konnte ich es bloß so lange in der Kajüte aushalten – speziell in den

Flaute in der Weite des Atlantiks: Wenn Zeit und Wind zum Stillstand kommen, frage ich nicht: Wann geht es weiter? Ich genieße schlichtweg die Windstille.

antarktischen Gewässern. Immer auf die weiß gemalte Sperrholzverkleidung mit den bekannten Schraubenköpfen blicken.

Es tut sich eigentlich nichts. Keine Stürme, keine bösen Überraschungen seit knapp zwei Monaten. Segeln mal so, mal so, aber immer dahin, wo ich hin will. Mal volle Pulle, dann plätschert es nur sachte voran.

22.15 Uhr: Wir gleiten durch meine Welt. Getragen von der Harmonie zwischen Wind und See, genieße ich diesen Abend. Wäre es doch öfters in den rauen Breiten so gewesen. Nie waren dort Wind und See in Übereinstimmung. Es glitt nicht – es hackte nur. Dies hier – Genuasegeln – ist wie davongetragen werden. Es stimmt einfach alles. Auch meine innere Festigkeit. Stehe momentan mit beiden Beinen auf dem Boot. Stehe ich so fest, weil es die letzten Wochen an Bord sind? Stehe ich so fest, weil alles bestens aussieht – sogar ich, der sich heute im Spiegel genau betrachtet hat?

325. Tag – Donnerstag, 5. Juli | Nach halbstündigem Ausguck lege ich mich um 5 Uhr in die Koje. Gegen 6 wird es eh hell, und mir begegnete sowieso seit Tagen und Nächten kein Schiff. Doch: Heute um 5.45 Uhr ist eines auf Kollisionskurs. Ich spüre, wie KATHENA zu dümpeln beginnt und höre Sekunden später Motorengeräusche. Aber da bin ich schon unterwegs zum Cockpit. Wir stehen in Windabdeckung eines Riesen und in dessen Kielwasser. Ganz dicht am Heck müssen wir ihn passiert haben. Ich schaue voll mittig auf das Hecklicht. Langsam sammelt sich der Wind und die Segel füllen sich. Das Kielwasser ist völlig wellenlos, das heißt, es muss ein Superfrachter oder -tanker gewesen sein. Das war noch knapper als südlich von Port Elizabeth. Verdammt, bei voller Beleuchtung meinerseits. Das gibt es doch aufgrund der Serie nicht. Bin heiß, glühe. Mein Herz pulsiert. Vorbei.

Vorbei? Sicher, das Leben wird vom Schicksal bestimmt. Ich schicke ein Gebet zum Himmel. Nur hundert Meter vom sicheren Tod. Keineswegs glaube ich, dass man lebend aus einer Vierkant-Kollision herauskommt. Ein Frachtschiff macht 18 Knoten… nein, mein Schiff würde an der Bordwand verwirbelt. Schicksal? Ist es auf meiner Seite, weil ich mich bemüht habe? Nun, Glück hat der Tüchtige, sagt man. Nur, ist es immer der Tüchtige, der Glück hat? Weiter zum nächsten

Thema. Meinen Alptraum von vor einigen Tagen muss ich noch loswerden: Ich liege in der Kajüte, als es knallt und ich mehrfach um die eigene Achse fliegend samt Schiff in der Tiefe des Meeres versinke. Zufall? Weiter zum nächsten Tag.

326. Tag – Freitag, 6. Juli | Leichte, kaum wahrnehmbare Luftströmung in einer platten Dünung. Schön und einprägsam unter gleichmäßigem grauem Gewölbe. Ein Fall, hart vom Salz, schlägt rhythmisch am Mast. Ich hocke im Cockpit, die Beine angewinkelt, und schreibe. Das Großsegel bewegt sich, ohne zu schlagen. Eine heimelige Stille 140 Meilen westlich der Azoreninsel Flores. Ich rauche eine und denke nicht mal an Meilen und Zeit. Es ist eine Flaute wie im Buche. Stille, wie man sich Stille auf dem Meer vorstellt. Als ich vorhin in der Saling saß, erschien mir das Wasser wie eine feste Masse. Eine spiegelnde reglose Fläche. Und das nur aus ein paar Metern Höhe. Ein schöner Anblick.

Ach, jetzt soll es aber weitergehen.

329. Tag – Montag, 9. Juli | Obschon mein Wetter, kriege ich den Tag nicht in den Griff. Die Nachtwachen sind zerstörerisch. Soll ich sie im Cockpit gestalten? Richtig in Ölzeug? Das wäre hart, da große Nässe und tiefe Dunkelheit uns umschließen. Aber da ist die Verpflichtung, gewissenhaft Ausguck zu halten. Eine Notiz nach einer Nacht mit 32-mal Aufstehen.

Es ist diesig. Nebelschwaden mit Löchern. Typischer Nebel. Ein eigenartiges Gefühl, aus der Luke zu schauen, und überall ist es nass. Die Nirobeschläge sind feucht, und auf den Luken liegen dicke Tropfen, als hätte es gerade geregnet. Segeln im Nebel ist ein ultimatives Erlebnis – trotzdem verhole ich mich an den Kartentisch, setze meine Kopfliste, die ich in den Nachtwachen mit mir herumtrage, ins Bordbuch um. Meine Top-Ten (habe nur 7) der wichtigsten Erkenntnisse – in keiner speziellen Reihenfolge:

1. Für zwei Nonstop-Weltumseglungen mit einem Boot dieser Größe ist das Leben eigentlich zu kurz.
2. Man muss der Zeit auch Zeit geben, mit die schönsten Tage waren die vertrödelten.

3. Sturmverhalten. Dachte, ich hätte alle Erfahrung, alles Wissen. In den wirklich schweren Stürmen jedoch spürte ich, dass es nicht so ist.
4. Ein 60-Jähriger hat es nicht mehr so eilig – erst recht bei Sturm und Regen nicht.
5. Einfachheit ist das Hauptmerkmal meiner Reisen. Diesmal bin ich zu weit gegangen. Etwas mehr Technik an Bord hätte mir die Weltumseglung erleichtert – sie sicherer und schneller gemacht.
6. Gerade weil mein Proviant knapp bemessen war, habe ich die Tage stärker empfunden, das Thema Essen hat mich an Katastrophentagen abgelenkt.
7. Ohne Gottvertrauen ist eine solche Strecke nicht machbar. Wenn man, so wie ich, vollkommen frei ist von äußeren Einflüssen, außer der Natur, ist man für das Göttliche offen.

Wir befinden uns offensichtlich auf der Nordseite eines festen Hochs innerhalb der Azoren. So ein Hoch bringt Westwind, und tatsächlich haben wir frischen Nordwest. Vielleicht war es doch gut, nicht mit aller Gewalt durch die Inselgruppe gesegelt zu sein, als der Wind auf Nord drehte. Innerhalb eines stationären Hochs um die Azoren ist nämlich mit Nord zu rechnen. Zufrieden? Zwischen den Inseln wäre ich sicher völlig „verhungert“ – mangels Wind oder Gegenwind.

331. Tag – Mittwoch, 11. Juli | Noch immer ein herrlich starker West bei mildem Atlantikwetter. Fünfminütlich ein Surf um die 10 Knoten. Im Logbuch 30 040 Seemeilen, voraus 1350, das puscht.

Die Sehnsucht nach der Elbe ist immens. Bin nicht aufzuhalten, seitdem ich die Seekarte von England und der Nordsee auf meinem Tisch ausgebreitet habe. Lange Zeit war ich wirklich eine Einheit mit Boot und See. Wie heute. Besonders nach dem Gedankensplitter „noch ein paar Tage“ nehmen mich der Englische Kanal, Dover und die Nordsee mit Schifffahrt und Seezeichen ganz in Anspruch – jetzt gibt's keine Träumereien mehr.

21 | GEBONGT – MIR NACH

Alle Bäume entlang der Hauptstraße unseres Dorfes sind mit breiten, gelben Bändern geschmückt. Hundert gelbe Schleifen flattern im Sommerwind. Ein Willkommen, das mir sehr gefällt. Die Idee der Schleifen basiert auf dem Lied „Yellow Ribbon" –

„I am coming home
I've done my time
Tie a yellow ribbon round the old, old tree
If you still want me."

Die Geschichte ist folgende: Ein Mann kommt nach einer langen Gefängnisstrafe in seine Heimat zurück. Seiner Freundin hat er einen Brief geschrieben und sie gebeten, wenn sie ihn noch liebe, eine gelbe Schleife um den alten Baum zu binden. Als er dann mit dem Omnibus in den Ort kommt, traut er seinen Augen nicht, kann es nicht glauben: Hundert gelbe Schleifen sind um den alten Baum geschlungen.

334. Tag – Samstag, 14. Juli | Heute möchte ich auf Ua Huka sein oder auf Nuku Hiva, Inseln in Polynesien. Dort wird der „Quatorze Juillet", der Nationalfeiertag der Franzosen, tagelang gefeiert. Es ist die Feier der Insulaner schlechthin, mit Tänzen, Kanuregatten, Radrennen und anderen Wettbewerben. Der beliebteste ist neben dem Tamure noch immer die Wahl des stärksten Mannes der Insel. Die pazifische Südsee ist schön, ist mild und hat als Leckerbissen diese erlebnisstärkende Leichtigkeit.

Für mich fällt jegliche Feier aus. Der erste atlantische Sturm hat uns im Griff. Und kalt ist es geworden. Gedanklich kann ich mich jedoch nicht von der Südsee und ihren Menschen lösen. Noch 1999 war ich dort zu Besuch: Tahiti, Marquesas, Tuamotus. Paradiesisch. Heftig zu beneiden, die dort lebenden Franzosen. Wäre ich Franzose, hätte ich jetzt nur noch einen Tag bis Brest oder in einen Hafen nahebei. Vielleicht hätte ich sogar eine Einladung in meinem Faxgerät von Jacques

Chirac, dem Präsidenten der Republik, zum Dîner im Elysée Palast, wie mein Vorgänger auf dieser Strecke: Philippe Monnet, der vierte auf dieser mörderischen Route. Aber ich bin Deutscher und muss mich noch viele Tage und Nächte an England vorbei und durch die Nordsee in die Elbe quälen. Übertrieben, aber immerhin bemühen. Und die Elbe mit dem immer stärker werdenden Tidenstrom ist auch nicht gerade ein Ziel mit der Möglichkeit, einzulaufen, wann man will. Ohne Tidenunterstützung ist dort für ein motorloses Boot nie und nimmer ein gemütliches Ankommen realisierbar. Glücklicherweise habe ich die Tidenzeiten bereits an Bord.

Auch Chay Blyth, der erste Verkehrtherum-Weltumsegler, hatte es von hier aus nicht mehr weit. Frühzeitig gab ihm die englische Marine mit drei Kriegsschiffen Geleit bis Hamble, wo er nach 292 Tagen an Land stakste. Er stakste wohl nicht, er schritt an Land. Verträumt schaue ich mir in seinem Buch die Fotos seiner Ankunft an: Seine Frau Maureen, seine Tochter Samantha, Prinz Phillip, Prinzessin Anne, Prinz Charles, Premier Edward Heath. Chays Buch war mir große Hilfe und Unterhaltung zugleich. Die Liebe des 30-Jährigen zu seiner Frau hat mich beeindruckt. Doch am liebsten habe ich die Seiten gelesen, auf denen es ihm mies ging: Sturm, Kocher, Selbststeueranlage und Segel ihm Sorge bereiteten. Dann ging's mir gleich besser. Manchmal habe ich ihn auch beneidet, wenn ihm unterwegs Champagner, Kaviar, Obst und Gemüse überreicht wurden.

336. Tag – Montag. 16. Juli | Setze Sturmfock, reffe Sturmfock, berge Sturmfock. Südsüdost 8 bis 9, sehr chaotische See. Was Wunder, befinden wir uns doch auf der Schelfkante zum Englischen Kanal. Drei Vorsegel sind an der Reling festgelascht. Ein Zeichen dafür, dass ich überhaupt nicht auf Sturm eingestellt war. Juli ist Hochsommer! Ursache des konfusen Seegangs ist sicher der Festlandssockel, der die Wassertiefen von 4000 Meter auf 200 hochschnellen lässt. Dazu kommt die Strömung. Muss ich gerade unter solchen Umständen die Kante erwischen? Mensch, Junge, spüre bei diesem Wetter, dass ich keine Sturmhaut mehr habe. Alle Gedanken sind nämlich auf *zu Ende* eingestellt. Die Sturmfock war sogar prächtig gefaltet im Sack verpackt. Verstaut, ebenso wie mein wasserdichtes Niedergangsschott.

Meine Sorge ist groß. Unberechtigt groß. Ich möchte erstens kein Wasser im Schiff und zweitens keine Schäden.

Messe die Windgeschwindigkeit – 22 m/s, das sind glatte 9. Fast zu viel für mein altes, dreifach gerefftes Groß, das ich wie in früheren Zeiten an den Wind stelle. Gierig rollen die Wellen heran, brechen scharfkantig – in mich ein. Kein Auge zuzubekommen, schon die beiden letzten Nächte waren nur ein Dösen. Wie soll das werden, ich bin noch nicht mal im Englischen Kanal und ... Mag mich so jämmerlich nicht. Nur, der Gedanke ans Land, den werde ich nicht los. Sterbe vor Sehnsucht danach. Heftig aufs Gemüt schlagen logischerweise Kurs und Speed. Ach, was gäbe ich für eine Loganzeige. Hier in etwa ist mir bei der Ausfahrt das Spirallog gebrochen, und das elektronische von VDO liegt zu Hause in der Werkstatt. Ich habe es wegen eines weiteren Bohrloches im Rumpf nicht montieren wollen.

Einzelne Wellen brechen recht ordentlich. Bin dauernd, wirklich dauernd am Sprinten, meist in Ölzeug, da es bei Windwechsel regnet. Wie gut, dass ich die Kajüte dicht habe. Eine Querwelle trifft uns voll – das Cockpit ist gefüllt. Der Druck fällt auf 1002 Millibar. Dauernieselregen. Schlechte Sicht. Ein Islandtief. Würde gerne für eine Stunde wegschlummern – kann und darf nicht. Schiffe.

19 Uhr: Die letzte halbe Flasche Rotwein an Bord der See anvertraut. Genauer, den 1000-Meter-Tiefen. Als Abschied von den großen Wassertiefen sozusagen. Für immer?

337. Tag – Dienstag, 17. Juli | Schauerwetter. Sauwetter. Sturmwetter. Westwindwetter. Hässlich. Wecker? Brauche ich nicht – muss ständig auf Draht sein. Das Barometer ist um 21 Millibar gefallen. Schwere Sturmböen preschen aus blauem Himmel heran.

Telefonisch mit der „Yacht“ für morgen ein Treffen südlich von Start Point vereinbart. Gefällt mir ganz und gar nicht. Will ich es packen, muss ich unheimlich an den Segeln und Schoten reißen und auf Windglück bauen. Es sind noch 173 Meilen.

Langsam wird es kritisch. Nicht der Wind, die See rauscht heran. Schüttet zeitweilig das gesamte Achterschiff zu. Wie in Zeitlupe überrollt sie schäumend Zentimeter um Zentimeter das Schiff bis zum Niedergang. Ich stehe dort und halte mich mit der Armbeuge am

Bügel fest. Wir surfen mit 15 Knoten. Mindestens. Daher schieben sich die brechenden Wellen auch nur langsam übers Heck vorwärts. Einfach faszinierend zu sehen, wie die Schaumkante sich von achtern fußhoch bis zum Niedergang vorfrisst. Was mir überhaupt nicht gefällt, ist, dass das Schiff samt Takelage bedenklich vibriert. Regelrecht ins Zittern kommt.

Aber die 173 Meilen bis zum Treff Start Point sind zu absolvieren.

338. Tag – Mittwoch, 18. Juli | Der Tag beginnt auf die Minute – 24 Uhr – mit einer Windkenterung von Stärke 8 auf 0, später 1. Begleitet von einer unsäglich verqueren See. Die arme Aries. Das Gestänge kämpft hart mit den Wellen. Ich kann mich kaum festhalten. Die Flaute kam nach einem Regenguss, der einem Wasserfall glich.

13.30 Uhr. Die „Yacht"-Crew hat mich gefunden. 22 Meilen südwestlich von Start Point. Hurra. Dummerweise haben sie mich angesteuert, als auf dem Kocher eine sagenhafte Spaghettimahlzeit im Topf köchelt: Drei-Minuten-Nudeln mit La-Vialla-Soße. Hm, lecker.

Einhandsegler unter Deck, das darf nicht sein. Die „Yacht" schreibt später darüber: *„Als wir näher kommen, ist von Wilfried Erdmann nichts zu sehen. KATHENA NUI segelt unter Selbststeueranlage, mit festgelaschtem Groß und ausgebaumten Klüver. Auf dem Vorschiff ist noch die orangerote Fock festgebändselt, mit der er den Sturm der letzten Nacht abgeritten sein muss. Der Lukendeckel steht offen. Ein Geisterschiff. Die unheimliche Vermutung, dass der Skipper bei dem horrenden Wind außenbords gegangen sein könnte, drängt sich auf. Aber dann schiebt Erdmann auch schon seinen Kopf aus dem Niedergang, blickt herüber …"*

Das Hurra ist allemal groß. Nicht laut. Unverkennbar auf dem Vordeck: Günter Kiesel, der Fotograf, die anderen kann ich im Gegenlicht nicht erkennen. Sie stellen sich aber vor: Aloys von Hammel, Uwe Janßen, Jochen Rieker, der Chefredakteur, und zwei Engländer, denen das Schiff gehört. Ich stelle mich nicht vor. Ich winke. Mit einem Arm. Recke auch mal beide zum Himmel. Habe mir vorgenommen, nicht die Faust auszustrecken, trotzdem haben sie ein Foto damit und auch publiziert. Muss mir instinktiv ausgerutscht sein. Denn die Faust wollte ich mir fürs wirkliche Ende aufheben. Angesichts des hohen Seegangs können sie nicht dicht an KATHENA heran.

Alle drei großen Kaps gegen den Wind im Kielwasser. Mit jeder Meile heimwärts fühle ich mich ein Stück größer. – Nächste Doppelseite: Mallungen am Äquator, eine willkommene Pause.

Falsche Bescheidenheit auch.
Suchard
Überflüssigen Luxus verabscheut sie.
SUCHARD.
STEHEN SIE ZU IHREN LEIDENSCHAFTEN.

Der Atlantische Ozean fordert mich nicht mehr. Ich liege quer im Cockpit und genieße: eine Anzeige für Schokolade, fliegende Fische an Deck, Delfine vor dem Bug – und meine seemännische Umsicht: zum Beispiel die vielen Bändsel und Taue zum Festzurren von Segel und Bäumen.

KATHENA NUI

Glücklich vom Seemann zum Erdmann. Ankunft in Cuxhaven. Nach elfeinhalb Monaten schließe ich Astrid und Kym in die Arme. Ich freue mich über die vielen Menschen, die gelben Bänder in meinem Dorf – und das neue Haus.

Es wird daher ein Interview ohne Mikrofon. Meine Stimme ist stockend. Ich wechsele Kurse und Sitzpositionen für die fotografische Abwechslung. Sie scheinen zu ahnen, was ich durchgemacht habe. Ihre Fragen sind zaghaft: „Wehmut, dass die Fahrt zu Ende geht?" Nein, nein, jetzt bin ich besessen, sie zu beenden. Und ihre Zuversicht überrascht mich, schließlich liegen noch haarige 600 Meilen vor mir.

14.30 Uhr: Abschied mit Signal. Lange kann ich mich an dem Treffen nicht freuen. Mit Nordwind durch die Nacht. Hart schlägt der Bug in die kurze Welle. Die Sturmbeseglung zieht so kräftig, dass die Positionslichter total eingegischtet werden. Immer wieder. Ein himmlisches Bild – das sprühende Bugwasser im Lichtschein.

339. Tag – Donnerstag, 19. Juli | Vier Nächte noch – vier Nächte. Sofern der Wind in etwa meinen Erwartungen entgegenkommt.

Mittag: Stehe exakt wieder auf der Position, wo ich vor fast einem Jahr vor Freude, Begeisterung, Euphorie, kurzum in einer Wahnsinnsstimmung am Niedergangsbügel riss und laut geschrien habe: „Jetzt bin ich wirklich unterwegs". Das ist einige Meilen südlich der Insel Iles of Wight. Was liegt dazwischen? 30 500 Seemeilen und 330 Tage.

340. Tag – Freitag, 20. Juli | Meine Tag- und Nachtwachen setze ich ununterbrochen auf dem Brückendeck fort. Für meinen Wecker habe ich daher keinen Gebrauch. Viele Handelsschiffe, Segler und Motorboote sind unterwegs. Ein Küstenmotorschiff vor Anker hätte mich beinahe versenkt. Wie das? Ich wäre um wenige Meter fast gegen das kleine Schiff gesegelt. Es hatte eine undefinierbare Beleuchtung gesetzt, die in Verbindung mit den Stadtlichtern von Hastings verwirrten.

Durch die kribbelnde Enge von Dover bin ich mehr gedriftet als gesegelt – seltsamerweise keinem Schiff irgendwie zu nahe gekommen. Doch dafür treibe ich nördlich des Feuerschiffs South Goodwin auf die Sandbänke. Absolut kein Wind, und ich kann nichts ausrichten. Habe den Anker schon klar, als endlich ein Lufthauch uns davonträgt. Momente der Geborgenheit. (Ist das nicht ein Buchtitel an Bord?)

13.05 Uhr: Liege für zehn Minuten in der Koje, da knallt es fürchterlich im Rigg und Segel. Das Boot schlingert und stampft zugleich –

wie ein Rodeopferd. Wir treiben über die Sieben-Meter-Untiefe South Falls. Nach wenigen Augenblicken ist der Seegang vorbei. Doch dann geht's weiter. Mangels Wind driften wir auf die Schifffahrtsroute zu, wo auch Pötte unterwegs sind. Verdammt, ich kann schon wieder nichts machen außer meine Handfunke bereitlegen. Dies scheint mir der Tag, an dem ein Motor unabdingbar wäre. O nein, da kommt zusätzlich noch eine Fähre quer – mit Kurs Ramsgate. Schrecklich, ich habe nicht die Nerven für solche Sachen.

Dieses Gebiet ist die Hölle für Alleinsegler. Motorlose sollten die Rote Karte bekommen. (Das darf ich natürlich nicht ins Buch übernehmen.) Und es ist nichts für Nervenschwache. Was ein Einhandsegler hier empfindet, ist vergleichbar mit einem Fußballer, der bei einem wichtigen Spiel nach der regulären Spielzeit zum Elfmeterschießen antreten muss. Da geht es auch um alles.

341. Tag – Samstag, 21. Juli | Die wievielte Nacht ohne Schlaf? Die Nacht habe ich dösend, jeweils ein bis drei Minuten, im Halbliegen quer zum Schiff verbracht. In dieser Stellung sind die Beine angespannt, und ich werde sofort wach, wenn die Spannung nachlässt. Überall sind Schiffe, Tonnen und Lichter von Förderinseln. Zweimal haarscharf an brachliegenden Metallkonstruktionen von Versuchsbohrungen oder Ähnlichem vorbeigesegelt. Vorbei. Da denkt man gar nichts mehr.

210 Meilen noch. Und ein Wetter zum Verstecken. Schlechte Sicht mit Nebelschwaden, Niesel, Sturm von achtern. Segeln den direkten Weg – Deutsche Bucht.

Nachdem Texel passiert ist, lege ich mich, überdick angezogen, auf die Koje – und schlafe in dem 20 Meilen breiten Trennungsgebiet tief und fest. Eben diese dicken Kleidungsstücke sollten mich hindern, länger zu schlafen. Doch ich bin an einem Punkt „of no return". Es gibt ihn, da nimmt sich der Körper sein Recht. Sechs Tage und Nächte ohne Schlaf sind zu viel.

342. Tag – Sonntag, 22. Juli | Deutsche Flagge gesetzt. Klar zum Dippen, falls mich ein Marinefahrzeug begleiten sollte. Ja, bei dem Gedanken muss ich mich erst mal hinsetzen.

Bringe Ordnung und Sauberkeit in die Kajüte. Den Kocher wische ich nur flüchtig. Mehr ist nicht nötig, Kochen interessiert mich seit Tagen nicht mehr. Soweit klar für die Ankunft. Doch bin ich bald müde und kaputt. Leider macht der schöne Westwind genauso schlapp. Avisiere meine Ankunft in Cuxhaven für morgen per Telefon.

Aufgeregt? Mächtig. Eine Nacht, eine einzige Nacht muss ich noch überstehen. Hier darf ich von überstehen schreiben. Die Strecke zwischen der Isle of Wight und der Deutschen Bucht ist ein Wagnis ohnegleichen. Wer es im Dreieck Dover-Harwich-Rotterdam bis Texel schafft, der sollte auch noch den Rest packen. Das Metallgestänge einer abgetakelten Bohrinsel gestern dicht neben dem schnell segelnden Boot nehme ich erst heute richtig wahr. Kommende Nacht setze ich mich nicht mal auf die Koje, nicht auf den Boden. Versprochen. Bei den Aussichten ein Leichtes. Eine Nacht! Sie zerrinnt wie Schokolade in meinem Mund. Es ist der vorletzte Seetag. Ja, oder vielleicht nein. Meine Sinne sind besetzt mit Segeltechnik. Eine Flaute zeichnet sich ab. Bloß jetzt nicht! So dicht vor dem Ziel und zudem von der Schifffahrt umgeben. KATHENA möchte und muss manövrierbar bleiben. Und: Ich möchte in den Hafen segeln. Am liebsten mit der grünweiß gestreiften Genua. Das bringt gute Fotos. Nach ausgeprägter Flaute bei der Abfahrt wünsche ich nun allen normale Segelfotos.

Empfindungen? Mir ist der Sinn nicht nach Notizen. Kann mich nicht zwingen, Tiefschürfendes oder gar Erkenntnisse festzuhalten. Der Kopf ist wirklich nur für Segel und Positionen besetzt. Und für eine Reflektion: Kap der Guten Hoffnung – Elbe 69 Tage. Eine fabelhafte Zeit für 8017 Meilen, mit alten Segeln und einem bewachsenen Schiffsboden.

19 Uhr: Wieder eine Fehleintragung in der Seekarte. Aufpassen, schreibe ich in Großbuchstaben auf die Karte. Schon das dritte Mal, dass ich mich mit den Gradeinteilungen am Kartenrand vertan habe. Unentschuldbar. Helgoland als Start und Ziel wäre eine bessere Entscheidung gewesen.

22.30 Uhr: Die Sonne ist untergegangen. Rot, violett. Druck und Stimmung deuten auf einen weiteren flautenstarken Tag. Möchte mich auf das Ankommen freuen, schaffe es aber nicht. Wir vertreiben südlich von Helgoland mit der Tidenströmung zwischen Tonnen und

Schifffahrt. Es tut sich nichts an der Pinne. Die Segel schlagen erbärmlich. Es zerreißt mich, aber ich lasse sie stehen. Im Notfall bringt es vielleicht doch einen halben Knoten. Nein, ohne es verhindern zu können, treibe ich gegen die Tonne E2. Rumms macht es – dreimal. Nach Tausenden von Meilen und Monaten auf See stehe ich mit dem Bootshaken auf dem Seitendeck, um KATHENA von dem Seezeichen freizuhalten. Das entbehrt nicht einer gewissen Komik. Der nächste Gedanke ist noch spaßiger: Es ist meine erste Landverbindung.

343. Tag – Montag, 23. Juli | Mein Glück wäre, die Kugelbake, das Wahrzeichen Cuxhavens, unter Segel zu passieren. Doch nicht die Spur eines Windhauches regt sich, die See ist spiegelglatt. Dazu „NDR 2“: „Wir starten in eine neue Woche. Sommerlich warm. Und das Leben beginnt.“ Auch gut, ich habe ausreichend Glück gehabt: erst gestern mit den Plattformen, die mitten im Meer rumstehen.

11 Uhr: Feuerschiff ELBE 1 südlich passiert. Hiermit ist für mich die Erdumseglung vollendet. Geschafft. Boot und mich heil zurückgebracht, was will ein Weltumsegler mehr!

Der Flautenwind der letzten Nacht setzt sich fort. Segler mit Motorhilfe und Motoryachten passieren KATHENA en masse Richtung See. Keiner an Bord winkt, keiner ändert den Kurs, um Hallo zu rufen. Was ist los?

12.30 Uhr: Endlich. Auf der Motoryacht CHRISTA, die mir entgegenkommt, Astrid und Kym. Sie stehen am Heck. Ich stehe am Heck. 343 Tage ....
....
....
....
.... Es ist nicht in Worte zu fassen.

Die CHRISTA nimmt mich in Schlepp. Es muss sein, leider, da Freunde, Segler und Presseleute im Hafen auf mich warten, und ich es bei diesen Wind- und Tidenverhältnissen sonst heute nicht schaffen würde. Doch zuvor, nach der stillen Begrüßung, erfolgt die Aktive. Mit wenigen Handgriffen klettere ich am blanken Mast hoch – bis ich auf der schmalen Saling stehe.

Ich fliege.

Auf diesen Augenblick habe ich monatelang gewartet – mir im Mittelatlantik schon ausgemalt, wie ich an Deck die Kassette von Patricia Kaas ins Gerät einschiebe und oben ein Tänzchen wage. Nun tue ich es eben ohne Musik.

Meine eigene Ankunft zu erzählen, fällt mir schwer. Meine Hände zittern. Motorboote und Segler der Elbmündung begrüßen mich mit Flaggen über den Toppen und lebhaften Worten. Die meisten sind von der Seglervereinigung Cuxhaven. Als ich in den Hafen geschleppt werde und die vielen Leute auf der Uferböschung sehe, entere ich spontan noch einmal den Mast und winke – bedächtig. Für mich ein ergreifender Augenblick. Stürmischer Beifall, Getute, Zurufe. Noch nicht ganz an einem Schwimmsteg vertäut, entert eine örtliche Begrüßungsabordnung mit Wimpeln in den Händen meine Kathena Nui – verbunden mit herzlichen Willkommensworten. Meine Frau Astrid und Sohn Kym begrüßen mich – ohne Worte. Ich küsse den Mast. Er hat sehr viel geleistet. Mein Sohn, er ist größer als ich, streicht mir später durchs lange Haar und sagt leise: „Dir gelingt aber auch alles.“ Als ich die Wangen meiner Frau küsse, spüre ich ein seltsames Prickeln. Haut. Die gewesene Sehnsucht nach Haut hämmert bis unten durch.

22 | MEIN TECHNISCHES LOGBUCH

Hier endet meine Nonstop- und Allein-Geschichte. Mit der Eintragung Cuxhaven – Cuxhaven = 31 362 Seemeilen = 343 Tage schlage ich das letzte meiner Logtagebücher zu, das unterwegs meine Freundin war. In euphorischen wie chaotischen Situationen. Ich lege den Stift beiseite, reibe mein Gesicht und frage mich, wer ich streckenweise war, der dies alles niedergeschrieben hat. Im Detail kann ich mich nämlich an viele Ereignisse nicht erinnern. Was nun? Wie geht es weiter? Wann geht es wieder los? Noch sind Fragen dieser Art nicht zu mir vorgedrungen. Aber: Diesmal bin ich nicht so kühn, mich wie in meinem letzten Buch „Nordsee-Blicke" festzulegen und zu sagen, dass dies mein letztes Segelthema-Buch wäre. Wenn ich meine Gedanken schweifen lasse, könnte ich mir eine Reise mit einem schönen Segelboot, ein gefälliger Riss muss es schon sein, entlang deutscher Küsten und Ufer vorstellen. Segeln ist mein Leben.

Doch Thema dieses Kapitels ist Technik im weitesten Sinne. Als ich in Missunde an der Schlei vertäue, sieht KATHENA NUI fast so aus wie bei der Abfahrt. Silbrig glänzend die Oberfläche des Rumpfes. Makellos das von der See sauber gewaschene Deck. Das Rigg wirkt, als könnte man damit gleich wieder in See stechen. Gelitten haben die Segel, das Tauwerk, die mechanische Selbststeueranlage. Der Pinne haben unzählige Brecher das Aussehen von Treibholz gegeben. Gelitten habe auch ich: was Wunder, nach elfeinhalb Monaten in Bewegung. Um wieder richtig fit zu werden, braucht man dieselbe Zeit an Land – sagt man. Mein Schiff könnte nach einer kleinen Auffrischung sofort wieder auf Kurs gehen. Aluminium ist einfach nicht kaputt zu kriegen. Sofern man es so nutzt wie ich, also spartanisch ausrüstet und mit äußerster Vorsicht beim Installieren von Geräten vorgeht. Und meinen subjektiven Standpunkt befolgt: In der Südpolarwelt ist das Einfachste das Herrlichste.

Für diese Fahrt wäre folgende ergänzende Ausrüstung von Vorteil gewesen – körper- wie meilenmäßig.

- Zwei selbstholende Winschen im Cockpit für die Vorstagsegel
- Eine selbstholende Winsch am Mast für das Großfall, besonders beim Reffen und nachts von Nutzen
- Kutterstag mit Rollsegelanlage. Man könnte sich damit den starken Winden besser anpassen.
- Mastkörbe – 90 Zentimeter hoch, 55 Zentimeter Abstand zum Mastprofil. In Lee des Mastes hatte ich bei Lage und Seegang keine Chance, mich zu halten.
- Windmessanlage mit Windlupe für optimalere Kurse am Wind, aber wahrscheinlich wäre sie von der See weggefegt worden, wie meine Blitzleuchte im Masttopp
- Maststufen bis zur Saling
- Laschings in der Achterpiek zum Verzurren von Anker und anderen schweren Ausrüstungsgegenständen
- Ein Blister oder ein ähnliches Vorsegel für die häufig leichten Winde in starker Dünungssee
- Kleine Kissen für Kojen – zum Abpolstern bei Dauerschräglage. Meine Ellbogen und Knie hätten es gedankt
- Neopren-Tauchjacke oder -weste – zum Schutz vor Kälte beim Abkratzen des Unterwasserschiffes
- Griffleisten – rechts und links vom Kochherd
- Reserve-Aluminiumkochtopf, man kocht zügiger damit
- Hochwertige verschiedenfarbige Gummistiefel, in die man schnell und leicht schlüpfen kann

KATHENA NUI ist das einzige Boot, das nonstop die Erde in beiden Richtungen umsegelt hat. Mit derselben Takelage, Selbststeuerung, denselben Blöcken, Schotschienen und Segeln zum Teil. Vom Kocher, Wasserpumpen bis zu den Gardinen. – Zeitweise hatte ich das Gefühl, dass das außerordentliche Schiff mich segelt und nicht ich es. Ich darf es eigentlich nicht verkaufen, es könnte entdeckt werden, wie einfach es sich segelt. Und angenehm.

Jetzt im Einzelnen einige Ansichten und Anmerkungen.

Das Boot | KATHENA NUI wurde 1984 bei der auf Aluminium spezialisierten Werft Dübbel & Jesse, Norderney, für eine Extremreise durch das Südpolarmeer gebaut. Meine Vorstellungen waren folgende:

- Geringe benetzte Oberfläche (Kurzkieler)
- Möglichst leicht zu handhaben, auch ohne Motor
- Drei wasserdicht abgeschottete Kammern: Vorschiff, Kajüte und Achterschiff
- Durchweg dickere Blechstärken als ursprünglich geplant
- Sehr hohe Kursstabilität, um eine mechanische Selbststeueranlage mit Seilübertragung verwenden zu können
- Für schwerstes Wetter ausgelegt, flacher, kurzer Kajütaufbau, kleine Fenster, kleine Plicht
- Rigg für schweres Wetter dimensioniert
- Solide metallene Klappluken und das Cockpit ohne Backskisten, aber mit breitem Brückendeck
- Kuttertakelung
- Schnelligkeit, damit mir die Zeit nicht zu lang wird
- Außenhaut ohne Farbkonservierung
- Gefällige Linien sollte das Schiff auch haben

Ich habe aus Kostengründen 1984 nur den Kasko bestellt. Ein Kasko ist bekanntlich nur Rumpf, Kiel mit Ballast, Deck und Ruderanlage. Das war noch nicht einmal das halbe Schiff. Die andere Hälfte, Innenausbau, Beschläge montieren, Streichen und Teakholz im Cockpit auslegen, bewerkstelligte ich allein oder mit Hilfe meiner Familie und Freunden. Der gesamte Rumpf bekam vor dem Möbeleinbau drei Innenanstriche, alle mit Pinsel und Rolle aufgetragen, sodass das Innere noch heute wie neu aussieht. Das Deck wurde damals mit Farbe und Sand rutschfest gemacht – inzwischen haben wir es einmal erneuert. Ich setzte Schotten, baute Kojen, Schränke, Bücherborde, Kochecke und einen ganz soliden Kartentisch. Alles aus seewasserbeständigem Sperrholz. Isolierte die Kajüte größtenteils mit Styropor. Installierte eine Lichtanlage. Alles in größter Eile, da der Rumpf nicht termingerecht fertig geworden war, ich aber unbedingt im gleichen Jahr starten wollte. Damals meinte ich, dass mich eventuell der Mut verlassen könnte. Insgesamt brauchte ich sieben Wochen, inklusive der Montage von Beschlägen und Winschen an Deck, Schiff Probe segeln und ausrüsten. Mit Zubehör, Ersatzteilen, Proviant und auch Kleidung. Dass Boot und Ausrüstung die neunmonatige Fahrt und das Wetter, das wir angetroffen haben, ohne Schäden überstanden haben,

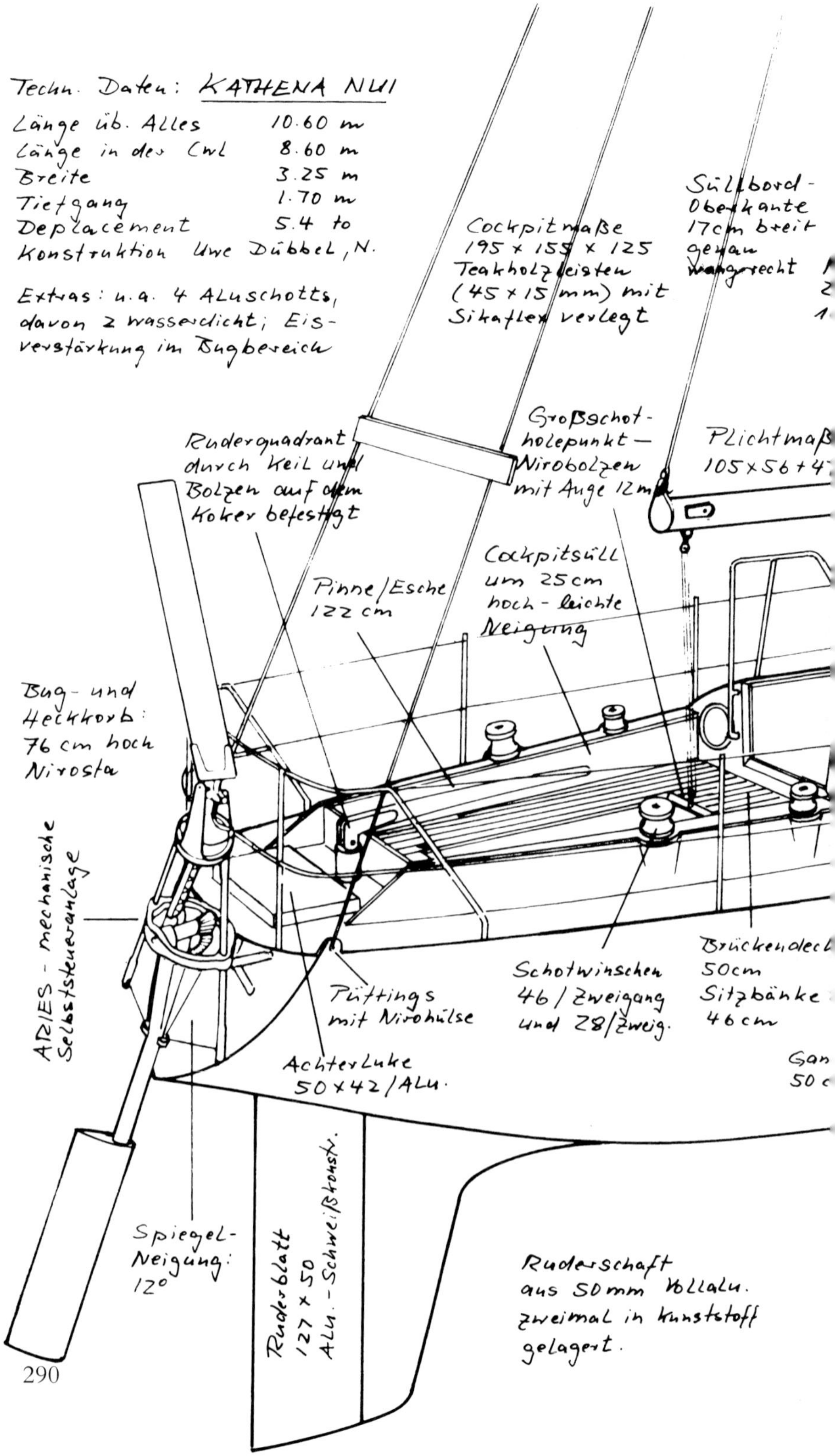

Techn. Daten: KATHENA NUI

Länge üb. Alles	10.60 m
Länge in der Cwl	8.60 m
Breite	3.25 m
Tiefgang	1.70 m
Deplacement	5.4 to
Konstruktion Uwe Dübbel, N.	

Extras: u.a. 4 Aluschotts, davon 2 wasserdicht; Eisverstärkung im Bugbereich

Cockpitmaße
195 × 155 × 125
Teakholzleisten
(45 × 15 mm) mit
Sikaflex verlegt

Süllbord-
Oberkante
17cm breit
genau
waagrecht

Ruderquadrant
durch Keil und
Bolzen auf dem
Koker befestigt

Großschot-
holepunkt –
Nirobolzen
mit Auge 12mm

Plichtmaß
105×56+47

Pinne/Esche
122 cm

Cockpitsüll
um 25cm
hoch - leichte
Neigung

Bug- und
Heckkorb:
76 cm hoch
Nirosta

ARIES - mechanische
Selbststeueranlage

Püttings
mit Nirohülse

Schotwinschen
46/Zweigang
und 28/Zweig.

Brückendeck
50cm
Sitzbänke
46cm

Achterluke
50×42/Alu.

Gan...
50 c...

Spiegel-
Neigung:
12°

Ruderblatt
127 × 50
Alu.-Schweißkonst.

Ruderschaft
aus 50mm Vollalu.
zweimal in Kunststoff
gelagert.

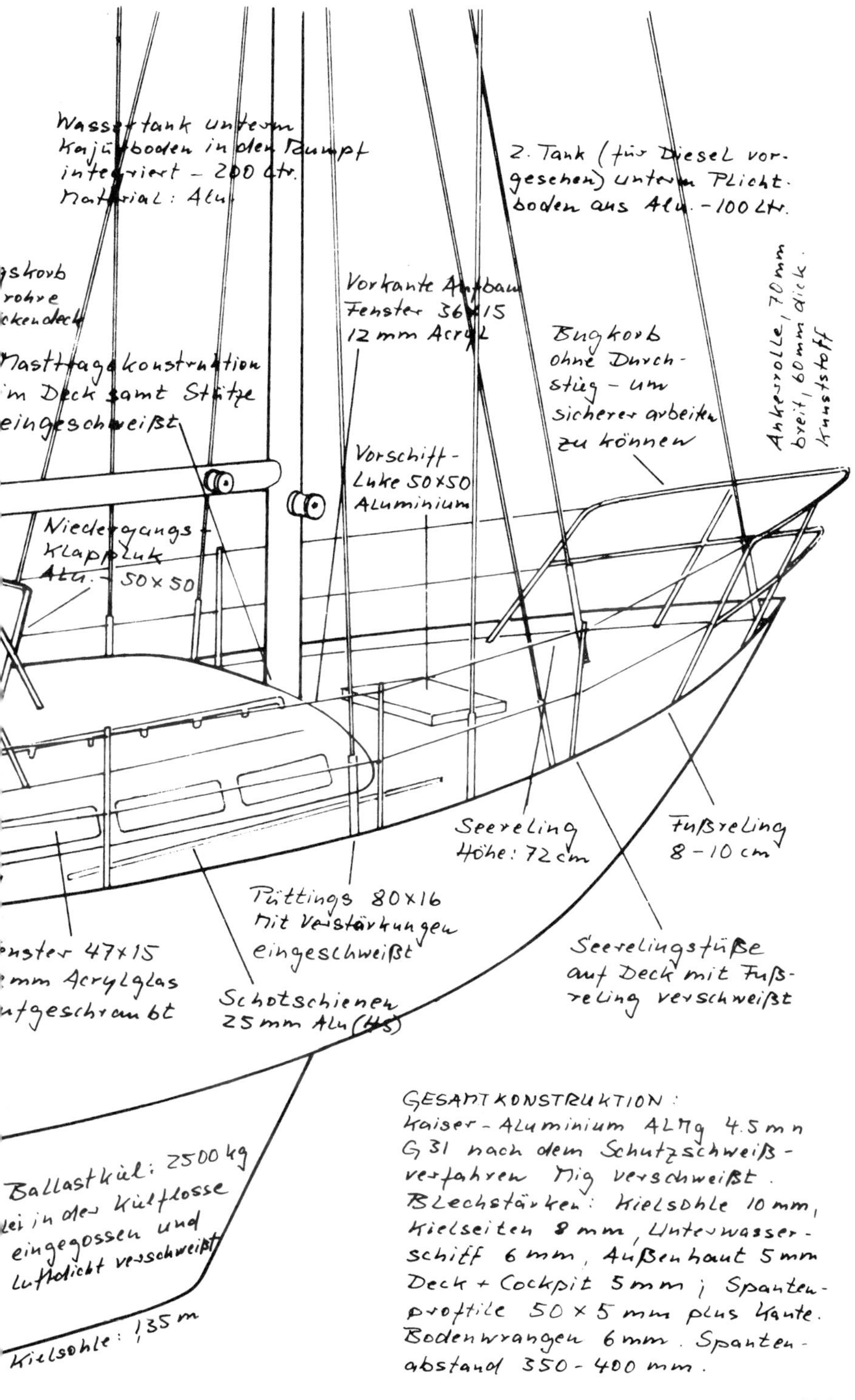
Wassertank unterm Kajütboden in den Rumpf integriert – 200 Ltr. Material: Alu
2. Tank (für Diesel vorgesehen) unterm Plichtboden aus Alu. – 100 Ltr.
gskorb
rohre
ckendeck
Vorkante Aufbau Fenster 36x15 12 mm Acryl
Bugkorb ohne Durchstieg – um sicherer arbeiten zu können
Ankerrolle, 70 mm breit, 60 mm dick, Kunststoff
Masttragkonstruktion im Deck samt Stütze eingeschweißt
Vorschiff-Luke 50x50 Aluminium
Niedergangs-Klappluk Alu. – 50x50
Seereling Höhe: 72 cm
Fußreling 8 – 10 cm
Püttings 80x16 mit Verstärkungen eingeschweißt
nster 47x15
mm Acrylglas
ufgeschraubt
Schotschienen 25 mm Alu (HS)
Seerelingsfüße auf Deck mit Fußreling verschweißt
GESAMTKONSTRUKTION: Kaiser-Aluminium ALMg 4.5 Mn G31 nach dem Schutzschweiß-verfahren Mig verschweißt. Blechstärken: Kielsohle 10 mm, Kielseiten 8 mm, Unterwasser-schiff 6 mm, Außenhaut 5 mm Deck + Cockpit 5 mm; Spanten-profile 50 x 5 mm plus Kante. Bodenwrangen 6 mm. Spanten-abstand 350 - 400 mm.
Ballastkiel: 2500 kg
lei in der Kielflosse eingegossen und luftdicht verschweißt
Kielsohle: 1,35 m

spricht doch für die Sorgfalt unserer Arbeit. KATHENA NUI übertraf alle meine Erwartungen, und deshalb habe ich sie auch behalten. Natürlich habe ich zwischendurch andere Boote gesegelt. So kam es, dass sie rund zwölf Jahre aufgebockt vor meinem Fenster stand. Mein Traumboot hat die Kuhkoppel unbeschadet überstanden.

Mast & Rigg | Der Mast ragt 12,75 Meter über Deck, das Profil ist 140 x 200 Millimeter stark. Alle Wanten sind 8 und 10 Millimeter dick. Es gibt eine Saling, zwei Achterstage, ein Kutterstag und zwei bewegliche Backstagen. Zahlreiche und große Belegklampen am Mast haben sich bewährt. Am Großbaum montierte ich Winschen, die mir das Einreffen des Großsegels erleichterten. Am meisten wurden meine Terminals bewundert – und sich gewundert: „Was, keiner aufgebrochen?" Nein, kein Draht löste sich vom Walzterminal. Und dies nach zwei Umrundungen des Südpolarmeeres. Die Kuttertaklung, also zwei Vorsegel, erscheint mir für solcherart Alleinsegeln ideal. Man hat im Böenwetter schnell ein Vorsegel geborgen und bleibt trotzdem manövrierfähig. Zum anderen gaben bei schwerem Sturm die durchgesetzten Backstagen ein unwahrscheinlich sicheres Gefühl. Bisschen lapidar? Ich kann nicht wiedergeben, was das Rigg ausgehalten hat. Kann nur andeuten, dass es viele Male das Meer berührt hat.

Segel | Elf Segel hatte ich in meiner Last. Davon die meisten neu oder neuwertig. Und kein Segel ist in Fetzen gerissen. Gut, ich habe reichlich Nähte, Risse und Scheuerstellen zu flicken gehabt, aber keine Totalausfälle. Das liegt natürlich daran, dass mir die Segelmacher schon, ohne dass ich deutlich darauf hinwies, wohin meine Fahrt gehen sollte, beinahe „kugelsichere" Segel nähten. Das am meisten gebrauchte war das Großsegel aus dem Jahre 1984. Das gute Stück wurde damals von einem Lehrling gefertigt, und der hat offenbar alle Dopplungen wirklich mehr als gedoppelt.

Vom 66. Tag an habe ich bis Cuxhaven das alte Großsegel gefahren. Also 25 000 Meilen. Zusammen mit der Distanz der Nonstopfahrt von 1984/85 und innerhalb der Ostsee hat es jetzt über 56 000 Seemeilen im Wind. Genau genommen noch 7 bis 8000 mehr, da ich meine Etmale im Südpolarmeer und anderswo als gerade Linie von Mittag zu Mittag berechnete. Folglich die mühevollen Meilen der Kreuzschläge nicht berücksichtigte.

Warum so ein altes Groß? Abgefahren bin ich mit einem Groß, das 1987 gefertigt wurde und gerade 400 Seemeilen genutzt wurde. Aber: Das Segel war bei weitem nicht so gut verarbeitet. Nach einem Pampero (Sturm) an der argentinischen Küste habe ich beschlossen, es zu wechseln. Das alte Segel hatte schlicht einen besseren Stand. Vor allem nicht soviel Bauch, ist sorgfältiger verarbeitet, zum Beispiel sind die Mastrutscher großflächiger befestigt, exponierte Stellen geschützt, das Tuch dicker/schwerer.

Das nächst verwendete war der Klüver 2. Ein ganz toll geschnittenes und gefertigtes Segel. Es zog nach einem schweren Wetter an wie ein Motor. Das orangefarbene 340-Gramm-Tuch war sogar handlich. In den Sack kam es sowieso selten, entweder war es an der Reling festgelascht, oder es wurde lose ins Vorschiff gesteckt. Mit den kleinen,

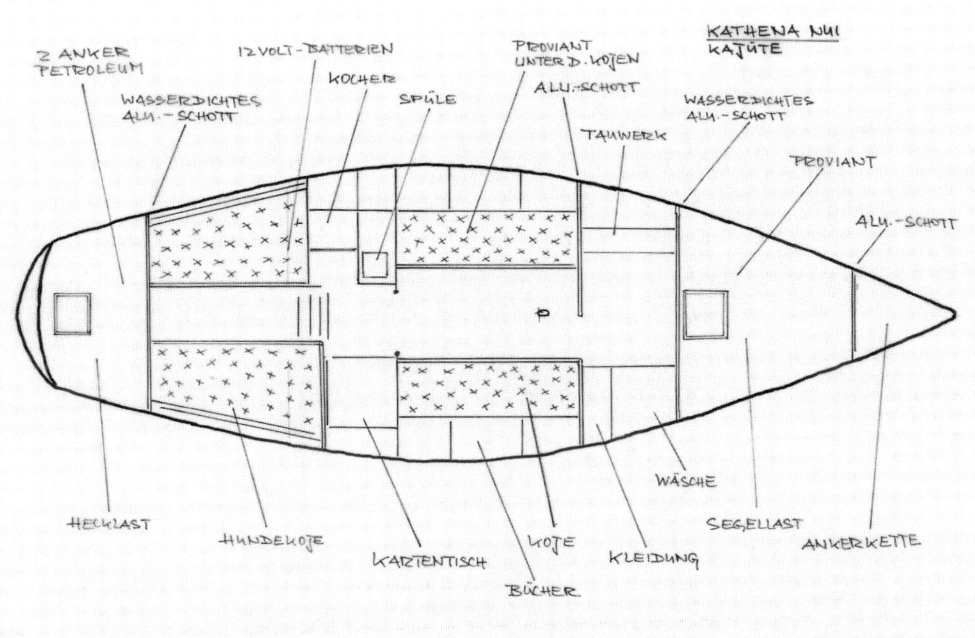

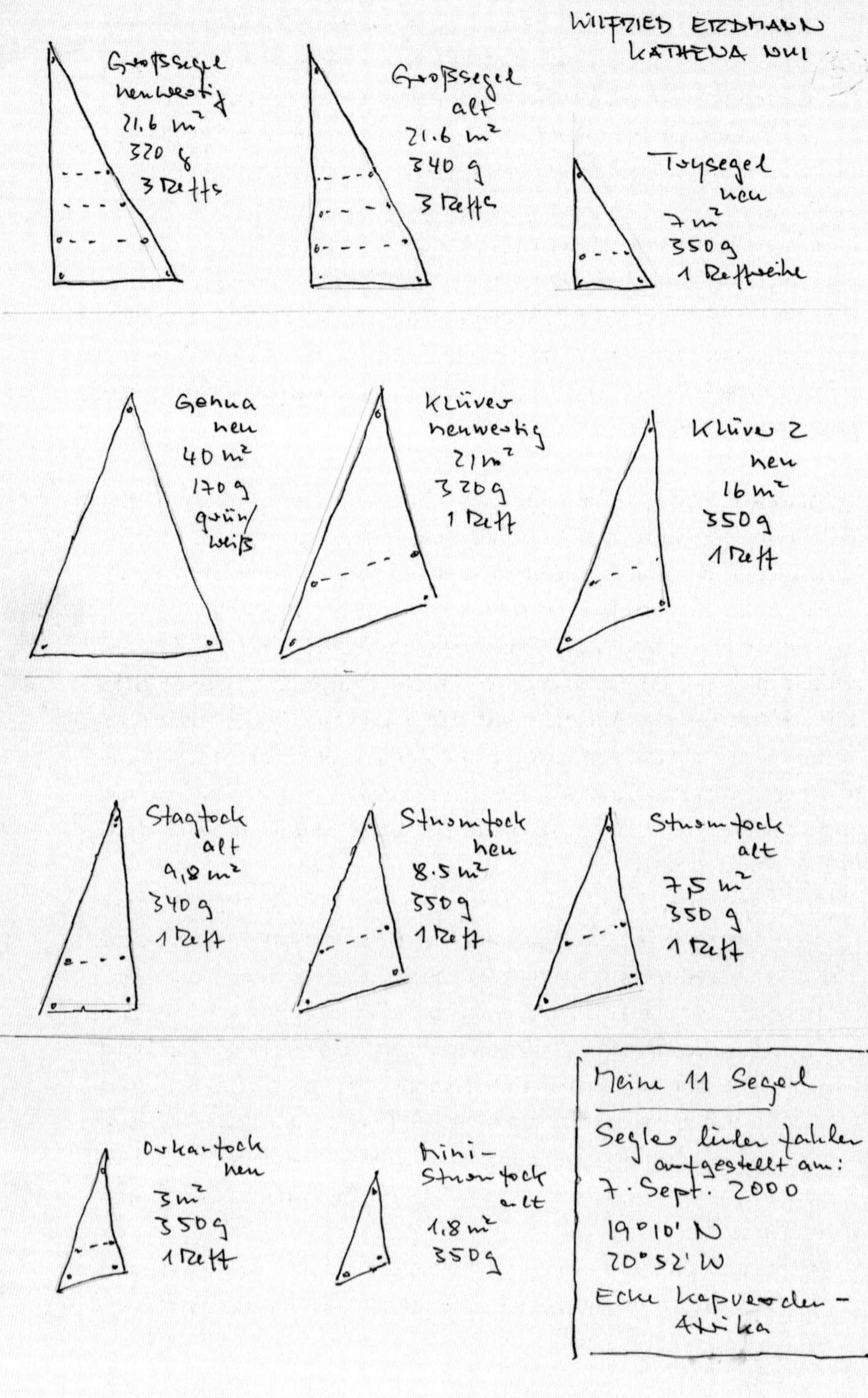
WILFRIED ERDMANN
KATHENA NUI
Großsegel neuwertig
21.6 m²
320 g
3 Reffs
Großsegel alt
21.6 m²
340 g
3 Reffs
Trysegel neu
7 m²
350 g
1 Reffreihe
Genua neu
40 m²
170 g
grün/weiß
Klüver neuwertig
21 m²
320 g
1 Reff
Klüver 2 neu
16 m²
350 g
1 Reff
Stagfock alt
9,8 m²
340 g
1 Reff
Sturmfock neu
8.5 m²
350 g
1 Reff
Sturmfock alt
7,5 m²
350 g
1 Reff
Orkanfock neu
3 m²
350 g
1 Reff
Mini-Sturmfock alt
1.8 m²
350 g
Meine 11 Segel
aufgestellt am:
7. Sept. 2000
19°10' N
20°52' W
Ecke Kapverden – Afrika

den Sturmsegeln, habe ich übertrieben. Es war ein Zuviel für schweres Wetter an Bord. Und zwar deshalb, weil praktisch alle Segel noch mit Reffreihen versehen waren, also halbiert werden konnten. Auch die Orkanfock hat zwei Refflöcher, ist gerefft eineinhalb Quadratmeter klein. Mein Respekt vor den zu erwartenden Seegebieten war an Land groß.

Selbstredend hatte ich ausreichend gewachstes Garn, 1000 Meter, zwei Segelnähhandschuhe, zwei dutzend Nähnadeln und Segeltuch in verschiedenen Stärken zum Flicken gestaut. Der Verbrauch an Stagreitern war unerwartet groß, sie rieben sich auf. Hier kann ich erneut meinem Segelmacher danken, dass er mir ausreichend Ersatz eingepackt hat – einen kompletten Satz.

Selbststeueranlage | Eine gute, mechanische Anlage kann einem Weltumsegler Flügel verleihen. Ganz besonders auf meinem Extremkurs. Neben der Takelage galt meiner Aries dann auch an Bord die meiste Aufmerksamkeit. Und sie hat mich nicht enttäuscht. Sie steuerte zeitweise das Boot durch fürchterliches Wetter, ohne dass ich eingreifen musste. Und das ist der wesentliche Prüfstein: Das Boot bleibt unter Kontrolle der Anlage, selbst wenn es von Wind und See gestoßen wird – gerade der Seegang in einer abrupt eintretenden Windstille setzt einer Anlage mächtig zu. Kurzum: Die Anlage sollte so stark und zuverlässig sein, dass man nicht jede halbe Stunde an Deck muss, um sie nachzustellen.

Drei Langfahrten, insgesamt 90 000 Meilen, habe ich mit Hilfe von Aries-Anlagen absolviert. Alle, und das ist schier unglaublich, ohne dass mir ein Paddel abgerissen oder sonst etwas am Ritzel oder Pendelgestänge gebrochen ist. Außer ein paar Windfahnen aus Sperrholz gab es keinen Verschleiß. Ich hatte verschiedene Windfahnen an Bord. Die größeren für die normalen Winde, kleinere für die Sturmphasen. Die Lager haben nach einer gewissen Zeit etwas Spiel, aber das kann der Hersteller neu justieren. Um präzise zu sein: Totale Flaute und die Perioden schwerster Sturmfronten hatte die Aries nicht im Griff – ich aber auch nicht.

Inzwischen gibt es unzählige Selbststeueranlagen. Aries ist immer noch für Yachten mittlerer Größe die problemloseste und zuverlässigs-

69
97
99
87
72
90
84
START PT. → 131
134
68
101
133
139
126
122
149
158
124
90
KANAREN → 114
161
145
152
151
133
115
125
112
70
38
42
28
92
97
30
97
92
138
147
ÄQUATOR → 164
166
162
154
158
150
157
143
148

136
143
105
112
62
23
42
27
107
88
136
79
137
134
152
103
51
84
64
123
82
60
131
50
85
36
4
98
32
142
63
54
125
88
KAP HOORN → 78
85
108
105
88
54
87
98
95
105
50
114
103
80
42
86
102

73
86
112
72
81
85
45
83
90
62
93
30
76
42
92
32
60
63
108
103
20
78
93
57
88
34
73
40
134
150
153
135
152
94
67
60
81
75
58
30
22
96
61
60
62
58
60
58
4
57
43

124
80
57
58
50
120
35
57
80
45
50
32
42
58
20
57
62
76
60
160
74
43
83
DATUMSLINIE → 88
46
62
71
66
92
14
72
91
77
SNARES ISL. → 81
82
30
101
98
72
88
112
60
68
72
87
69
90
8
TASMANIEN → 92
48
67
50

81
78
134
130
108
92
71
46
47
102
40
61
64
45
46
47
52
64
KAP LEEUWIN → 121
120
92
101
62
43
145
126
83
40
61
105
52
151
142
144
90
127
133
138
140
128
122
127
138
79
135
146
120
141

138
102
67
94
64
102
103
80
46
158
135
146
93
34
64
90
78
55
72
83
69
45
KAP D. G. HOFFNUNG → 97
63
51
75
80
97
102
135
122
63
99
145
90
108
153
155
143
155
151
148
137
158
157
150
159
148

135
ÄQUATOR → 110
115
108
152
62
46
114
110
106
120
142
144
147
148
141
152
150
92
63
66
50
87
127
105
120
AZOREN → 76
78
139
154
134
153
150
52
130
109
145
122
131
128
132
141
128
85

te. Ursprünglich wurde sie in England entwickelt und gebaut, inzwischen hat ein Däne die Rechte erworben und stellt sie in Dänemark her (Peter Matthiesen, Nordborg, Insel Als). Die Aries ist eine Pendelanlage, die mit zwei dicken Rohren am Heck montiert wird. Die Windfahne wird in den Wind gestellt. Die Arbeitsweise ist die einer Servoanlage, das heißt, durch das Neigen der Windfahne wird das Servoruder gedreht. Durch die Fahrt im Schiff drückt das angeströmte Wasser das Servoruder und lässt es ausschlagen (pendeln). Die hierbei gewonnenen Kräfte werden durch Leinen und über Blöcke zur Pinne übertragen, wo die Kurskorrektur stattfindet. Es gibt sicher genauer arbeitende Anlagen, aber die Aries, gebaut aus Aluminium, ist eben äußerst robust – und bezahlbar. Die Genauigkeit des Kurses ist ohnehin nicht maßgebend. Der Wind ändert sich ja auch sekündlich ein wenig. Eine gewisse Trägheit ist also durchaus von Nutzen – wie im Leben. Neben der montierten Aries hatte ich noch eine komplette Anlage als Reserve im Vorschiff. Reserve zu haben ist immer ein gutes Gefühl. Obwohl ich glaube, es wäre ein hartes Stück Arbeit geworden, die Anlagen im rauen Süden auszutauschen.

Log | Gleich ausgangs des englischen Kanals brach die Drahtspirale meines VDO Sumlogs. 12 Jahre Ruhe waren für den ansonsten soliden Geschwindigkeitsmesser vielleicht doch zu viel. Ich habe die Anzeige sehr vermisst, zum einen, weil ich auf allen Fahrten ein Gerät an Bord installiert hatte. Anderseits gibt mir der Bootsspeed die zu setzende Segelfläche vor, zwar nicht direkt, aber es ist eine große Hilfe.

Fallen & Laufendes Gut | Ich bin als der Segler mit den außen laufenden Fallen bekannt. Ich liebe die Beweglichkeit beim Segeln. Die ist gegeben, wenn ich Dirk, Fallen, Reffleinen unmittelbar an Mast oder Großbaum bedienen kann. Ich muss ohnehin an Deck, um die Segel klar zu machen. Dabei spüre ich dann nicht nur das Wetter auf der Haut, auch ein Blick rundum vermittelt mir, ob Wind und See bereits

Im Bann der magischen Zahlen – die Etmale. – Nächste Doppelseite: Bücher an Bord werden seit vielen Reisen mit Anmerkungen zu Inhalt, Ort und Lesezeit versehen.

KATHENA NUI –
18. Juni 2001
09° N – 27° W

FIRECREST – seit Tagen saust das Buch über den Teppich. Gerade nochmals – ganz – gelesen. Nicht der richtige Zeitpunkt, wo bei mir die große Knappheit ausgebrochen ist. Letzte Tüte Müsli, letzte etc. Und dort auf den 456 Seiten tummeln sich die Candle light Dinners, Kokosnüsse und übermäßig oft gibt es: Kaffee + Kuchen, Eiscreme + Sahne (immer große Portionen) Apple-Puffs mit Clotted Cream, Königl. Eiskaffee, ... Platten mit Apfelkuchen, Pfirsichkuchen ... Schlagsahne und gr. Kaffeekannen ... "wir üblich sitzen wir bei Kaffee und selbstgebackenem Kuchen" ... Kokos-Ingwer-Kuchen, Apfelstrudel und solche Notierungen ... zum 2. Frühstück Rührei mit Speck, Salat aufs Boot. Mittags dann Schneckenpastete + Artischokensalat ... – Undsoweiter. Die beiden haben wirklich gut gelebt. Dabei sehen Clemens + Christine auf den Fotos schlank + rank aus.

Edition
Die Barque

Don DeLillo
UNTERWELT

KATHENA NUI
14. Jan. – 21. Jan. 2001
966 Seiten! Allein auf See l
ich solche "Pagemonster". Kuschelig i
Koje frei von störenden Einflüssen k
man schön "dran bleiben". Bei De
notwendig, um sein Panorama
Amerikas zu verstehen – und
genießen.

Die Hoffnung ist wie ein wildes Tier

KATHENA NUI

Angefangen bei einem abfallendem Strom im pazifischen Südpolarmeer
– 56° S – 79° W
am 11. Nov. 2000

Beendet nach einem bitterkalten W-SW-Strom
auf 56° 12' S – 88° 50' W
am 15. Nov. 2000
(3° C / Kajüte)

Ich liebe Heinrich Böll. Dankbar, dass Frau Flecke mir noch diesen Böll besorgt hat.

Jon Krakauer
In die Wildnis
Allein nach Alaska
Aus dem Amerikanischen von
Stephan Steeger

KATHENA NUI
210. Tag – 12. März 2001

Gut angelegt. Spannend. Informativ. Abenteuerlich. Sehr ehrlich.
Der Amerikaner, der dies Buch geschrieben hat, hat aus wenigen Tagebuchblättern + Briefen des jungen Mannes, der verhungert in der Wildnis von Alaska gefunden wurde, 300 Seiten gemacht. Lesbar – auch wegen der Details.
Eins von meinen 5/Hungerbüchern

Jan Philipp Reemtsma Im Keller

KATHENA NUI
14.–15. März 2001
500 sm südlich von Australien
Den Mann würde ich gerne kennenlernen

KATHENA NUI
32°S – 94°W
20. Nov. –
3. Dez. 2000

Die Zahl der Buchstaben – 4 Millionen – beeinflusst die Wahrnehmung des Geschehens. Buchheim schildert die letzten Kriegsmonate an der französischen Atlantikküste. Unglaublich, was man mit den jungen Männern gemacht hat – sie praktisch mit untauglichen U-Booten ins Meer geschmissen.

BUCHHEIM
Die Festung
Roman

Joe McGinniss
Das Wunder von Castel di Sangro

ÄQUATOR
27°44'W

23. Sept. 2000 KATHENA NUI
- ein Fußballthema
- einfach + komisch
- unterhaltsam + informativ
- sogar mit Taschenlampe weitergelesen
- was für Astrid

Jan Kjærstad

Der Verführer

[Fr]eitag, 15. Dez. 2000 "Kathena nui" 2°17'S – 115°48'W. [Bei] Wetter (115. – 124. Seetag) und eigentlich nichts für graues Meer [und] für Tage wo sich Wasser + Luft [ver]mischen. – Guter Aufbau (strukturiert) sonst wäre die Chronologie auch langweilig. Die junge norwegische Literatur ist allemal aufregender, überhaupt lesbarer als die derzeitige Deutsche.

Henning Mankell

Mittsommermord

ROMAN

Aus dem Schwedischen
von Wolfgang Butt

KATHENA NUI 27. – 28. – 29. Dez. 2000

3 schreckliche bockige Tage mit Südwest und Seen die uns fast erschlagen. – 8 Morde. 1 Selbstmord. Spannend. Unterhaltsam – von der Sorte hätte ich gerne mehr an Bord.

ERNST-JÜRGEN KOCH

PARADIES IM STUNDENGLAS

KAIROS-TRILOGIE
DRITTES BUCH
UNSERE LETZTE REISE
MIT DER KAIROS

KATHENA NUI
GELESEN: 7. SEPT. 2000
50 MEILEN NÖRDLICH
DER KANARISCHEN
INSELN

Auf welcher der Kanaren hat er sich wohl nach dem Verkauf der KAIROS niedergelassen?

Beeindruckend:
- Detailtreue
- Menschenbeobachtungen
- Schilderungen seiner schweren Krankheit
- anstatt sich auf einen Rechtsprozess einzulassen, verzichten die Kochs auf die 2. Hälfte des Verkaufspreises ihrer Yacht.
- starke und mutige

DELIUS KLASING VERLAG

wirklich so rau sind, dass ich reffen muss. Ein weiteres wesentliches Argument für außen laufendes Gut: Beim Setzen kräftig ins Fall gegriffen, und schwupp steht in Sekundenschnelle das Großsegel. Hakt irgendetwas an einer Klampe oder an der Saling, fühle und sehe ich das sofort und kann am Mast besser reagieren als bei ins Cockpit umgelenkten Fallen. Nicht zu vergessen der Verlust an Kraft bei mehreren Umlenkungen.

Auch nach dieser Fahrt trete ich wieder dafür ein. Hinzu kommt: Man hat eine bessere Kontrolle über Abrieb und Kinken im Tauwerk. Kann ein Fall einfacher auswechseln. Womit man allerdings leben muss, ist, dass sich das Fockfall bei Schräglage dauernd bei den jeweiligen Manövern in der Saling vertörnt oder hinter Winden und Klampen festhängt.

Die Lebensdauer meiner Schoten, Fallen, Reffleinen, Bullentaljen und dergleichen habe ich vervielfacht, indem ich sie von vornherein länger bemessen habe, sodass ich alle 5000 Seemeilen eine Fußlänge habe kürzen können. Damit wurde die Reibung versetzt, die nur an bestimmten Punkten auftritt. Ich benutzte gedrehtes und vorgerecktes Tauwerk und überwiegend 16-fach geflochtenes. Hier noch einige Maße: Großschot 12 mm, Großfall 12 mm, Fockfall 12 mm, Fockschot 14 mm, Kutterschot 12 mm, Dirk 10 mm. Um in der Dunkelheit die Übersicht zu behalten, habe ich kräftige und verschiedene Farben ausgesucht. Das Material: 100 Prozent Polyester Tersuisse von Liros. Nochmals, selbst Reffbändsel und die arg rangenommenen Smeerreeps scheuerten nicht mehr als üblich. Für die Smeerreeps benutzte ich Liros-Top-Cruising.

Navigation | Ganz selbstverständlich, dass auf dieser Fahrt ein Trommelsextant an Bord verstaut wurde – war doch der von Cassens & Plath der Auslöser, dass ich endlich mein Vorhaben umsetzte. Zum anderen wollte ich mich auf Satellitendaten allein nicht verlassen. Vertraute dann aber doch zu 99 Prozent meinem Garmin 48, einem Handgerät mit Trockenbatterien. Ich benutzte es auf freier See nur zur Standortbestimmung am Mittag, wollte nicht Sklave des ständigen Draufguckens sein. – „Was, noch nicht weiter?" Ich segelte ja keine Regatta. Das Hantieren war zwar etwas umständlich: Luke auf, Gerät raushalten, 30 Sekunden warten, dann hatte ich die Position. Doch auch im tiefsten Süden funktionierte mein Handhold einwandfrei. Gestaut war es in einem Tupperbehälter, wie alle wichtigen technischen Geräte.

Weitere Hilfsmittel der Navigation waren drei Kompasse. Einer montiert auf dem Kajütaufbau, sodass ich ihn auch zum Peilen benutzen konnte; einer am Kartentisch und einer am Mittelschott. Dann ein Echolot (VDO) von sehr guter Qualität – auch bei bewachsenem Echogeber funktionierte das sensible Gerät. Daneben Barometer, nautische Tafeln, zwei Kursdreiecke, Seekarten. Seekarten auch von Inseln und Häfen, die nahe meinem Kurs lagen, um bei Bedarf die Möglichkeit zu haben, sie anzusteuern. Ein Fernglas (7 x 50). Eine hochwertige Armbanduhr.

Sicherheit | Mein Basispaket für Sicherheit möchte ich mit „wholesomness“ umschreiben – sich gänzlich als Einheit mit dem Boot fühlen. Dabei kommt die vorbeugende Sicherheit an erster Stelle: hohe Seereling, Haltegriffe, rutschfestes Deck, hohe Süllkanten, an denen die Füße bei Schräglage Halt finden. Selbstverständlich trug ich bei diesem Törn einen Gurt – nicht immer, aber immer, wenn die See weiß wurde. An diesen Gurt pickte ich eine 12-mm-Lifeleine, die bis zum Bug reichte. Lange Zeit hatte ich trotzdem enorme Bedenken, über Bord zu fallen und an dieser Leine mitgeschleppt zu werden. Man stelle sich vor, in Pullover, Ölzeug, Gummistiefeln ... und bei 6 Knoten. Ein Alptraum. Selbstverständlich sind Raketen, Handfunke, Überlebenscontainer (gefüllt mit dem Notwendigsten, um bei Schiffbruch zu überleben). Eine EPIRB-Boje wurde mir von Trans-Ocean, Verein zur Förderung des Hochseesegelns, zur Verfügung gestellt. Genauer ins Auge fasste ich die Signalboje erst nach acht Monaten. Mitten im Südpolarmeer wäre eine Rettung bei Schiffbruch ohnehin schlecht möglich gewesen. Nicht an Bord: eine Rettungsinsel.

Elektrik & Kommunikation | An Energie: eine Gelbatterie mit 120 Amperestunden für den Gebrauch und eine Säurebatterie mit 80 Ampere und getrenntem Säurepack in Reserve. Bei Bedarf hätte ich somit eine neue frische Batterie zur Verfügung gehabt. Nachgeladen

Log von: KATHENA NUI Datum: 28. Febr. 2001

Von Cuxhaven								Nach Cuxhaven		
Zeit	Wind	See	Ba.	Wetter	MgK	KaK	Segel	FdW	Log	Bemerkungen
0250	WNW 6-7		1007		210	225	G + SF			Groß 2x gerefft, Kz geborgen, Sturmfock gesetzt
0800	W 7-8		1003	o	190	215	—"—			o = overcast
0900	W 7-8	7		o			G			berge SF, lange Sturmböen
0945	SW 6-7	6	1005	o, d	300	315	G + SF	2,8		Windsprung Setze SF
1200	um W 4-7	6	1006	o	—"—		—"—	2,5		zw. 10+12h 3x SF geborgen + gesetzt
1700	W 4-8	6	1007	o, c	310	325	—"—	3,0		Sturmböen
1840	W z. S 7	6	1008	c	165	180	G	2,0		Wende. Harte Bö – berge SF war notwendig
1910	" 7-8		1010	c	—"—		G + SF	3.0		Sturmfock gerefft
2045	WSW 8-9		1010	o	—"—		—"—			Schiff liegt gut Pos 44°22' 148°05'
2300	—"—		1011		—"—		—"—			legt noch zu
2340	SW 8-9						—"—			

Mitt.Br. 44°30' S	Etmal 90 sm	Mißw. 15°E	Strom —
Mitt.Lä. 148°14' E	Gesamt 16834 sm	~~Motor~~ Volt: 12.1	Vögel: 2 Alba.

Log-Tagebuch 198. Tag – Mittwoch

Chaotisch. Die See. Halten mit hohem Aufwand die Position – Länge. Nicht ganz 1½ sm zw. 0930h + 12h nach E versetzt. Strom?

85 sm bis Länge Maatsuyker. Um 0330h erst schlafen gelegt. Quietsch=geräusche hören. Metall. Emsig am Suchen, doch kein Erfolg. Nur auf Steuerbord-Bug.

Träume von frischem weißen Brot, noch duftend. Fummele am Radio-Empfänger. Nächste Sonne kommt das Gerät "geöffnet" an Deck. Vielleicht. Vage Hoffnung. Zu ernst nehme ich Defekte + Verluste. Mir fehlt jeder Abstand zu Segeln. Paar Tonbänder, Nachrichten haben geholfen. Bänder noch wg. Batterien gespart. Blöd. Muß damit umgehen – Schläge hinzunehmen. Der "Scheitel" (Halbzeit), ein heiliges Gefühl, jetzt fehlt es mir wieder mal an Geduld, Gelassenheit. Ist auch zu dumm, hier vor Tasmanien diese SW-NW Strömungen zu haben. Die gerefften Segel (1910h) stehen wie ein Brett. Sehen gut aus im Abendschein. 16x Ölzeug, komplett, also Stiefel + Gurt, heute angepellt – und aus.

wurde die Batterie mit einem Honda Benzin-Generator E 650 direkt auf die Batterie. Der Generator stand während der Ladezeit in der Regel zwei Stunden im Cockpit. Ich achtete darauf, nicht barfuß mit dem Gerät zu hantieren. Probleme? Nur kleine Ladehemmungen, als es zu heiß an Bord war. Offenbar mag ein Generator die Hitze nicht.

Als Verbraucher hatte ich neben den Positionslichtern ein weißes Rundumlicht, Echolot, Akkuladegerät der Handfunke und Videokamera sowie ein mobiles Dioden-Rundumlicht (Davis) an Bord.

Ich telefonierte mit einer Inmarsat-M-Anlage von Nera. Sie wurde mir vom „Stern" leihweise überlassen. Der Verbrauch lag bei acht Ampere während der Gespräche. Diese vergleichbar alte Telefonanlage war einfach zu bedienen, bei neun von zehn Versuchen stand die Verbindung. Auch, ich wiederhole, bei Schräglage und stampfenden Bewegungen des Schiffes. Einzige Sorge war, dass mir Kabel und Antenne, die für jedes Telefonat draußen aufgestellt werden mussten, nass wurden. Mithilfe dieser Gespräche hat mein Sohn unsere Internetseite während der Weltumseglung betreut und aktualisiert. Dadurch hat eine außergewöhnliche Zahl Segler und Interessenten an meiner Reise „teilnehmen" können.

Decksbeschläge | Neun Winschen von Andersen erledigten auch beim zweiten Rundtörn um die Erde ihre Arbeit perfekt. Eine Schmierung – vor der Abfahrt – reichte aus, um sie bis heute „laufen" zu lassen. – Keinen Bruch erlebte ich mit meinen zahlreichen Schäkeln, Schnappschäkeln, Blöcken, Klampen, Umlenkrollen, Taljen. Diese Ausrüstung (Sprenger HS) war größtenteils auch schon zum zweiten Mal dabei. Natürlich hatte ich neuwertigen Ersatz. Bei den monatelangen Amwindkursen war ich unsicher, ob mir nicht beim ruckartigen Einsetzen des Schiffes irgendwann eine Schotschiene aus dem Deck reißen könnte. Sie war zwar mit Acht-Millimeter-Bolzen befestigt (unter Deck zusätzlich ein Aluwinkel als Verstärkung), aber der Druck auf die Schienen war immens.

Mein Logtagebuch im A4-Format. Ohne ein ausführliches Bordbuch würde ich solche Fahrt nicht machen. – Nächste Doppelseite: Auszug meines „Koch-Logbuches".

Tag	Dat.	Morgens	Mittags	Abends
130.	21.12.	Gries 2 Knäcke Tee	Reis Zwiebeln Bohnen	1 Scheibe Brot
131.	22.	Porridge Tee	Becher Hühnersuppe	Tasse Müsli
132.	23.	Porridge Kaffee	Hackbraten-Fertigessen	4 Knäcke
133.	24.	2 Scheiben Brot Kaffee	Penne Zwiebeln Gehacktes	Schokolade
134.	25.	Gries Tee	—〃—	6 Kekse
135.	26.	2 Scheiben Brot Kaffee	Rest Penne grüne Erbsen	/
136.	27.	Porridge /	Reis grüne Erbsen	Tasse Müsli
137.	28.	Pudding Kaffee	Linsensuppe Zwiebeln	Pflaumen (Glas)
138.	29.	/ Tee	—〃—	—〃—
139.	30.	Scones Kaffee	Pfannkuchen	Tasse Müsli
140.	31.	Porridge Tee	Spaghetti Gehacktes Zwiebeln	2 Knäcke
141.	1.1.	Pudding Knäcke Tee	—〃—	Tasse Müsli
142.	2.	Gries Kaffee	Dose Pilzsuppe	/
143.	3.	3 S. Brot Tee	Kartoffelpüree Instant + Königsberger	/
144.	4.	Porridge Kaffee	—〃—	2 S. Brot mit Leberw.
145.	5.	Pudding Tee	Tasse Müsli	2S. Brot Leberwurst
146.	6.	Gries 2S. Brot Kaffee	Pfannkuchen	/
147.	7.	2S. Brot Rührei Tee	Reis Mexikanische Bohnen	/
148.	8.	Porridge Kaffee	—〃—	
149.	9.	Knäcke Tee	Spaghetti la Vialla Zwiebeln	Dose Pfirsich
150.	10.	Gries 1S. Brot Kaffee	—〃—	—〃—
151.	11.	Porridge Tee	Reis Gehacktes Zwiebeln	/
152.	12.	/ /	—〃—	3 Knäcke
153	13.	Porridge Kaffee	Kleine Dose Gemüsesuppe	4 Knäcke
154	14.	Gries Tee	Pfannkuchen Zwiebeln	/
155.	15.	Porridge Kaffee/Kakao	Dose Spargelsuppe	½ Tasse Müsli
156.	16.	Porridge 2S. Brot Tee	Spaghetti la Vialla	/
157.	17.	Pudding Kaffee	—〃—	Handvoll Kekse
158.	18.	Gries Tee	Kartoffelpüree Instant Corned Beef	Knäcke (2)
159.	19.	Porridge Kakao	—〃—	/
160.	20.	Porridge 2S. Brot Tee	/	Becher Suppe
161.	21.	Porridge /	Reis Chili con Carne v. Müller Menü	/

Tag	Dat.	Morgens		Mittags	Abends
226.	28.3.	1 S. Brot	1 T. Tee	Pfannkuchen	—
227.	29.	Gries	1 S. Brot 1 T. Tee	Reis Kidney Boh. Zwiebeln	2 Knäcke Erdnuss-butter
228.	30.	Porridge	1 S. Brot 1 T. Tee	— " —	2 Knäcke Leber-wurst
229.	31.	Scones	Kaffee	Spaghetti Olivenöl Corned Beef	Glas Kirschen
230.	1.4.	Porridge	2 S. Brot	—	— " —
231.	2.	Gries	1 T. Tee 1 S. Brot	Spaghetti la Vialla Zwiebeln	—
232.	3.	Porridge	1 T. Kaffee 1 S. Brot	Bratkartoffeln Instant Corned Beef	Glas Apfelmus
233.	4.	Porridge	2 T. Kaffee 2 S. Brot	Reis Curry Dose Würstchen	—
234.	5.	Porridge	Kaffee	— " —	2 Knäcke Erdnussb.
235.	6.	Gries	2 S. Brot 1 T. Kaffee	Dose (kl.) Gemüsesuppe	2 Knäcke Erdnussb.
236.	7.	Scones	Kaffee	Pasta Gehacktes la Vialla	—
237.	8.	Porridge	1 S. Brot 1 T. Kaffee	— " —	—
238.	9.	Pudding	Tee	Reis Corned Beef Zwiebeln	2 Knäcke Honig
239.	10.	Porridge	Tee	Kartof.-Püree Königsbg. Klopse	—
240.	11.	Porridge	1 S. Brot Kaffee	— " —	—
241.	12.	—	2 S. Brot Tee		4 Knäcke
242.	13.	Porridge	Kaffee	Reis Spargel (Glas) Speck	½ T. Müsli
243.	14.	Porridge	Tee	—	½ T. Müsli
244.	15.	Scones	Kaffee	Penne (Pasta) Gulasch Erbsen	Stange Keks
245.	16.	Porridge	Tee	— " —	Reis Rest Keks
246	17.	Gries	Kaffee	Pfannkuchen Zwiebeln + Speck	2 S. Brot
247.	18.	Porridge	1 S. Brot Tee	Reis Chili Bohnen	—
248.	19.	Pudding	2 Knäcke Kaffee	— " —	—
249.	20.	Porridge	1 S. Brot Tee	Reis Chili Bohnen Corned Beef	Dose Ananas (kl.)
250.	21.	Gries	Kaffee	Spaghetti Gehacktes Tomaten-soße	—
251	22.	Porridge	Tee	— " —	—
252.	23.	—	Kaffee	Dose Nudelsuppe	—
253	24.	Porridge	Tee		3 Knäcke Corned Beef
254	25.	Gries	2 S. Brot Kaffee	Pfannkuchen Zwiebel-Speck	2 Knäcke Corned Beef
255.	26.	Porridge	2 Knäcke Tee	—	—
256	27.	Porridge	Kaffee	Reis Gulasch	Glas Apfelmus
257.	28.	Scones/Hafer	Tee	Reis Braune Bohnen	5 Knäcke Erdnuss-butter

Kocher | Die besten Heizwerte hat ein Petroleumdruckkocher. Meiner ist ein weiß emaillierter zweiflammiger Optimus. Er arbeitet nach dem Vergasungsprinzip und muss vor jedem Einsatz auf Druck gepumpt werden. Das ist umständlich und nichts für Ungeduldige. Reicht die Vorwärmung nicht aus – bei Kälte oder Windzug zum Beispiel – brennt eine blakende, gelbe Stichflamme, die aber nach dem Abdrehen des Brenners erlischt. Danach beginnt das Spiel von vorn. Jedes Aufflammen sowie unsauberes Petroleum führen zur Verschmutzung des Brenners. Folge: Der Brenner verrußt schnell und entwickelt nicht die volle Heizkraft. Aber wer täglich damit umgeht, hat bald heraus, wie viel Spiritus ein Kocher zum Vorwärmen braucht. Ist aber ein sauberer Petroleumkocher erst einmal ordnungsgemäß angezündet, brennt er herrlich. Der Petroleumverbrauch lag auf dieser Fahrt bei gut drei Litern monatlich, Spiritus zwölf Liter. Wer eine Nonstopstrecke angeht, hat natürlich für alles Wichtige eine Reserve: Also zwei neue, komplette Brenner, Düsen sowie diverse andere Teile. Für alle Fälle hatte ich noch einen zweiten Kocher dabei: einen einflammigen Optimus.

Wetterkleidung | Für die Nonstopfahrt wurde ich komplett von Jeantex ausgerüstet. Damit hat die moderne Bekleidungstechnologie auch an Bord der KATHENA NUI Einzug gehalten. Im Schapp liegen atmungsaktives Ölzeug (3 Sätze), schicke Fleece-Jacken sowie Thermal- und Funktionswäsche. Angenehm zu tragen und absolut wasserdicht war mein gelbes Ölzeug: Jeantex T 3000 TCS. Für Weihnachten und die anderen Festtage hatte ich reichlich Wolle und Flanell an Bord. Warum wärmen selbst gestrickte Wollsocken besser als alle gekauften?

Die kleinen Dinge | Da ist zum Beispiel die Versicherung. Ich hatte keine Bootsversicherung. Nicht, dass mein Schiff und mich niemand versichern wollte; das war Absicht. – Frischwasser hatte ich in zwei Tanks gebunkert. Leider ging der eine Verschluss defekt, sodass ich etwa ab dem 100. Tag mit dem 90-Liter-Tank unter der Plicht auskommen musste. – Medikamente. Mein Apotheker hat mich sorgfältig ausgerüstet. Glücklicherweise hatte ich neben Vetren, einer Prellungssalbe, Verbandszeug (Rippe, Knie, Ellbogen, Schnittwunden), Pflaster,

Aspirin und stärkeren Schmerztabletten keinen großen Verbrauch. – Werkzeug. Neben meinem Universalwerkzeug, Hammer, Rohrzange, Schraubendreher, Bohrleier und Bohrer, Handbeil, hatte ich ohne Frage all das Werkzeug (wie zum Beispiel Wantenschneider) mit, das ich gebraucht hätte, um gegebenenfalls Defekte in den Griff zu bekommen. – Staubehälter. Ohne Tupperware könnte ich keine Langfahrt in Angriff nehmen. Nicht nur Ersatzteile, sondern auch Nägel, Schrauben, Batterien und Lebensmittel lagerten in diesen vorzüglichen Behältern. – Warum schwarze Flaggen an den Wanten und im Achterstag? Sie dienen als Windrichtungsanzeige, man kann Schwarz bei Dunkelheit einfach besser erkennen.

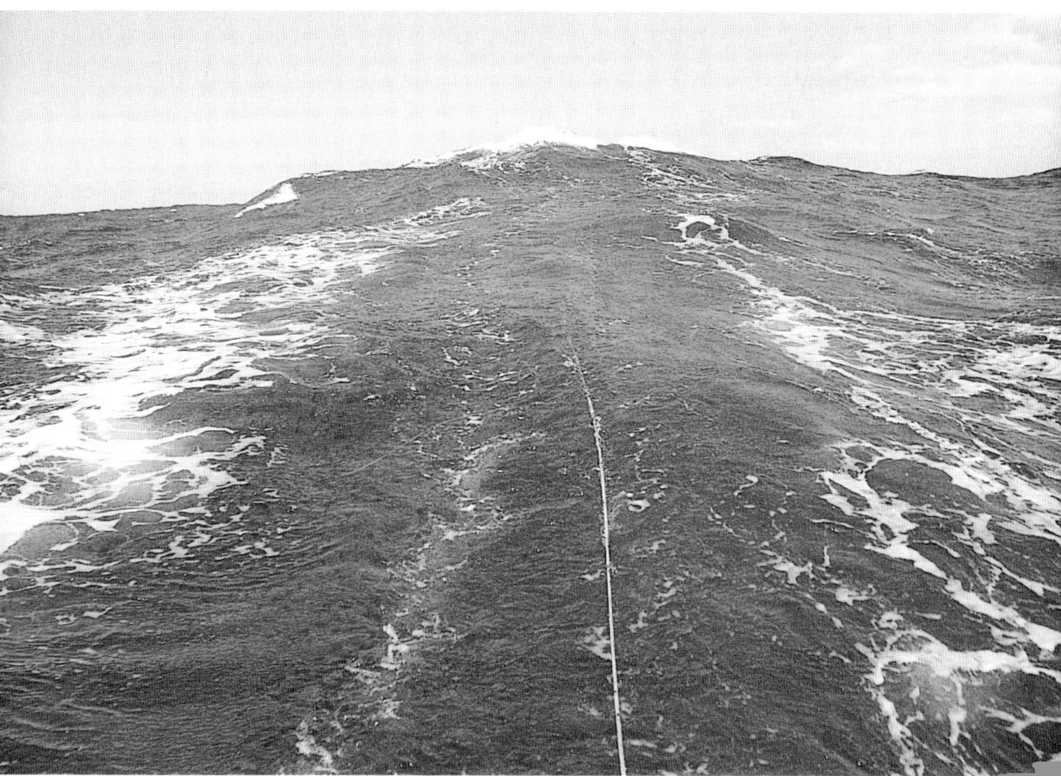

Meine „Nabelschnur". Um für eventuelles Überbordfallen gerüstet zu sein, schleppe ich während der gesamten Weltumseglung eine 14 Millimeter dicke und 25 Meter lange geschlagene Trosse achteraus.

Unterwasserschiff | Ich benutzte Trilux Antifouling von International, die gängige Farbe für Aluminium. Bis zur Mitte der Fahrt haben sich die Entenmuscheln zügig entwickelt. Büschel von bis zu 20 Zentimetern Länge waren keine Seltenheit. Besonders fett entwickelten sich die Tiere am Kiel und am Ruderblatt. Auch meine Tauchgänge konnten sie kaum stoppen. Im letzten Drittel der Fahrt wuchsen sie weit weniger stark. Das Erstaunliche ist, dass die Farbe (Grundierung plus vier Anstriche) so ausgezeichnet meinem Malerspachtel widerstanden hat.

Das Logbuch | Klar ist: Ohne ein ausführliches Logtagebuch würde ich solche Fahrt nicht machen. Ist es doch das Eigentliche, was man fassbar von einer Weltumseglung mitbringt. Ich habe wie früher ein Logbuch im DIN-A4-Format verwendet. Genauer: Diesmal benutzte ich erstmalig mein eigenes, also ein von mir entworfenes und im Buchhandel erhältliches Logbuch. Bei der Gestaltung legte ich ein Konzept zugrunde, wie ich es als Seesegler in der Praxis nach vieltausendfach geschriebenen Seiten erfolgreich handhabte. Die Seite ist graphisch aufgeteilt. In der oberen Hälfte werden die nautischen Angaben festgehalten, die untere Hälfte steht je nach Wetter und Laune auch über Seiten hinweg für persönliche Eintragungen zur Verfügung. Skizzen ergänzen das Geschriebene. Immer habe ich versucht, am selben Tag die Notizen vorzunehmen. So sind unmittelbare Ereignisse und Stimmungen authentisch. Mir helfen die Notizen, Situationen nicht nur zu bewahren, sondern auch zu bewältigen.

Geschichte der Nonstop-Gegenwind-Weltumseglungen | Im Jahre 1970 wagte der britische Fallschirmjäger Chay Blyth als Erster das Unmögliche: Mit der 18 Meter langen Ketsch BRITISH STEEL kämpfte er sich 292 Tage am Wind durch die Südozeane von England nach England. Der Italiener Ambrogio Fogar tat es Blyth 1973 gleich und umrundete die Welt in mehr als einem Jahr allein an Bord der GFK-Slup SURPRISE. 1994 gelang dem Briten Mike Golding die dritte Umseglung. Sein Boot: ein Stahlkutter, 20,50 Meter lang. Seine Zeit: 161 Tage. Und erst im letzten Jahr (2000) beendete der Franzose Philippe Monnet als vierter Mensch das Gegenwindabenteuer in 151 Tagen. Das Boot UUNET ist ein Regatta-Leichtbau von 18,28 Meter Länge (eine Open 60).

Sponsoren | Fotoabbildungen im Buch deuten darauf hin: Drei Firmen haben in großzügiger Weise mein Unternehmen „Allein gegen den Wind“ gesponsert: Dimension-Polyant, Hersteller von Segeltuchen aus Kempen; die Firma Jeantex, Sport- und Wetterbekleidung, Rellingen bei Hamburg, und der Tauwerkhersteller Liros aus Lichtenberg. Für ihre Hilfe und vor allem ihren Mut, mein Wagnis zu sponsern, danke ich ihnen sehr.

Partner | Ebenso danke ich folgenden Firmen und Privatpersonen, die zum Gelingen beigetragen haben: International – Farben; Secumar – Sicherheit; Tupperware – Behälter, VDO – Instrumente; Melitta und Helmuth Jöns, Wolfgang Laermann, Hubert Rügenberg, Frank Widera. Großen Dank auch allen Freunden und Bekannten, die Astrid während meiner Abwesenheit zur Seite standen – und mir vor der Abfahrt. Ein besonders herzliches Danke meinem Sohn Kym für die aufwändige Betreuung meiner Internetseite – www.wilfried-erdmann.de

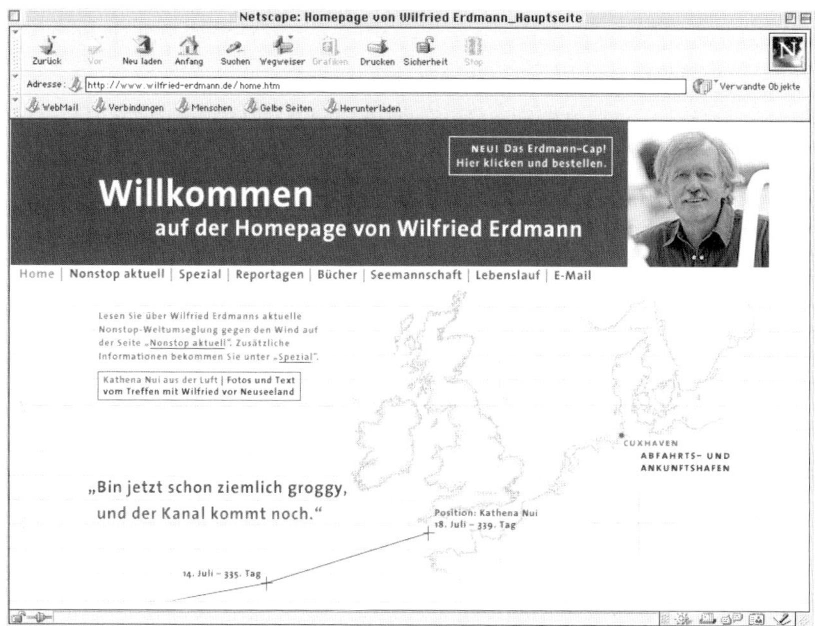

KLEINES GLOSSAR

abfallen – Kurs ändern nach Lee
ablaufen – siehe lenzen
achtern – hinten
Amwindkurs – Kurs, bei dem man so nah wie möglich am Wind segelt
anluven – Kurs ändern nach Luv
Beaufort-Skala – Tabelle der Windgeschwindigkeit (0 bis 12 Stärken)
Bug – vorderer Teil des Schiffes
Dirk – Leine zum Halten des Großbaumes
Dwarssee - quer zum Schiff gehende See
Echolot – Gerät zur Messung der Wassertiefe durch Schallwellen
Etmal – die von Mittag zu Mittag zurückgelegte Strecke
Fall – Tau zum Setzen und Niederholen der Segel
fieren – nachgeben eines belasteten Taus
Fock – Vorsegel, vor dem Großsegel
Genua – den Mast überlappendes, großes Vorsegel
GPS – Global Positioning System, elektronisches Navigationsgerät
Groß - Großsegel
Halse – Segelmanöver: mit dem Heck durch den Wind
Kabellänge – 182 Meter/Zehntel einer Seemeile
Katamaran – Doppelrumpfboot
Kimm – Horizont auf See
Klüver – vorderstes Vorsegel bei einer Kuttertaklung
Knoten – Geschwindigkeitsmaß: 1 Knoten gleich 1 Seemeile pro Stunde
krängen – Neigen des Schiffes durch Winddruck
kreuzen – Segelmanöver: mehrere Wenden fahren, um ein Ziel gegen den Wind zu erreichen
Kutterfock – Vorsegel bei einem Schiff mit mehreren Vorsegeln
lenzen – hier gemeint: vor dem Sturm ohne Segel ablaufen
Liek – die Kante eines Segels (Achterliek, Unterliek)
Linie – in der Windjammerzeit Bezeichnung für Äquator
Log – Gerät zur Messung der Fahrtgeschwindigkeit

Mallungen – Windstillengürtel am Äquator

Mastkeep – Hohlkehle im Mastprofil zum Anschlagen und Setzen des Großsegels

Mastrutscher – ein Beschlag, mit dem das Segel in der Schiene hochgezogen wird

Messepieken – Mädchen, die in der skandinavischen Handelsschifffahrt für Küche und Messe zuständig sind

Plicht – Vertiefung im Cockpit

raumschots – nahezu vor dem Wind segeln

reffen – Verkleinerung der Segelfläche

Rigg – Bezeichnung für alles Drahtgut und Tauwerk zur Halterung des Mastes und zum Setzen der Segel

Saling – Querstange am Mast

Schalenkreuz – waagerechtes Kreuz des Windmessers, das an den Enden mit kleinen Halbkugeln den Wind auffängt und misst

schamfilen – scheuern, reiben

Schandeck – siehe Süll

Schapp – kleiner Schrank an Bord

Schoten – Taue zum Einstellen der Segel

Schott – meist wasserdichte Trennwand auf einem Schiff

Schrick – Leinen etwas Lose geben

Seemeile – 1852 Meter

Sextant – Winkelmessgerät zur Schiffsortbestimmung

Smeerreep – Talje zum teilweisen Niederholen der Großsegellieken beim Reffen

Spibaum – Stange zum Abspreizen des Vorsegels

Stag – Drahttauwerk, das den Mast längsschiffs hält

Stagreiter – Befestigungsbeschläge für die Vorsegel

Südwester – Regenhut mit langer Krempe hinten

Süll – Umrandung des Cockpits und des Decks gegen Wasser und Wind

Takelage – sämtliche Drähte, Leinen und Zubehör an Mast und Segeln zur Ausnutzung der Windenergie

Toppnant – ein Haltetau für den Spibaum

Trimaran – Dreirumpfboot

Wanten – Drähte zur seitlichen Verspannung des Mastes

Wende – Segelmanöver: mit dem Bug durch den Wind

WILFRIED ERDMANN UNTERWEGS

Gegenwind im Paradies
ISBN 3-7688-1161-1

Ein unmöglicher Törn
ISBN 3-7688-0924-2

Nordsee-Blicke
ISBN 3-7688-1021-6

Mein grenzenloses Seestück
ISBN 3-7688-0986-2

Das Logbuch
ISBN 3-89225-386-2

Die magische Route
ISBN 3-7688-0787-8

Ostsee-Blicke
ISBN 3-7688-1323-1

Mein Schicksal heißt Kathena
ISBN 3-7688-1091-7

Segeln mit Wilfried Erdmann
ISBN 3-89225-318-8

Erhältlich im Buch- und Fachhandel